LOS
CAMBIOS
EN
LIDERAZGO

OTRAS OBRAS DE JOHN C. MAXWELL

Liderazgo: Lo que todo líder necesita saber
El lado positivo del fracaso
Las 21 cualidades indispensables de un líder
Desarrolle el líder que está en usted
Cómo ganarse a la gente

LOS
CAMBIOS
EN
LIDERAZGO

LOS ONCE CAMBIOS ESENCIALES
QUE TODO LÍDER DEBE ABRAZAR

JOHN C.
MAXWELL

GRUPO NELSON
Una división de Thomas Nelson Publishers
Desde 1798

NASHVILLE   MÉXICO DF.   RÍO DE JANEIRO

Título en inglés: *Leadershift*
© 2019 por John C. Maxwell
Publicado por HarperCollins Leadership, un sello de HarperCollins Focus LLC.
Publicado en asociación con Yates & Yates, www.yates2.com

Editora en Jefe: *Graciela Lelli*
Traducción: *Enrique Chi*
Adaptación del diseño al español: *Grupo Nivel Uno, Inc.*

ISBN: 978-0-71809-667-0

Impreso en Estados Unidos de América

19 20 21 22 23 LSC 9 8 7 6 5 4 3 2 1

Este libro está dedicado a Ed Bastian.

*El día que te conocí, pude ver que eras un líder de alto calibre.
Fortune te ha denominado uno de los grandes líderes mundiales.
Como presidente ejecutivo de la aerolínea Delta, has dirigido una
de las compañías más admiradas del mundo. Durante más de una
década, te he visto liderar con integridad, respeto, perspectiva y una
actitud servicial en medio de un cambio global extraordinario.
No conozco otra persona mejor en la función de liderar que tú.
Gracias por tu amistad y la manera en la que ejemplificas
el liderazgo ante el mundo.*

CONTENIDO

RECONOCIMIENTOS

Quiero expresar mi agradecimiento a Charlie Wetzel
y al resto del equipo que me han asistido con la formación
y publicación de este libro. Y a las personas en mi organización
que me han apoyado. Todos ustedes me han añadido
gran valor, que a su vez me permite añadir valor para
otros. ¡Juntos, seremos agentes de cambio!

CAPÍTULO 1

POR QUÉ TODO LÍDER NECESITA ABRAZAR EL CAMBIO

Cambia o muere.

—THOMAS EDGLEY

He querido escribir un libro sobre la idea de hacer *cambios en liderazgo* desde hace bastante tiempo, porque muchas cosas han cambiado durante las décadas en las que he estudiado y ejercido el liderazgo. En la década de 1970, cuando era nuevo en mi carrera, podían hallarse pocos libros sobre el liderazgo. En aquel entonces la *administración* dominaba el mundo de los negocios y Peter Drucker era el rey. Eso empezó a cambiar hacia finales de la década de 1980, cuando algunos autores empezaron a escribir libros sobre el liderazgo, los cuales fueron comprados y leídos de manera entusiasta. ¿Por qué? Porque las personas sentían que la vida se aceleraba, los cambios ahora eran lo normal, y se necesitaba una manera de navegar por las complejidades del mundo, que cada vez representaban un desafío más grande.

Para lograr el éxito, las personas necesitan aprender lo que es el liderazgo. Los principios de la administración, los cuales habían sido enseñados por años, dependían de la estabilidad y factores conocidos. Tal como lo expresó Eric J. McNulty, director de investigaciones de la Iniciativa Nacional de Liderazgo Preparado:

> Los sistemas y procesos de administración tienden a ser lineales. Ellos asumen que estímulos similares producirán resultados similares. En muchos casos, esto resulta cierto. No obstante, el liderazgo requiere de una perspectiva más matizada del mundo, porque incluye a las personas: lo que las motiva, lo que les interesa y su nivel de participación. Los sistemas mecánicos pueden ser lineales, pero tan pronto como se les incorpora el elemento humano, el sistema se torna tanto complejo como adaptable.[1]

Cuando la administración da por sentado que hay estabilidad, el liderazgo ofrece principios que funcionan frente a lo desconocido. En la década de 1980, los individuos buscaban a líderes que los guiaran, y los que manejaban a las organizaciones reconocieron la necesidad de convertirse ellos mismos en líderes. En el momento en que empezaron a aplicar principios de liderazgo en su entorno, florecieron. Y esa es la razón por la cual en los últimos treinta años el liderazgo ha dominado el mundo de los negocios.

RÁPIDO AHORA ES MÁS RÁPIDO, EL AVANCE ES MÁS CORTO

A pesar del ritmo acelerado de la década de 1980, cuando miro hacia atrás me parece que era lento comparado con el de hoy. La vida se mueve *mucho* más rápido ahora. El ritmo al cual tenemos que enfrentar los cambios y la incertidumbre puede parecer una locura.

Hace ya varios años que una de mis organizaciones, el Equipo John Maxwell, me ha pedido que filme vídeos cortos que publican diariamente llamados Minuto con Maxwell. Mi equipo me coloca frente a una cámara, me dan una palabra o frase, y me piden que exprese mi reacción o enseñe algo al respecto por más o menos un minuto. Es divertido, y el vídeo se publica en línea como un tipo de momento de enseñanza. Recientemente, en una de estas sesiones, la frase que me dieron fue *avance rápido*. De inmediato me vinieron a la mente las palabras *más rápido* y *más corto*. Esto es lo que quiero decir con ello.

El futuro parece venírsenos encima más rápido que nunca. No va a desacelerarse. ¿Acaso hay alguien que en serio considere la idea de que mañana el ritmo será más lento que el de hoy? La tecnología, las redes sociales y el índice de cambio no permitirían que tal cosa sucediera. Para avanzar, hay que moverse más rápido. Y nosotros los líderes necesitamos permanecer a la vanguardia, necesitamos ver más que los demás, y necesitamos ver antes que los demás.

Debido al ritmo de cambio, también tenemos que ser flexibles. Existe una antigua rima infantil en inglés que se llama «Jack Be Nimble» [*Jack, sé ágil*], la cual sirve de ilustración y dice algo así.

> Jack, sé ágil;
> Jack, date prisa;
> Jack, salta por encima
> del candelero.

Mientras más ágiles, adaptables y flexibles seamos, más rápidamente podremos movernos y cambiar.

Tradicionalmente, en las carreras de atletismo, los que finalizan en los tres primeros lugares reciben sus reconocimientos y galardones. Hoy, fuera de los deportes, pareciera que solo los que ganan reciben reconocimientos y recompensas. Como dice el dicho, el que llega de segundo es el primer perdedor. Por este motivo es que la velocidad y la agilidad resultan tan importantes.

Hace unos años leí un artículo en el *New York Times* sobre el guepardo, el cual puede enseñarnos mucho acerca de la importancia de tener agilidad cuando del éxito se trata.

Cualquiera que haya observado a un guepardo perseguir a un antílope sabe que estos felinos son impresionantemente veloces. Sin embargo, resulta que la velocidad no es el secreto tras sus prodigiosas habilidades de caza: un estudio novedoso sobre cómo los guepardos persiguen a sus presas revela que es su agilidad —la habilidad de saltar de lado, cambiando de dirección de modo abrupto y reduciendo la velocidad instantáneamente— lo que reduce las probabilidades de escape de los antílopes...

Los guepardos pueden correr con tanta rapidez como a noventa y tres kilómetros por hora, y su velocidad promedio es de cincuenta y tres kilómetros por hora. Las carreras a velocidad máxima en realidad son una porción pequeña de la distancia que recorren los guepardos a diario, según lo que hallaron los investigadores.

También descubrieron que un guepardo es capaz de reducir su velocidad a catorce kilómetros por hora en una sola zancada, una hazaña que resulta más útil para la cacería que la habilidad de romper los récords de velocidad en las autopistas. Un guepardo frecuentemente se desacelera antes de hacer un giro, según demuestran los datos, y esto le permite hacer giros cerrados que le dan ventajas sobre sus presas veloces y ágiles.[2]

El avance también es ahora más corto. Cuando era un líder joven, me enseñaron que para ser eficaz en la dirección de mi organización precisaba formular un plan a largo plazo de diez años, un plan a mediano plazo de cinco años y un plan a corto plazo de dos años. Esto hoy en día parece absurdo. En la actualidad un plan a largo plazo puede abarcar dos años. La tecnología y la innovación se mueven tan rápidamente que todo avanza en un marco de tiempo más corto. Los líderes no podemos andar arrastrando nuestros pies ni tardar demasiado haciendo cálculos. Tenemos que cambiar, volver a considerar la situación, y cambiar nuevamente. Y *continuar* cambiando.

¿Cómo puede un líder hacer más que aguantar y sobrevivir en un entorno semejante? La clave es aprender a hacer *cambios en liderazgo* continuamente. ¿Qué es un cambio en liderazgo? Es la capacidad y la disposición de hacer un cambio de liderazgo que impacte positivamente el crecimiento personal y el de la organización.

La educadora y autora Bruna Martinuzzi cita un estudio realizado por una organización denominada Economist Intelligence Unit [Unidad de Inteligencia Economista]. Allí se identificaron las tres cualidades de liderazgo que serán importantes en los años venideros: «la capacidad de motivar al personal (35 %), la capacidad de trabajar bien de modo transcultural (34 %), y la capacidad de facilitar cambios (32 %)». Estas tres cualidades precisan de la adaptabilidad. Martinuzzi relaciona esto con el proverbio chino que dice que «los sabios se adaptan a sus circunstancias, tal como el agua adopta la forma de la jarra. Posiblemente en ningún otro momento de la historia reciente la adaptabilidad ha sido más importante que ahora. La adaptabilidad, la capacidad de cambiar (o de ser cambiado), para adaptarse a circunstancias nuevas, es una habilidad crucial para los líderes».[3]

EL CAMBIO EN LIDERAZGO ES LA CAPACIDAD Y LA DISPOSICIÓN DE HACER UN CAMBIO DE LIDERAZGO QUE IMPACTE POSITIVAMENTE EL CRECIMIENTO PERSONAL Y EL DE LA ORGANIZACIÓN.

Un estudio más reciente desarrollado por Right Management [Gestión correcta] y publicado en *The Flux Report* [El reporte del cambio] deja en claro que la adaptabilidad es una necesidad que solo va en aumento. El mismo afirma que el 91 % de las contrataciones futuras del mercado laboral se basarán en la capacidad que tengan los individuos de tratar con el cambio y la incertidumbre.[4]

Los buenos líderes se adaptan. Cambian. No permanecen estáticos porque saben que el mundo que los rodea no permanece estático. Esto siempre ha sido así, pero nunca ha resultado más evidente que hoy, ni la capacidad de cambiar rápidamente ha sido más importante que en la actualidad. Y cuando digo que los buenos líderes se adaptan, no quiero decir que se conforman. Como el entrenador para el éxito Dave Martin lo expresa:

> Existe una diferencia profunda entre la adaptabilidad y la conformidad. Los «grandes» parecieran comprender esta diferencia por instinto, y a la vez que menosprecian la conformidad, valoran la capacidad valiente de ajustarse a las circunstancias cambiantes. La conformidad es la cualidad negativa de ir con la corriente, tornarse mediocre, negarse a sobresalir o aprovechar nuestra originalidad. La adaptabilidad es la cualidad positiva de percibir el cambio de dirección del viento y ajustar el rumbo de manera proactiva para aprovechar ese cambio en el viento. Si bien la conformidad es una debilidad que se basa en el temor al rechazo, la adaptabilidad es una fortaleza que se basa en la confianza en uno mismo y el criterio y las capacidades personales.[5]

Frente a la incertidumbre, los individuos que se conforman se apartan buscando un espacio seguro para protegerse a sí mismos. Los líderes adaptables que hacen cambios en liderazgo aceptan la incertidumbre y la encaran de frente. Me gusta lo que dice al respecto Paul Karofsky, director ejecutivo emérito del Centro para Asuntos Familiares de la Northeastern University, aunque él emplea la palabra *ambigüedad* en lugar de *incertidumbre*:

> La ambigüedad puede quitarle el sueño a la gente, pero a todo el que esté buscando la sencillez exquisita en su carrera más le vale buscar una posición que no sea de líder. Los líderes, por definición, tienen seguidores. Los seguidores necesitan recibir orientación. La orientación requiere que se tomen decisiones. La toma de decisiones requiere considerar las alternativas. Y considerar las alternativas requiere enfrentar la incertidumbre.[6]

Si desea ser un líder de éxito, tendrá que aprender a sentirse cómodo con la incertidumbre y hacer cambios continuamente. Tendrá que ser flexible y tratar con la incertidumbre sin perder el enfoque. Los que usan el cambio en liderazgo deben ser como el agua. Tienen que ser fluidos. El agua siempre encuentra un camino, y luego se abre su propia senda. Primero cambia junto con las circunstancias. El entorno dictamina el cambio. Sin embargo, el agua en movimiento es poderosa. Primero se mueve alrededor de un objeto, pero al mismo tiempo empieza a moverlo. Es capaz de desgastar una roca maciza con el paso del tiempo. Un cambio aparentemente pequeño puede producir una diferencia grande. Tal vez parezca sencillo y evidente, pero no es insignificante.

NO PUEDE SER IGUAL, PENSAR IGUAL Y ACTUAR IGUAL SI DESEA TENER ÉXITO EN UN MUNDO QUE NO PERMANECE IGUAL.

La verdad es esta: *cada avance que logre como líder exigirá un cambio en liderazgo que transforme su manera de pensar, actuar y dirigir.* Si desea ser un líder eficaz, es necesario que use el cambio en liderazgo. No puede ser igual, pensar igual y actuar igual si desea tener éxito en un mundo que no permanece igual.

Como lo dijo Malcolm Gladwell: «Esa es su responsabilidad como persona, como ser humano: actualizar constantemente su postura sobre tantas cosas como le sea posible. Y si no se contradice a sí mismo de manera regular, entonces no está *pensando*».[7] Tal vez los líderes necesitamos reconocer el valor de usar «hilo mental». Los odontólogos insisten en que usemos hilo dental a diario para mejorar la salud de nuestros dientes; también debiéramos usar hilo mental para deshacernos de las maneras antiguas de pensar y mejorar la salud de nuestro liderazgo.

Cuando tenía veintitantos años, me sentí inspirado por las palabras del predicador del siglo diecinueve Phillips Brooks, el autor del famoso himno «Oh, Aldehuela de Belén». Él escribió:

> Triste será el día de aquel hombre que se sienta absolutamente contento con la vida que está viviendo, con los pensamientos que piensa, con las obras que hace; cuando ya no esté tocando perennemente a las puertas de su alma un deseo intenso de hacer algo más grande, algo que él sabe que se supone que haga y que fue creado para hacerlo.[8]

He memorizado esas palabras y frecuentemente las he usado para impulsarme hacia un crecimiento y logros mayores.

El cambio en liderazgo nos hace avanzar ante la tentación natural de ser mentalmente rígidos. Nos impulsa a ser más innovadores y salirnos de nuestra zona de comodidad, a cuestionar la sabiduría convencional y a darle la bienvenida al cambio. Cada cambio en liderazgo que usted haga tiene el potencial de convertirlo en un mejor líder.

¿ESTÁ LISTO PARA CAMBIAR COMO LÍDER?

Antes de hablar acerca de las prácticas que se involucran en el cambio en liderazgo, quiero establecer un fundamento al describir la mentalidad que se necesita para el cambio en liderazgo. ¿Qué tan dispuesto está usted al cambio? ¿Está listo para empezar a hacer más preguntas en lugar de dar más respuestas? ¿Está preparado para convertirse en un mejor oyente, en un mejor observador?

¿Está dispuesto a depender más de su intuición y su creatividad? El cambio en liderazgo le exigirá que dependa de los valores, principios y estrategias, pero también lo impulsará a depender de la innovación, a buscar alternativas, a aprovechar la creatividad. Además, necesitará despojarse de algunas cosas y dedicarse a mejorar.

El cambio en liderazgo no es fácil, en especial cuando usted empieza a hacerlo por primera vez. Frecuentemente se deja atrás algo que ha funcionado antes en aras de buscar algo no comprobado. Tendrá que enfrentar la tensión existente entre la estabilidad que brinda seguridad y la adaptabilidad que ofrece oportunidades. Eso le dará el poder para mejorar, para convertirse en alguien nuevo antes de que pueda crecer en algo nuevo. El deseo de mejorar lo impulsará a seguir aprendiendo. Sin embargo, hay buenas noticias: ¡aprender a llevar a cabo el cambio en liderazgo lo convertirá en un mejor líder!

> TENDRÁ QUE ENFRENTAR LA TENSIÓN EXISTENTE ENTRE LA ESTABILIDAD QUE BRINDA SEGURIDAD Y LA ADAPTABILIDAD QUE OFRECE OPORTUNIDADES.

CÓMO LLEVAR A CABO EL CAMBIO EN LIDERAZGO

Si ha respondido que sí a las preguntas previas, o si está dispuesto a moverse hasta un punto en el cual podría responder que sí, entonces se encuentra listo para dar un paso al frente y empezar a cambiar su liderazgo. Mientras avanzamos por este libro, lo conduciré por once grandes cambios en liderazgo que he llevado a cabo en mi jornada como líder. No obstante, antes de hacer eso, quiero mostrarle siete cosas que es necesario hacer para cambiar su liderazgo con éxito. Abrace estas prácticas a diario y estará listo para enfrentar toda situación de cambio en liderazgo con flexibilidad y confianza.

1. Aprenda, desaprenda y reaprenda continuamente

Ya hemos hablado del ritmo al cual nuestro mundo está cambiando. Recientemente leí un artículo publicado por el Foro Económico Mundial que sacó esto a la luz.

Citando el artículo «Cuidado con la brecha (de habilidades)» del Harvard Business Review: «Las lecciones aprendidas en la escuela pueden quedar obsoletas antes de que se cancelen los préstamos estudiantiles». Como se señala, las habilidades que los egresados de la universidad adquieren durante su licenciatura, y que antes proporcionaban una formación básica que duraba a lo largo de toda una carrera, ahora se espera que tengan una duración de apenas cinco años.

A su vez, al estudiar el impacto de los cambios perturbadores sobre los conjuntos de habilidades existentes en un informe reciente titulado «El futuro de los empleos», el Foro Económico Mundial descubrió que: «En promedio, para el 2020, más de un tercio de los conjuntos de habilidades fundamentales deseadas para la mayoría de las ocupaciones consistirán en destrezas que aún no se consideran como cruciales para el trabajo en la actualidad». O, como lo dice francamente Mark Niemann-Ross, autor de lynda.com: «En cuatro años, usted tendrá que volver a aprender un 30 % de su trabajo».[9]

¿Cómo es posible que los líderes florezcan en este entorno? Hay que aprender, desaprender y reaprender. Este proceso resulta fundamental para el cambio en liderazgo. Tenemos que abrazar los cambios cada día. Tenemos que estar dispuestos a deshacernos de lo que funcionaba ayer y aprender nuevas maneras de ver, hacer y dirigir. No podemos darnos el lujo de enamorarnos de ninguna tecnología o metodología. O seguimos aprendiendo y cambiando, o nuestro liderazgo muere.

2. VALORE EL AYER, PERO VIVA EN EL HOY

Se rumora que Babe Ruth, el astro del béisbol, una vez dijo: «El jonrón de ayer no gana el juego de hoy». ¿No le parece fantástico? Este es un buen recordatorio de enfocarnos en el presente. Lo que hicimos ayer podrá verse bien en nuestra hoja de vida, pero no nos ayudará a ganar hoy.

Por años tuve un cartel en mi oficina que decía: «Ayer terminó anoche». Lo coloqué para acordarme de que todo el bien que hice ayer no me garantizará que hoy tendré un buen día, ni todo lo malo que me haya sucedido ayer significa que hoy tiene que ser un día funesto. El día de hoy se define por sí mismo. Si quiero tener un día magnífico hoy, tengo que hacer lo que sea necesario para ello ahora. Puedo y debo sentirme agradecido por el ayer, pero tengo que enfocarme en el hoy.

En mis comienzos como autor, recibí orientación de un escritor de mucho éxito. Siempre estaré en deuda con él por la ayuda que me dio. Una noche estábamos cenando y le comenté que estaba escribiendo otro libro. Me preguntó cuál era la tesis y el contenido del mismo, y luego me preguntó:

—John, ¿será este tu mejor libro?

—¡Así es! —respondí.

—Bien —dijo—, porque solo eres tan bueno como tu último libro. Si decepcionas a tus lectores, siempre se preguntarán si valdrá la pena comprar tu próxima obra.

Nunca he olvidado ese consejo. He escrito y vendido muchos libros a través de los años, pero no puedo descansar sobre mi reputación pasada. Las personas podrán honrarte por lo que hiciste ayer, pero te respetan por lo que haces ahora. Valoro el ayer, pero vivo hoy.

3. APÓYESE EN LA VELOCIDAD, PERO PROSPERE ELIGIENDO EL MOMENTO JUSTO

Tener que moverse rápidamente en el entorno de hoy en realidad no es algo que podemos escoger hacer o no si queremos alcanzar el éxito. Sin embargo, elegir el momento justo sí lo es. Lo que sucede a nuestro alrededor determina si nos mantenemos detenidos o si avanzamos. Liderar es como saber cuándo comerse una pera. Se dice que solo hay un día en la vida de una pera en el que está perfecta para comérsela. El líder debe ser capaz de reconocer el momento oportuno para los cambios en liderazgo. ¿Cuándo un miembro del equipo necesita unas palabras de aliento y cuándo requiere que se le presente un desafío para que dé un paso al frente? ¿Cuándo es el momento oportuno para añadir un producto nuevo o retirar un producto existente que ya ha dejado atrás sus mejores días? ¿Cuándo su organización debe usar dinero para aprovechar una oportunidad y cuándo es mala idea hacerlo?

Para los líderes, el momento oportuno tiene importancia crítica. Una buena selección les permite a los líderes aprovechar el momento y lograr la victoria para su equipo. Ese sentido del momento oportuno es particularmente importante para el cambio en liderazgo. Parafraseando al financista James Goldsmith, cuando el líder puede percibir una tendencia popular, es demasiado tarde para guiar.

CUANDO EL LÍDER PUEDE PERCIBIR UNA TENDENCIA POPULAR, ES DEMASIADO TARDE PARA GUIAR.

4. OBSERVE EL PANORAMA COMPLETO MIENTRAS ESTE SIGUE AMPLIÁNDOSE

Mi jornada guiando a otros empezó en realidad cuando comprendí por primera vez que todo se eleva y cae con el liderazgo. Esta verdad se convirtió en el fundamento sobre el cual edifiqué mi vida. Y continúa siendo el catalizador de mi desarrollo personal y mi capacitación de los demás.

Cuando las personas empezaron a pedirme que impartiera conferencias acerca del liderazgo, no tenía mucho que enseñar. Posteriormente, cuando decidí escribir un libro sobre el tema, pensé que sería el único. He estado guiando a las personas y capacitando a los líderes por más de cuarenta y cinco años, y mi perspectiva se ha ampliado enormemente. Mientras más aprendía de este tema, más reconocía que no sé suficiente al respecto. Mientras más experiencias de liderazgo obtenía, más reconocí que me beneficiaría de tener más experiencia. No existe línea de llegada cuando de mejorar se trata, y no existe un panorama completo del liderazgo que pueda dominarse. Mientras siga creciendo, mi panorama del liderazgo continuará ensanchándose. Si usted sigue creciendo, el suyo también lo hará.

Me gusta concebir este proceso como un aprendizaje por niveles. Cada vez que aprendemos una lección nueva y la conectamos con las muchas cosas que ya hemos aprendido sobre el mismo tema, obtenemos profundidad y vemos más del cuadro completo. Este proceso demanda tiempo; no es posible aprender todas las lecciones de una sola vez. Para asimilar las lecciones se requiere de intención, pero cuando lo hacemos, ampliamos nuestros conocimientos.

Mi primer rol de liderazgo formal fue en una iglesia en la parte sur de Indiana, en una comunidad campestre. Desarrollé una amistad con el banquero del pueblo, que un día me explicó cómo decidía si le prestaba dinero o no a los granjeros. Él les preguntaba si estaban cerrando sus vallados o ampliándolos. Si estaban cerrándolos, habían cesado de ampliar sus granjas. Se proponían aferrarse a lo que tenían y solo hacerle mejoras leves a su propiedad. Sin embargo, si estaban ampliando sus vallados, esto indicaba que se hallaban en expansión, buscando más tierra para sus cultivos o ganados. Estaban extendiendo su alcance y esforzándose por hacer más. Mi amigo el banquero me dijo: «Le presto el dinero a los que están ampliando sus vallados. Ellos necesitan ayuda para expandirse y mejorar». El cambio en liderazgo tiene todo que ver con ampliar nuestros vallados. Tiene que ver con captar un panorama más grande y mejorar.

5. Viva en el hoy, pero piense en el mañana

Los líderes muestran una inclinación natural hacia la acción. Ellos tienen que ser proactivos hoy en aras del mañana. Sin embargo, la longevidad de su liderazgo se determina por cómo imaginan y ven el futuro. Permanecer delante del equipo es resultado de pensar primero que el equipo. Si usted piensa por anticipado, puede permanecer en la delantera. Como lo dijo el comentarista político George Will: «El futuro tiene una manera de llegar sin anunciarse». No podemos recuperar el pasado, pero el futuro es nuestro para ganarlo o perderlo.

¿Cómo podemos hacer eso los líderes? ¿Qué podemos hacer hoy para asegurarnos de que tenemos lo que se necesita para guiar en el mañana? Necesitamos poner en práctica lo que llamo atracción anticipada, algo que descubrí por la década de 1980. Llegué a la conclusión de que podía experimentar un futuro positivo únicamente si tenía un buen sueño y un buen equipo. En aquella época, mi sueño me entusiasmaba, pero mi equipo no. ¿Cómo iba a atraer al equipo que necesitaba para cumplir mi sueño?

Cuando uno llega a ser consciente de lo que necesita o desea, puede verlo mejor, y atraerlo. Si piensa acerca del color azul, verá azul en todas partes. Si empieza a prestarle atención al azul, verá más azul aún. Si nos enfocamos en algo, se expande. La concientización permite traer a nuestro futuro al personal y los recursos que necesitamos. Nos permite dirigir nuestras vidas, en lugar de meramente aceptarlas.

No ser consciente de las cosas tiene precisamente el efecto opuesto. No estar al tanto nos impide ver algo, atraer algo y recibir algo que mejore nuestro futuro. Los líderes que se desconectan de la situación se preguntan por qué no pueden acceder a los recursos que necesitan para asegurar un mejor futuro. Ellos no pueden hacer cambios en liderazgo, así que su futuro no será mejor que su presente.

Volviendo a lo que hacía en los ochenta, el primer paso que di a fin de tener un mejor equipo para el futuro fue saber lo que deseaba y necesitaba. Empecé por escribir las características del equipo que deseaba tener. Esto desarrolló una conciencia mayor en mí que fomentaba la atracción anticipada. Funciona de esta manera.

Cuando sabes quién eres y sabes lo que quieres,

Entonces sabrás la clase de personas a las que atraerás y las cosas
que descubrirás.

Tu mente pensará cosas que te ayudarán a obtener lo que quieres.

Tus ojos verán cosas que te ayudarán a obtener lo que quieres.

Tu corazón sentirá cosas que te ayudarán a obtener lo que quieres.

Tu actitud creerá cosas que te ayudarán a obtener lo que quieres.

Tu boca dirá cosas que te ayudarán a obtener lo que quieres.

Tus acciones atraerán cosas que te ayudarán a obtener lo que quieres.

A medida que fui atrayendo y descubriendo la clase de miembros del equipo que necesitaba para convertir mi sueño en realidad, empecé a experimentar resultados positivos. Hoy cosecho abundantemente los beneficios de este cambio en liderazgo.

6. AVANCE VALIENTEMENTE EN MEDIO DE LA INCERTIDUMBRE

La vida se expande o se contrae en proporción con nuestra valentía. Cuando los líderes no hacen un cambio en liderazgo como resultado del miedo o la incertidumbre, esto solo aumenta el temor, lo cual resulta en frustración. A mayor inacción de los líderes, más oportunidades serán las que se pierden, porque las oportunidades siempre vienen rodeadas de incertidumbre. Todas las cosas buenas incluyen incertidumbre, y para vencer la incertidumbre se requiere de valentía.

Me gusta lo que dijo Brad Lomenick acerca de la valentía en su libro *El líder catalizador*. Él citó a mi amigo Andy Stanley, un líder magnífico que fundó la Iglesia North Point. Andy se estaba dirigiendo a los líderes catalizadores, pero sus palabras también describían a los líderes que hacen cambios en liderazgo:

Muchas, muchas cosas se han iniciado con un solo acto de valentía, a través de la historia y hoy. Una persona da un paso al frente y toma una decisión valiente y esa ficha de dominó solitaria hace que muchas otras empiecen a caer. Tenemos que dar un paso al frente y tomar esa decisión, y tal vez nunca lleguemos a saber la reacción en cadena que resultará de esa sola decisión valiente. Líderes catalizadores: su decisión de hacer algo valiente puede dar como resultado algo más grande de lo que jamás habrían imaginado. Den el paso...

El temor en el liderazgo usualmente está relacionado con la incertidumbre en cuanto al futuro. Pero la incertidumbre en cuanto al futuro jamás desaparecerá. Siempre les digo a los líderes: la incertidumbre es la razón por la cual los líderes existen. La incertidumbre nos ofrece un trabajo asegurado. Donde haya incertidumbre, siempre habrá necesidad de líderes, lo que significa dar siempre un paso al frente a lo desconocido, necesitando siempre valentía.[10]

Betty Bender, antiguo presidente de la Asociación para la Administración y Gestión de Bibliotecas, dijo: «Todo lo que he hecho que en última instancia valió la pena, al principio me aterraba». Al enfrentar la incertidumbre, los líderes tenemos que avanzar con valentía.

7. RECONOZCA QUE LO MEJOR DE HOY NO SATISFARÁ LOS DESAFÍOS DE MAÑANA

Si desea desarrollar el cambio en liderazgo, es necesario que continúe mejorando, porque los desafíos del mañana posiblemente no se vencerán con las habilidades de hoy. Esta es mi estrategia para mejorar. Mi meta al final de cada jornada es sentirme satisfecho porque hice mi mayor esfuerzo, pero mi meta al principio de cada jornada es sentirme lo suficiente insatisfecho como para mejorar lo de ayer. Esta interacción entre la insatisfacción y la satisfacción crea una tensión que me impulsa a mejorar.

Cuando enfrento un día nuevo, trato de dar lo mejor de mí. Eso hará que mi mañana sea mejor. La mejor manera de tener buenas alternativas mañana es tomar buenas decisiones hoy. La mejor manera de lograr los cambios que deseamos mañana es hacer los cambios necesarios hoy. La mejor manera de enfrentar los desafíos de mañana es dar lo mejor en los desafíos de hoy. No puedo pasar hoy por alto y esperar que mañana sea mejor. Así que todos los días me hago la pregunta: «¿Es esto lo mejor que puedo hacer hoy?». De esta manera sigo el consejo de mi héroe y mentor, John Wooden, quien dijo que convirtamos cada día en nuestra obra maestra.

Al mismo tiempo, no descanso sobre mis laureles. Habrá oído decir que lo bueno es enemigo de lo excelente, pero lo perfecto es enemigo de lo mejor. Tengo que cultivar la insatisfacción que se requiere para poder mejorar. Así que intencionadamente creo esa tensión todos los días. La pregunta: «¿Es esto lo mejor que puedo hacer hoy?» me ayuda a aprovechar el presente al máximo. La pregunta: «¿Estoy mejorando?» me impulsa a cambiar. Quiero crecer para abordar los desafíos de mañana y no solo adentrarme en ellos. Si continúo mejorando, puedo hacer mejores cambios en liderazgo mañana. Lo mejor de ayer es el cimiento para el mejoramiento de mañana.

Si desea continuar mejorando para hacer mejores cambios en liderazgo, entonces:

- **APRENDA ALGO NUEVO.** Pregúntese: ¿Cuándo fue la última vez que aprendí algo nuevo por primera vez?
- **INTENTE ALGO DIFERENTE.** Pregúntese: ¿Cuándo fue la última vez que hice algo por primera vez?
- **DESCUBRA ALGO MEJOR.** Pregúntese: ¿Cuándo fue la última vez que descubrí algo mejor por primera vez?

- **VEA ALGO MÁS GRANDE.** Pregúntese: ¿Cuándo fue la última vez que vi algo más grande por primera vez?

Recuerde: todos pueden mejorar, y todo puede mejorarse. Cada día ofrece posibilidades de mejorar.

Ahora comprendemos el marco de trabajo para el cambio en liderazgo:

- Aprenda, desaprenda y reaprenda continuamente
- Valore el ayer, pero viva en el hoy
- Apóyese en la velocidad, pero prospere eligiendo el momento justo
- Observe el panorama completo mientras este sigue ampliándose
- Viva en el hoy, pero piense en el mañana
- Avance valientemente en medio de la incertidumbre
- Reconozca que lo mejor de hoy no satisfará los desafíos de mañana

El resto de este libro se enfoca en los cambios en liderazgo más importantes que he hecho durante el transcurso de los años. Sin duda, estos cambios en liderazgo han fortalecido y sustentado mi liderazgo. Cada uno cambió mi rumbo, dirigiéndome en una dirección nueva y mejor. Cada uno me permitió conquistar un territorio nuevo de liderazgo y crecer interiormente. Cada uno me iluminó en mi jornada como líder, y creo que lo ayudarán en la suya. Aun un cambio pequeño puede producir un impacto grande.

Sin embargo, estos son *ejemplos* de cambios en liderazgo, no un modelo a seguir. Los cambios en liderazgo que usted tendrá que hacer serán únicos para su jornada. Si bien es cierto que algunas de sus experiencias se asemejarán a las mías, muchas no. Pero no olvide algo: *cada avance que logre como líder exigirá un cambio en liderazgo que transforme su manera de pensar, actuar y dirigir.* Cuando hacemos un cambio en liderazgo, esto nos hace mejor líderes.

Mientras lee este libro, necesitará cambiar de modo continuo de la acción a la reflexión. Haré preguntas y presentaré desafíos para que sus mejores cualidades de líder puedan emerger. Los cambios en liderazgo que se encuentran en este libro no lo llevarán de lo malo a lo bueno; lo llevarán de lo bueno a lo mejor. Si procura hacer algún cambio pequeño en esa dirección cada día, será capaz de alcanzar su potencial de liderazgo y lo logrará.

CAPÍTULO 2

DE SOLISTA A DIRECTOR
DE ORQUESTA

El cambio de enfoque

*Uno es demasiado pequeño como para
pretender hacer grandes cosas.*

—La Ley de lo trascendental

Uno de los cambios más importantes que alguien puede hacer para convertirse en un mejor líder es pasar de solista a conductor. Es posible ser una *persona* de éxito a nivel individual, pero no ser un líder de éxito. Empecé a aprender esta lección y a hacer este cambio en 1974 cuando escuché por primera a Zig Ziglar. Zig, quien posteriormente se convertiría en un buen amigo, tuvo un impacto positivo sobre millones de vidas, y la mía fue una de ellas.

Aquella primera vez que fui a escucharlo dar una charla, me sentí cautivado. Era muy dinámico. Yo había recibido formación como orador y la había puesto en práctica por unos cinco años, pero Zig era diferente. Se movía de un lado a otro en el escenario. Su discurso resultaba peculiar, con su acento sureño. Él medía sus palabras para que tuvieran más impacto. Tenía carisma. En un momento, hasta se arrodilló para decir algo importante y conectarse con nosotros.

Me encantó todo lo que hizo aquel día, pero lo que más me impactó fue algo que dijo. Esto se convirtió en el agente catalizador que llevó mi mentalidad de liderazgo de solista a conductor. Zig señaló: «Puedes obtener todo lo que buscas de la vida si tan solo ayudas a que suficientes personas obtengan lo que ellas buscan».

Esas palabras me golpearon como un relámpago. De inmediato me di cuenta de que el enfoque de mi liderazgo estaba incorrecto. Era como un solista que quería que toda la orquesta me sirviera a mí y a mi agenda. En lugar de ello, resultaba necesario que actuara como un director que se esforzaba por sacar lo mejor de todos los que me rodeaban. Era necesario cambiar mi agenda para buscar la forma de ayudar a otros, no solo a mí mismo.

Durante los años siguientes, mi enfoque cambió de *mí* a *nosotros* e hice un descubrimiento. El aumento en mis esfuerzos por enfocarme primero en otros y añadirles valor incrementó la energía de aquellos a los que dirigía, y también incrementó mi energía al hacerlo. Fue allí donde descubrí que ocurre algo maravilloso cuando la gente ayuda a su líder, pero es más maravilloso aún cuando el líder ayuda a su gente.

EL AUMENTO EN MIS ESFUERZOS POR ENFOCARME PRIMERO EN OTROS Y AÑADIRLES VALOR INCREMENTÓ LA ENERGÍA DE AQUELLOS A LOS QUE DIRIGÍA, Y TAMBIÉN INCREMENTÓ MI ENERGÍA AL HACERLO.

Recientemente leí un artículo acerca de cuatro solistas musicales que se han convertido en directores de orquesta. Han-Na Chang, de Corea del Sur, que ha disfrutado de una carrera internacional exitosa como chelista, hace poco se convirtió en una directora a tiempo completo. Cuando le pregunté por qué buscó ser directora de orquesta, ella respondió:

> Me atrae la magnífica literatura sinfónica y operática, pero también la creación de la música y la colaboración que existe entre el director y la orquesta [...] Colaborar con la orquesta es algo sumamente gratificante: Cada orquesta es diferente, así que el director siembre busca la manera más eficaz de dirigir esa orquesta en particular, a fin de unir al grupo tras una visión e interpretación común.[1]

Chang señaló que ser directora de orquesta es totalmente diferente a ser solista. «Cuando toco mi instrumento», dijo, «lo que pienso se transforma de manera muy natural e instantánea en sonido; cuando estoy conduciendo, creo sonido con un grupo de individuos. Las posibilidades y el potencial del sonido que produce una orquesta son prácticamente ilimitados, y esto verdaderamente me fascina».

Eric Jacobsen, un violinista estadounidense que empezó a conducir una orquesta, describió el papel y el impacto de ser director: «En el caso ideal, un director es un catalizador del entendimiento mutuo, con la orquesta convirtiéndose en algo mayor que la suma de sus integrantes». Y Gemma New, una violinista de Nueva Zelanda que recientemente empezó a dirigir, dijo: «Me fascinó la manera en la cual la música de orquesta une e inspira a todos sus participantes. Experimentar la música juntos crea un vínculo humano fuerte entre nosotros, sin importar quiénes somos o de dónde venimos».[2]

DESAFÍOS PARA CAMBIAR DE SOLISTA A DIRECTOR DE ORQUESTA

El potencial de un grupo siempre es mayor que el de un individuo. Las personas que trabajan juntas poseen posibilidades ilimitadas. Pueden colaborar para hacer algo más grande que ellas mismas. Y cuando se forma un vínculo, disfrutan la jornada de trabajo más aún. Sin embargo, eso no significa que trabajar juntos no traerá consigo sus propios desafíos. Cuando se pasa de solista a director de orquestar, será necesario enfrentar algunas realidades.

1. Ir más lento para llegar más lejos

Probablemente ha escuchado la antigua expresión «es solitario en la cima» aplicada al liderazgo. Sin embargo, reflexionemos sobre esa afirmación. Si uno se halla solo en la cima, ¿dónde se encuentran todos aquellos a los que supuestamente está dirigiendo? ¿No debieran estar en la cima con uno? Si usted se encuentra solo en la cima, eso significa que se adelantó a su gente y los ha dejado atrás. Si escala los montes del éxito solo, no es un líder, es un alpinista. Solo somos líderes si tenemos a nuestra gente con nosotros. Avanzaremos a un ritmo más lento, pero viajaremos juntos.

Los buenos líderes no llegan a la cima solos para luego gritar: «Oigan, suban acá si logran adivinar cómo hacerlo». Ellos toman una decisión consciente de reducir la velocidad. Eligen sus pasos cuidadosamente para poder ayudar a otros a subir junto con ellos.

Imagine cómo debió haber sido para la chelista Han-Na Chang cuando pasó de solista a directora de orquesta. Como músico, ella podría tomar su instrumento cuando se le antojara, tocar la música que quisiera, y hacerlo por el tiempo que deseara. Podía enfocarse en cualquier parte de la música que le apeteciera, o en cualquier aspecto de su técnica, sin tener que preocuparse por otros. Ahora, como directora, no puede hacer eso. Tiene que realizar arreglos. Necesita tomar en cuenta los calendarios de otros. Tiene que comunicar su visión. Y al final, ella asume la responsabilidad por el éxito o el fracaso de todos.

Como mencioné previamente, los líderes tienen una inclinación natural a la acción. Los buenos líderes ven más que los demás, y lo ven antes que los demás. Parte de su ADN implica moverse de forma rápida y decisiva. Por lo tanto, la inclinación natural de los líderes a menudo es correr rápidamente por sí solos, y ascender tan alto como puedan. No obstante, para guiar a otros con éxito, los líderes necesitan viajar *con* su gente, no correr ni escalar delante de ellos.

Esto obliga al líder a hacer lo que yo denomino el baile del liderazgo. Cuando guiamos, nuestra posición en el grupo no puede ser estática. Recordemos que el liderazgo, a diferencia de la administración, es dinámico. Espera que haya cambios. De modo que para hacer el baile del liderazgo es necesario:

- Dar un paso delante de las personas, pero manteniéndose lo suficiente cerca para que puedan verle.
- Dar un paso junto a las personas, escuchándolas y hablando acerca de la jornada.
- Dar un paso detrás de las personas, expresando palabras de estímulo para que sigan adelante.

LAS ORGANIZACIONES SALUDABLES NO TIENEN QUE VER CON EL INDIVIDUO QUE LAS GUÍA, SINO CON TODOS LOS QUE PERTENECEN A ELLA.

Este baile lo ayuda a mantenerse conectado con su gente y energiza a todos. Y eso es importante, porque las organizaciones saludables no tienen que ver con el individuo que las guía, sino con todos los que pertenecen a ella. Ser un buen líder se relaciona con ayudar a que los demás alcancen su potencial. Eso no sucederá a menos que el líder esté dispuesto a reducir la velocidad y realizar el viaje con ellos.

2. RECONOCER QUE NECESITAMOS A LOS DEMÁS

Otra realidad que hay que reconocer cuando pasamos de solistas a directores es que necesitamos a otros. No es posible producir música como una orquesta si intentamos ser un hombre (o mujer) orquesta. Antes de que escuchara hablar a Zig Ziglar y me percatara de que me era necesario hacer un cambio en liderazgo, únicamente pensaba en cómo me necesitaban los demás. Creía que yo era la clave del éxito de ellos. Sin embargo, después de que comencé a enfocarme en ayudar a los demás, empecé a comprender cuánto los necesitaba. Solo al trabajar juntos y ayudarnos unos a otros podríamos lograr el éxito.

Una vez hecho este descubrimiento, empecé a crear un entorno en el cual los individuos colaboraban para realzar sus fortalezas y compensar sus debilidades. Les pedí a otros que se me unieran para suplir mis deficiencias en el liderazgo. En lo que a mí respecta, me esforcé por aplicar mis fortalezas en sus áreas débiles. Me fijé la meta de cultivar un entorno en el cual era más importante completarnos los unos a los otros que competir mutuamente. Observe la diferencia entre las dos actitudes.

COMPETIR	**COMPLETAR**
Hay una mentalidad de escasez	Hay una mentalidad de abundancia
Se piensa en ganar-perder	Se piensa en ganar-ganar

Se practica el pensamiento individual   Se practica el pensamiento compartido

Se excluye a los demás   Se incluye a los demás

Una cultura que busca completar crea victorias para todos. Eleva la moral. Estimula a los miembros del equipo a mejorarse unos a otros. Las personas disfrutan cuando trabajan en este tipo de entorno.

Mientras me esforzaba por crear una cultura y un entorno en donde se valoraba la acción de completarse mutuamente, pude comprender mejor cómo necesitaba a los demás. También empecé a disfrutar de lo que hacíamos juntos.

3. HACER EL ESFUERZO POR COMPRENDER A OTROS

Muchos empresarios y perfeccionistas empedernidos son capaces de trabajar solos. Así como los buenos solistas que eligen tocar en la estación del metro, pueden crear música sin la ayuda de otros músicos. También es cierto que algunos solistas son tan talentosos que otros están dispuestos a colaborar con ellos, aun si el solista es egocéntrico y desconsiderado. Sin embargo, nadie puede llegar a ser un buen director de orquesta sin esforzarse por comprender a otras personas.

Cuando un individuo dirige sin tomarse el tiempo o hacer el esfuerzo para comprender a los que buscan seguirlo, los resultados pueden ser trágicos o cómicos. Hace algunos años fui testigo de un incidente chistoso que ocurrió con mis nietos. Cuando eran pequeños, con frecuencia íbamos de vacaciones a Coeur d'Alene, en el estado de Idaho. No importa a dónde vayamos de vacaciones, siempre busco oportunidades para hacer algo divertido con los chicos. Ese año en particular, decidí que formaríamos una banda de marcha con los nietos. Los chicos estaban entusiasmados mientras íbamos repartiendo los pitos, maracas y panderos. Practicamos una canción y todos se divirtieron.

Cuando ya estaban listos para marchar, levanté un silbato y una batuta y expliqué que el líder usaba estos artefactos para dirigir la banda. Yo, por supuesto, me convertí en el primer líder para demostrar cómo se dirigía al grupo. El silbato daba la señal a fin de estar listos para marchar. Luego, cuando señalaba hacia adelante con la batuta, esa era la señal para tocar y marchar. Una vez que escuchaban el silbato nuevamente, esa era la señal para detenerse. Durante los siguientes minutos, los guié alrededor de la piscina mientras ellos marchaban y tocaban.

Tan pronto como vi que habían captado la idea, dejé que los nietos se turnaran para hacer el papel de líder. Estaban divirtiéndose y todo iba bien hasta que John Porter, de cuatro años, recibió el silbato y quedó a cargo. Le encantaba la idea de tener el control, así que soplaba el silbato para que todos empezaran a marchar, pero luego de unos cuantos pasos volvía a soplar el silbato para que se detuvieran. Luego hacía que todos arrancaran. Y luego que pararan. Arrancar-parar. Arrancar-parar. ¡Los chicos no estaban marchando, sino moviéndose a trompicones!

Todos empezaron a protestar, pero a John no le importaba. Le encantaba la sensación de poder. Posiblemente era la primera vez que sus hermanos y primos habían hecho lo que él decía.

Mientras observábamos, los adultos no podíamos contener la risa; sin embargo, lo cierto es que hay muchos líderes en muchas organizaciones que siguen el estilo de liderazgo del pequeño John. Les gusta tener el poder para mandar a los demás y rara vez se detienen a pensar en lo que sienten o piensan las personas a las que dirigen.

Debo confesar que yo era esa clase de líder en mis primeros años. Cuando era un líder solista, pensaba que la sinfónica estaba allí sencillamente para acompañarme. Solo me interesaba que los demás comprendieran y aceptaran mi visión, mi agenda, mi jornada, mis talentos y mi sentir. ¡Era como el pequeño John, dirigiendo a mi equipo alrededor de la piscina y usando el silbato a cada rato! Para hacer el cambio de solista a director de orquesta, me fue necesario tomar en cuenta a todos los demás. Necesitaba comprender y asimilar sus pensamientos, deseos, talentos, contribuciones y jornada.

Hace varios años me encontraba dictando una conferencia en Buenos Aires, Argentina. Una noche, mi anfitrión me llevó a un salón grande en donde vimos una exhibición inmensa de personas bailando el tango. Había como doscientas personas en la pista de baile, con atuendos hermosos. Eran fantásticas. Su sentido del movimiento y el ritmo resultaba maravilloso. Disfruté mucho al observarlas.

Años antes, mi esposa Margaret y yo habíamos recibido lecciones de baile de salón, por lo cual pude apreciar lo difícil que es bailar bien. El tango se veía sumamente complicado y difícil de ejecutarse con precisión. Sabía que mi anfitrión era un bailarín excelente, así que le pregunté: ¿Cómo es que pueden bailar tan perfectamente y sin esfuerzo?

Me dijo que la clave era comprender el punto de vista de la pareja: «Para poder guiar debidamente», señaló, «tienes que comprender cómo se siente que te guíen. En el tango, no es posible guiar sin tener el sentido del que sigue». Eso me resultó lógico. La persona que sigue tiene que poder confiar en aquel que la guía, y también debe poder moverse con él al ritmo de la música. Solo juntos pueden efectuar el baile. Ese tipo de cooperación y comprensión también se aplica a los buenos líderes.

4. Desear que otros brillen más que uno

Mi anfitrión en Argentina también compartió otro dato acerca del tango que se aplica a los líderes que pasan de ser solistas a convertirse en directores de orquesta. Explicó que el bailarín líder prepara a la bailarina que lo sigue para alcanzar el éxito. El líder proporciona el fundamento y posibilita que ambos ejecuten con éxito los complejos pasos y movidas.

Como resultado de ello, la que lo sigue le da al tango su expresión plena. Mientras más seguro y firme sea el líder, tanto más puede destellar la persona que lo sigue.

Los buenos líderes que dirigen en lugar de ser solistas quieren que los que colaboran con ellos brillen. ¿Cómo hacen esto? Siguen esta manera de pensar:

Antes de decir: «Sígueme», te encuentro.

Antes de que pida que me escuches, te escucharé a ti.

Cuando te muestro el panorama completo, tú formas parte de él.

Cuando señalo al éxito, te estoy señalando a ti.

Frecuentemente me escucharás decir que te necesito.

Frecuentemente descubrirás: ¡Él me necesitaba!

Después de la jornada, los dos estaremos exhaustos.

¡Después de la victoria, levantarás el trofeo!

LOS BUENOS LÍDERES HACEN TODO LO POSIBLE POR PONER A OTROS EN LA POSICIÓN PARA GANAR.

Los buenos líderes hacen todo lo posible por poner a otros en la posición para ganar. Como cofundador del Equipo John Maxwell, procuro hacer eso mismo con los entrenadores que se certifican a través de nuestra organización. Dos veces al año organizamos una conferencia de capacitación para entrenadores nuevos. Por espacio de tres días, los maestros y yo les enseñamos a los participantes cómo producir un impacto positivo con sus vidas y las vidas de otros por medio de entrenamientos, capacitaciones y charlas. Es sumamente divertido.

Una de las sesiones de enseñanza que celebro en cada conferencia consiste en una lección a la que denomino EJM-ADN. Esta ayuda a que los entrenadores comprendan la cultura del Equipo John Maxwell, y los alienta a abrazar los valores y el comportamiento que yo abrazo como líder que busca añadir valor a otros. En años recientes he escogido a entrenadores veteranos y los he invitado a que me acompañen en el podio. Hablamos acerca de cómo desarrollan los valores del Equipo. Esto les brinda a estos entrenadores la oportunidad de brillar y ayuda a los nuevos a comprender cómo conducirse con integridad cuando inicien sus carreras como entrenadores y conferencistas.

Después de una de estas sesiones, unos entrenadores me dieron un regalo especial: un resaltador Montblanc. En un costado tenía grabadas las palabras: «Tú resaltas nuestras vidas». Esto fue un gesto maravilloso para mí, porque me esfuerzo por realzar a los demás. Todos los días busco oportunidades para hacer sobresalir a otros. Para hacerlo, sigo una fórmula sencilla:

- Ver las posibilidades en todos.
- Honrarlos delante de los demás.
- Invitarlos a que ayuden a cumplir la visión.
- Observar lo que hacen bien y elogiarlos por ello.
- Agradecerles para que sepan que son valorados.

Lucho por hacer esto todos los días. Como puede ver, ninguna de estas acciones requiere de genialidad ni de un nivel elevado de habilidades. No obstante, sí requieren de intención. Si quiere llegar a ser un buen director, inténtelo. Ayude a que otros brillen.

5. AYUDAR A QUE OTROS MEJOREN CADA DÍA

A fin de ser un líder director útil es necesario ir más lento para poder llegar más lejos, reconocer que necesitamos a otros, hacer el esfuerzo por comprender a los demás y buscar que otros brillen más que nosotros.

No obstante, también es necesario aprender a hacer cosas todos los días que ayuden a aquellos que dirigimos a mejorar. Para esto se requiere que quitemos el enfoque de nosotros mismos y busquemos maneras de que otras personas alcancen su potencial. Esto puede resultar un desafío.

Hace algunos años estaba preparándome para hablarle a un grupo numeroso en Kiev, Ucrania, y mi intérprete y yo estábamos en la antesala de espera, familiarizándonos el uno con el otro. Nunca habíamos trabajado juntos, pero mientras conversábamos quedó claro que él me conocía, porque había leído varios de mis libros.

Unos diez minutos antes de que me tocara salir al escenario, percibí que quería comunicarme algo importante. Me dijo: «Sé que enseña mucho acerca de que los líderes deben añadir valor a los demás, pero debe saber que ese mensaje no funciona aquí. Durante tres generaciones, este pueblo ha estado bajo líderes que les han robado valor, en lugar de añadirlo».

Cuando él se fue a prepararse para el momento de salir al escenario, me quedé en la silla dándome cuenta de que tenía un desafío enorme por delante. ¿Cómo podía esperar que estos individuos ayudaran a otros cuando el único ejemplo de liderazgo que habían visto era el de líderes que les quitaron cosas y solo se añadieron valor a sí mismos? ¿Cómo podría establecer una conexión con ellos?

Esa noche salí al escenario y pregunté: «¿Cuántos de ustedes abrigan sospechas en cuanto a sus líderes?». Me pareció que todos levantaron sus manos.

«¿Cuántos de ustedes han sido perjudicados por sus líderes?». Nuevamente, vi manos levantadas por todas partes. Luego le dije a la audiencia: «Todo se eleva y cae con los líderes. Durante tres generaciones ustedes han experimentado las acciones de líderes que hacen caer todo. Hoy quiero ayudarlos a aprender cómo ayudar a otros, añadirles valor y hacer que se eleven bajo su liderazgo».

Luego procedí a indicarles las tres preguntas que los seguidores se hacen con respecto a sus líderes:

1. ¿Te importa mi situación?
2. ¿Puedo confiar en ti?
3. ¿Puedes ayudarme?

Al presentar cada pregunta, quise saber si hacía resonar algo en ellos. Cada vez afirmaron que sí.

Hacer el cambio de modo que esté llevando a cabo algo todos los días que añada valor a otros es lo que posibilita el buen liderazgo. Hace algunos años mis organizaciones se asociaron con Rob Hoskins, el presidente de la junta directiva de One Hope, con el propósito de desarrollar planes de estudios para enseñar los principios del liderazgo a estudiantes de secundaria. El programa se lanzó en su fase piloto en Ghana.

Antes de impartirles el curso a un grupo de adolescentes, se les pidió a los participantes que llenaran una encuesta. Una de las preguntas de la misma era: «¿Quieres ser líder?». Cuando se les hizo esta pregunta antes de pasar por el curso, un 95 % de los encuestados respondió que no. Su opinión del liderazgo y los líderes era negativa, porque la mayoría de ellos había observado a líderes corruptos y manipuladores que quitaban algo de los demás en lugar de añadirles. Sus líderes no se interesaban por ellos, así que a estos adolescentes no les interesaba ser líderes. Sin embargo, después de haber recibido el curso, sus actitudes en cuanto al liderazgo cambiaron. Cuando se les hizo la misma pregunta, 85 % de ellos respondió con un sí. ¿Por qué? Se les había enseñado que el liderazgo tenía que ver con ayudar a otros, añadirles valor y usar las influencias para el bien de la comunidad. Eso era algo que sí les interesaba hacer.

CAMBIAR EL ENFOQUE DE RECIBIR A DAR

Como ya lo he mencionado antes, cuando era un líder joven me enfocaba en cómo los demás podrían ayudarme a mí, no en cómo yo podría ayudarlos y añadirles valor a ellos. Mi modo de pensar resultaba egoísta. Y también miope. Al haber vivido en una comunidad agrícola al principio de mi carrera, debí aprender esta lección antes. Debí haber pensado en el principio de la siembra y la cosecha: la siembra siempre antecede a la cosecha.

La pregunta que los líderes debemos hacernos cada día no es: «¿Cosecharé algo?». Por el contrario, debiera ser: «¿He sembrado semillas hoy?». Lo sé, estoy cambiando la metáfora de un director de orquesta a un agricultor, pero intente captar mi idea. Dicho de otra manera, la pregunta es: ¿Estoy buscando añadir valor o quitar valor? ¿Me estoy enfocando en recibir o en dar? Para el solista resulta muy fácil hacer que todo tenga que ver con su persona: ¿Cómo estuvo mi ejecución? ¿La orquesta está haciendo que me escuche bien? ¿Mi técnica tiene el nivel que yo quisiera que tuviera? ¿La audiencia muestra aprecio por mí y mi ejecución? ¿Este momento está impulsando mi carrera?

Los buenos líderes pasan del enfoque en sí mismos al enfoque en los demás. Dan más de lo que toman. Se enfocan en sembrar, no en cosechar. Los líderes necesitamos mantener una mentalidad de siembra. ¿Qué significa esto? Significa que debiéramos:

- Enfocarnos en añadir valor diariamente.
- Añadir tanto valor como sea posible, con tanta frecuencia como sea posible.
- Nunca esperar para añadir valor.
- Dar sin llevar la cuenta, para que nuestros motivos permanezcan puros.
- Recibir todo resultado como una bendición inesperada.

Quiero dedicar el resto de este capítulo a la idea de añadirles valor a las personas que dirigimos. Quiero recalcar cada aspecto de esta mentalidad para que los líderes podamos abrazarla y ponerla en práctica. Así que abordémoslos uno por uno.

1. Enfocarnos en añadir valor diariamente

Todos los días miro mi calendario y me hago la pregunta: ¿Dónde puedo añadir valor hoy? Esta pregunta me prepara mentalmente para añadirles valor a otros dentro del marco de trabajo de mi día. Así que examino las reuniones y actividades que tengo programadas para descubrir dónde puedo ayudar a otros intencionadamente.

También me hago la pregunta: ¿Qué oportunidades adicionales tendré para ayudar a otros hoy? Cuando me hago esta pregunta por las mañanas, usualmente no sé cuál será la respuesta. No obstante, al formularme la pregunta, creo una anticipación positiva, lo cual me prepara mental y emocionalmente para buscar e identificar momentos en los cuales podré sembrar semillas positivas en las vidas de los demás.

Mi experiencia con el paso de los años me ha convencido de que recibimos lo que creemos y que esto se aplica también a las oportunidades de añadir valor a otros. Debido a que anticipo tener muchas oportunidades, me es posible actuar en ellas. Esto forma parte de un ciclo positivo, un ciclo de acciones que hace que el mundo sea mejor. Se ve así:

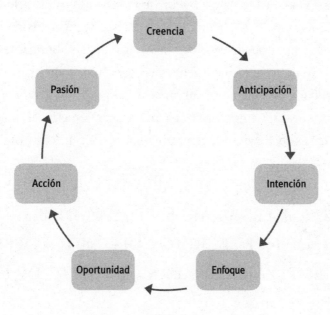

La creencia estimula la anticipación. La anticipación crea intención. La intención nos ayuda a priorizar nuestro enfoque. El enfoque nos ayuda a ver la oportunidad. Solo cuando vemos la oportunidad tenemos la posibilidad de actuar en medio de ella. Cuando lo hacemos, esto inflama nuestra pasión por hacer el bien. Eso a su vez alimenta nuestra creencia. Y el ciclo vuelve a iniciarse. ¡Este es un círculo que definitivamente deseamos que no se rompa!

2. AÑADIR TANTO VALOR COMO SEA POSIBLE, CON TANTA FRECUENCIA COMO SEA POSIBLE

Está claro que existe una relación directa entre las semillas que sembramos y los cultivos que cosechamos. La cantidad de valor que añadimos a otros determina las posibles ganancias. Si las semillas son pocas, poca será la cosecha. Si las semillas son más, mayor será la cosecha. Esto parece evidente. Así que le tengo una pregunta. ¿Por qué son tantas las personas que siembran tan pocas semillas? ¿Por qué las personas no son más generosas con los demás? ¿Por qué no ayudan más a los demás? Todos quisiéramos obtener una gran cosecha. Al menos yo lo quisiera, ¿usted no? ¿Cómo puede esperar obtener ganancias abundantes de una inversión tan pobre? El fundamento y el corazón de todo sueño convertido en realidad provienen de sembrar semillas positivas. Los líderes debemos dejar de desear y empezar a trabajar. En lugar de buscar el «ingrediente secreto» del éxito, debemos empezar a sembrar semillas de éxito.

> LOS LÍDERES DEBEMOS DEJAR DE DESEAR Y EMPEZAR A TRABAJAR. EN LUGAR DE BUSCAR EL «INGREDIENTE SECRETO» DEL ÉXITO, DEBEMOS EMPEZAR A SEMBRAR SEMILLAS DE ÉXITO.

Mi amigo James Crocker, un empresario de éxito, recientemente me contó una historia. Había acordado ser patrocinador de un evento de caridad, y él y su esposa decidieron que el dinero que dieran para financiarlo sería la totalidad de su contribución. Sin embargo, cuando asistieron al banquete que formaba parte del evento y escucharon la visión y las necesidades de aquella organización, decidieron contribuir con más dinero a la causa. Más tarde esa noche, al llegar a su hogar, James se preguntaba a sí mismo si acaso habían contribuido en exceso.

Mientras reflexionaba en esa pregunta, pensó en algo que le había ocurrido varios meses antes. James y unos cuantos de sus amigos zarparon en un barco para pescar langostas y habían logrado una pesca enorme de ciento veinticinco langostas. Cuando llegó a su casa, su congelador quedó repleto de langostas; más que suficientes para que le duraran por todo un año.

Al día siguiente de regresar a casa, su amigo Jeff vino de visita y James le ofreció una langosta. Jeff quedó encantado.

Esta interacción llevó a James a hacerse la pregunta: ¿A quién más conozco que le gustaría *recibir una langosta?* James se entusiasmó tanto con la idea de regalarles langostas a sus amigos que para el final de la semana había regalado ciento veintidós langostas y solo le quedaban tres para él. Se había deleitado tanto en regalarlas que ni se preocupaba de que sus existencias hubieran disminuido de suficientes para un año a suficientes para una cena.

Unos días después, James entró en su garaje y fue recibido por un hedor atroz. Siguiendo el olor, llegó al congelador y al abrirlo descubrió que había ocurrido una interrupción en la energía eléctrica y las tres langostas que le quedaban se habían echado a perder.

Al limpiar el desastre, lamentaba la pérdida. No obstante, luego recordó todas las langostas que había regalado y eso le dio mucha alegría. Si no hubiera compartido su botín con otros, todo se hubiera echado a perder.

James aplicó su lección sobre las langostas a la donación que hizo al evento de caridad y se sintió feliz de haber contribuido más. Descubrió que uno no pierde las semillas que siembra. Las únicas semillas que se pierden son las que *no* se siembran. Él había abrazado la verdad de esta paradoja: lo que uno guarda, lo pierde, y lo que pierde, lo guarda.

3. NUNCA ESPERAR PARA AÑADIR VALOR

Son muchos los que esperan para hacer el bien. Es como si estuvieran esperando recibir permiso para hacerlo; o esperando inspiración. Sin embargo, nunca debemos postergar la siembra de semillas que pudieran beneficiar a otros. En lugar de ello, debemos seguir la consigna: sé el primero en darle o añadirle valor a otra persona cuando puedas hacerlo.

Cuando les añadimos valor a otros, en particular si lo hacemos temprano y sin que nadie nos lo haya pedido, inspiramos a los demás con nuestro ejemplo. Sé que me he sentido inspirado por las acciones positivas de los demás. Por ejemplo, cuando mi mentor, Les Parrott, me comentó que la razón por la cual escribía libros era para añadirles valor a otros, me sentí inspirado a hacer lo mismo. Recordando mi infancia, mientras observaba a mi padre caminar lentamente entre las multitudes para tocar las vidas de otros, podía ver cómo respondían de manera positiva, y yo quería hacer lo mismo. Estos ejemplos me inspiraron a ser más dadivoso, a sembrar semillas en las vidas de los demás.

Existe otra buena razón por la cual no debemos postergar los esfuerzos para ayudar a otros. Las personas recuerdan a aquellos que les añadieron valor, y se sienten particularmente agradecidos con los que les ayudaron primero. Sé que yo me siento así. Miles de personas han sembrado semillas positivas en mi vida; son demasiadas para contarlas. No obstante, recuerdo a muchos de aquellos que fueron los primeros en sembrar en mi vida de una manera especial. Mi maestro de cuarto grado, el señor Horton, fue el primero en decirme que yo era un líder. Glen Leatherwood, mi maestro de la escuela dominical del nivel de secundaria, fue el primero que me aseguró que había un llamado para mi vida. Mi madre fue la primera persona que me amó incondicionalmente. El profesor Don Brown fue el primero que me dijo que yo tenía habilidades especiales, y el pastor Paul Dorsey fue el primero que me dijo que mi futuro era sumamente prometedor.

¿Es necesario que continúe? Podría mencionar a cien individuos que fueron los primeros en sembrar semillas positivas en algún área particular de mi vida. Recuerdo a muchos de ellos. ¿Por qué? Porque fueron los primeros. Podemos recordar a cientos de personas que le añadieron valor por primera vez a nuestra vida, pero tenemos dificultades para recordar incluso a un puñado de aquellos que lo hicieron en segundo lugar en alguna área en particular. Ser primero distingue a los individuos.

No dude en brindarle ayuda a otra persona al sembrar semillas positivas en su vida. Añada valor tan pronto como pueda y con tanta frecuencia como pueda. Ayude a otros a «tocar mejor su música». Usted podría convertirse en aquel líder que es recordado por alguien debido a que lo alentó a alcanzar la grandeza.

4. DAR SIN LLEVAR LA CUENTA, PARA QUE NUESTROS MOTIVOS PERMANEZCAN PUROS

Sé que ya he explicado que no es posible obtener una cosecha si no sembramos semillas, y no podemos obtener una devolución sin dar primero. Sin embargo, lo que podamos recibir no debe ser la motivación detrás del acto de dar. Vivimos en una cultura de toma y daca. La gente está dispuesta a darnos la mano si nosotros hacemos lo mismo por ellos. Los líderes que les añadimos valor a los demás nunca debemos llevar la cuenta. Debemos sembrar semillas porque eso es lo correcto. Es la única manera de asegurar que nuestros motivos sigan siendo puros.

Mi forma de pensar en cuanto a este tema ha cambiado con el paso de los años. Al principio, mi motivación eran las ganancias que podría recibir. Estaba enfocado en la cosecha. Ya he contado cómo la cita de Zig Ziglar acerca de ayudar a los demás cambió mi enfoque. No obstante, con el paso del tiempo me percaté de que al colocar el énfasis en los resultados, esto disminuía mi gozo al ayudar a otros. Yo pensaba en cuánto tenía que dar y por cuánto tiempo tendría que hacerlo, en lugar de pensar en cómo podía ayudar. Además, cuando uno añade valor a otros, no hay garantía de que obtendrá resultados.

En aquel tiempo, mi enfoque empezó a cambiar de las ganancias al reconocimiento. Me di cuenta de que aun si nunca llegara a ver resultados, al menos podría recibir un reconocimiento por los esfuerzos que estaba haciendo. Después de todo, los sembradores de semillas abundantes no son comunes. Cuando aparecen, sobresalen. Y me agradaba ser reconocido por dar. Pero nuevamente me percaté de que mi búsqueda de reconocimiento socavaba mis esfuerzos por ayudar a otros. Lamento decir que hubo ocasiones en las que dudé en dar a menos que alguien estuviera allí para verme hacerlo. Los que dan anónimamente no tienen la oportunidad de tomarse la foto. Lo sé, es una actitud poco provechosa, pero así pensaba.

Mi actitud empezó a cambiar cuando recordé las palabras de Jesús, que dijo: «Les aseguro que todo lo que hicieron por uno de mis hermanos, aun por el más pequeño, lo hicieron por mí».[3] Debido a que soy una persona de fe, esas palabras me dieron convicción, pero también me reafirmaron. Dios ve el valor que añadimos a otros, y es como si se lo hubiéramos hecho a él. Eso finalmente me llevó a la creencia correcta con respecto a ayudar a los demás: que es lo correcto. Siempre es lo correcto, en todo momento, en todo lugar y a toda persona. Y la forma correcta de hacerlo es de cualquiera forma que pueda. Cada día que damos es un buen día, y nunca debemos llevar la cuenta de a quién hemos ayudado.

5. Recibir todo resultado como una bendición inesperada

Cuando mi mentalidad sobre el liderazgo empezó a enfocarse en añadir valor por medio de sembrar semillas positivas en las vidas de otros, me volví más creativo sobre cómo hacer esto. Inicié mi carrera predicándole una vez por semana a mi pequeña congregación. Pronto empecé a crear recursos y compartirlos. Con el paso del tiempo, incorporé la escritura. Empecé a enseñar en conferencia y luego fui anfitrión de mis propios eventos. Capacité a líderes a fin de que ellos pudieran capacitar a sus propios seguidores. A partir del 2009, expandí mis actividades para incluir las redes sociales. Fundé organizaciones que desarrollaban a líderes en empresas y corporaciones. Y empecé a formar a entrenadores.

En todo ese tiempo, me enfoqué en añadir valor. Mi meta era solo sembrar semillas, pero debo decir que los resultados han sido increíbles. La influencia que he dado y el valor que he añadido son mucho más grandes de lo que jamás hubiera imaginado. Y se siente como si la cosecha se hubiera multiplicado mucho más allá de las semillas que he sembrado. Esto ha sido una bendición enorme. Si usted persiste en sembrar semillas y lo hace enfocado en dar en lugar de en recibir, creo que también recibirá una cosecha de bendiciones no esperadas.

▶

Esas son mis ideas sobre añadir valor. Y eso es lo que hacen los líderes que pasan de ser solistas a convertirse en directores de orquesta. Se enfocan en ayudar a otros a llegar a ser la mejor versión de sí mismos. A fin de cuentas, ¿puede usted ser una persona exitosa como solista? La respuesta es un sí inequívoco. ¿Puede ser un líder exitoso? Diría que es posible, pero solo de manera muy limitada. Para alcanzar su potencial de liderazgo —y más importantemente, para ayudar a otros a que alcancen su potencial tanto de modo individual como en equipo— es necesario que cambie de ser solista a ser director de orquesta. Si está dispuesto a efectuar ese cambio y hacer la tarea de dirigir a otros bien, entonces podría tener la oportunidad de vivir una vida como la que describe el autor Matthew Kelly, quien escribió:

> En una tierra sin músicos;
>
> En una tierra sin narradores de historias, maestros ni poetas;
>
> En una tierra sin hombres ni mujeres de visión y liderazgo;
>
> En una tierra sin leyendas, santos, ni campeones;
>
> En una tierra sin soñadores,
>
> El pueblo ciertamente perecerá.
>
> Pero tú y yo somos los que creamos la música;
>
> Somos los narradores de historias, los maestros y los poetas;
>
> Somos los hombres y mujeres de visión y liderazgo;
>
> Somos las leyendas, los santos y los campeones;
>
> Y los que soñamos los sueños.[4]

A eso, yo añadiría que somos los directores de orquesta que ayudamos a otros a crear una música bella juntos.

CAPÍTULO 3

DE LAS METAS AL CRECIMIENTO

El cambio para el desarrollo personal

*Mejorarse a uno mismo es el primer
paso para mejorar todo lo demás.*

—DESCONOCIDO

Cuando inicié mi carrera de liderazgo, tenía dos metas: Quería ayudar a los miembros de mi congregación, y esperaba que algún día, para el final de mi carrera, pudiera hacer que una iglesia creciera hasta tener una asistencia de quinientos miembros. Tenía una buena idea de cómo lograr la primera meta. Había observado a mi padre ayudar a otros todos los días de mi vida, y además poseía una habilidad natural para comunicarme con las personas. Sin embargo, no tenía idea de cómo lograría la segunda meta aparte de trabajar duro.

En *Las 15 leyes indispensables del crecimiento* escribí acerca de una reunión que sostuve en 1972 con Curt Kampmeier, un vendedor de Success Motivation. Curt me presentó un programa para el crecimiento personal que costaba la cifra descomunal de 799 dólares. A Margaret y a mí nos tomó seis meses reunir el dinero, y me compré el programa.

Mirando hacia atrás a lo que ese programa enseñaba, veo que era realmente sencillo: los fundamentos de fijarse metas y darles seguimiento. No obstante, para mí fue significativo, porque me ayudó a crear una pista sobre la cual correr para identificar las metas, descomponerlas en pasos manejables, y darles seguimiento con disciplinas para convertirlas en realidad. Pasé tres años trabajando con ese programa de crecimiento, y el logro de las metas llegó a ser una parte constante de mi vida profesional.

Durante ese período leí un artículo acerca de las iglesias de crecimiento más rápido en el país y me entusiasmé. ¿Qué *tal si pudiéramos convertir nuestra iglesia en una de ellas? ¿Qué tal si pudiéramos convertirnos en la iglesia de crecimiento más rápido en el estado de Ohio?*, pensé. Eso se convirtió en mi meta. Era una meta grande, enorme para mí. La iglesia ya se aproximaba a la meta que me había fijado de quinientos asistentes y no había cumplido los treinta años. No obstante, estaba dispuesto a luchar por ello. No lo aburriré con todos los detalles, pero logramos duplicar el tamaño de la congregación en un año, y en 1975 nuestra iglesia fue reconocida como una de las de más rápido crecimiento en Ohio. Y todos lo celebramos.

Cuando uno logra una meta semejante, una vez que termina la celebración, empieza a hacerse la pregunta: ¿Y ahora qué? Y eso fue lo que hice. Me preguntaba qué debería intentar a continuación. ¿Deseaba intentar lo mismo el año próximo? ¿Había alguna meta diferente que debiera alcanzar?

Al reflexionar y explorar ideas, llegué a un momento de claridad. Las lecciones que aprendí cuando trabajaba para que la iglesia creciera en realidad eran más importantes, y más valiosas para mí, que alcanzar algún número o lograr alguna meta. En ese momento hice un cambio: el cambio para el desarrollo personal de las metas al crecimiento. Las metas que me fijé y logré fueron agradables, pero no resultaron tan significativas como el crecimiento que experimenté. Las metas me ayudaron a *hacer* mejores cosas. Pero el crecimiento me ayudó a *convertirme* en alguien mejor. La experiencia del crecimiento me dio más satisfacción que lograr las metas individuales.

> LAS METAS ME AYUDARON A *HACER* MEJORES COSAS. PERO EL CRECIMIENTO ME AYUDÓ A *CONVERTIRME* EN ALGUIEN MEJOR.

También hubo otro beneficio extraordinario. Pronto otros líderes empezaron a preguntarme cómo había logrado el crecimiento de la iglesia, así que empecé a enseñarles lo que había aprendido. Ese fue el inicio de mi carrera como entrenador de liderazgo y orador. Lograr una meta había abierto la puerta de la oportunidad, pero mi progresiva habilidad de capacitar a otros y desarrollar mi carrera como entrenador y orador fue fruto de mi crecimiento personal. Y he podido continuar como orador porque el desarrollo personal ha sido mi enfoque.

CAMBIOS DE CRECIMIENTO

Al darle una mirada en retrospectiva a la época en la cual llevé a cabo este cambio en liderazgo de las metas al crecimiento para el desarrollo personal, puedo ver que hice tres cambios trascendentales en la forma en la que buscaba ser un mejor líder:

1. DEL CRECIMIENTO EXTERIOR AL CRECIMIENTO INTERIOR

Un pequeño alumno de segundo grado levantó la mano en la clase para hacerle una pregunta a su maestra:

—¿Qué aprendí hoy? —preguntó el muchachito cuando la maestra estaba finalizando su sesión sobre la adición y la sustracción básicas.

—Esa es una pregunta peculiar, Johnny —respondió la maestra—. ¿Por qué me preguntas eso?

—Porque es lo que me preguntarán mis papás cuando llegue a casa —respondió Johnny.

Eso es lo que yo llamo motivación exterior. Para hacer el cambio de las metas al crecimiento, es necesario hallar una motivación interior.

Cuando inicié mi carrera, me sentí motivado por el deseo de cumplir metas numéricas, y todos los años me fijaba metas de ese tipo. Examinaba cada área de mi carrera, descomponía cada meta grande en metas pequeñas y alcanzables, y las emprendía. Creía que lograr números automáticamente me convertiría en mejor líder. Y esperaba que la producción externa aumentara mi motivación interna. Sin embargo, descubrí que no es así. En cambio, el enfoque en lograr números empezó a desgastarme. Eso me llevó a darme cuenta de que el crecimiento interior alimenta el crecimiento exterior, no al revés. Reconocí que necesitaba hacer un cambio en liderazgo.

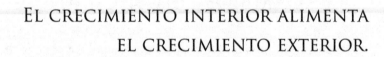

EL CRECIMIENTO INTERIOR ALIMENTA EL CRECIMIENTO EXTERIOR.

2. DEL CRECIMIENTO EN TODO AL CRECIMIENTO EN ALGUNOS ASPECTOS VITALES

Cuando comprendí que mi enfoque debía ser interno en lugar de externo, empecé a pensar acerca de dónde y cómo quería crecer. Eso hizo que me diera cuenta de lo desenfocado que estaba. A mis veintiséis años, mi anhelo de crecer era mayor que mi voluntad de enfocarme en áreas específicas en las que necesitaba un crecimiento. Si me hubieran preguntado dónde quería mejorar, hubiera respondido: «En todos los aspectos».

Sin embargo, es imposible crecer en todos los aspectos al mismo tiempo. Entonces, ¿cómo procedería?

Decidí estudiar el éxito. Deseaba pasar un año examinando lo que hacían las personas exitosas y procurando descubrir lo que todos ellos tuvieran en común. Aun al iniciar este proceso, sabía cuál era la primera cualidad: actitud. Mi padre me había enseñado eso. Él no era un individuo naturalmente optimista, pero había estudiado a las personas de éxito cuando era joven y descubrió que una actitud positiva era algo que todos ellos tenían en común. Mi papá tenía como práctica regular leer libros que fomentaban una actitud positiva, tal como las obras de Norman Vincent Peale, y me pagó para que leyera esos mismos libros mientras crecía. Sería intencionado en mis esfuerzos por continuar mejorando en esta área.

La segunda característica que les atribuí rápidamente a las personas exitosas fue la capacidad de desarrollar relaciones fuertes. Esta era una fortaleza natural mía. Cuando era adolescente observé que las personas tienden a seguir a alguien si se llevan bien con esa persona. Me gustaba la gente y hallé que usualmente respondían bien a mí. Así que determiné aprovechar esta fortaleza natural que tenía y edificar sobre ella.

Si bien reconocí que la actitud y las relaciones eran vitales para lograr el éxito, también me percaté de que no bastaban para que una persona llegara a ser exitosa. He conocido a muchas personas con mucha capacidad para las relaciones y buenas actitudes que nunca logran nada, ¿usted no? Quise descubrir cuál era el factor clave.

Me tomó tiempo averiguarlo, pero cuando lo hice, eso cambió mi vida. Leí *Liderazgo Espiritual* de J. Oswald Sanders, lo cual me ayudó a comprender el impacto del buen liderazgo. Fue entonces que reconocí que todo se eleva y cae con el liderazgo.

La última pieza del rompecabezas del éxito que cayó en su lugar me llevó mucho más tiempo reconocerla, y este descubrimiento fue producto de un fracaso. En mi primera posición de liderazgo había contribuido al crecimiento de mi organización, pero seis meses después de mi partida la organización había regresado a su estado anterior. Estudié ese fracaso en el liderazgo durante seis meses antes de determinar la causa. No había equipado a una sola persona para que continuara sin mí. Darme cuenta de esto cambió mi manera de liderar, y me impulsó a empezar a aprender y desarrollarme como capacitador y entrenador.

Desde entonces, he enfocado mi crecimiento en estos cuatro ámbitos clave, los cuales luego representé con las siglas R-E-A-L para enseñárselos a otros: Relaciones, Equipamiento, Actitud y Liderazgo. Esos ámbitos constituyen mi enfoque cuando leo libros y artículos, escucho un podcast y asisto a conferencias. También se han convertido en el enfoque de mi enseñanza y mis escritos. Tome cualquiera de las conferencias que he dictado o los libros que he escrito y podrá ubicarlo en una de esas cuatro categorías. Si desea crecer conforme a su potencial y ser un mejor líder, será necesario que crezca en estos cuatro aspectos. También podría ser necesario que identifique otras necesidades principales de crecimiento que su carrera requiera y las añada a esta lista.

3. Crecimiento con un cronograma versus crecimiento sin línea de llegada

Cuando era un líder joven, me enfocaba en lograr metas. Una de las preguntas que me hacía a mí mismo cuando me fijaba una meta era: «¿Cuánto tardará esto?». Soy naturalmente impaciente y a menudo me preocupaba cuánto tardaría alguna tarea. No obstante, cuando cambié de las metas al crecimiento, mi mentalidad cambió. Mi manera de pensar cambió hacia el panorama completo y me torné menos impaciente. (¡No diré que me volví *paciente*, porque todos los que me conocen me delatarían!)

Cuando hice este cambio, en lugar de preocuparme por cuánto tardaría algo en cumplirse, empecé a preguntarme: «¿Qué tan lejos puedo llegar?». En lugar de pensar en lo que estaba obteniendo y lo que me era necesario pagar para conseguirlo, empecé a pensar en la persona en que me estaba convirtiendo y el impacto que podría lograr debido a ello. Reconocí que me encontraba en una jornada de crecimiento. Y empecé a enamorarme del desarrollo personal. Lo que es más, a mis setenta y un años, sigo enamorado.

En mis organizaciones, intento cultivar ese mismo amor. Lo hago por medio de promover una cultura enfocada en el crecimiento, no las metas. Esta es la diferencia:

CULTURA ORIENTADA A LAS METAS	CULTURA ORIENTADA AL CRECIMIENTO
Valora el logro	Valora el desarrollo
Se enfoca en el estatus	Se enfoca en la extensión
Honra el privilegio	Honra el servicio
Resalta al maestro	Resalta al estudiante
La meta es la llegada	La meta es el crecimiento

En ningún ámbito mi cambio en liderazgo de un cronograma definido a una línea de llegada no definida ha sido más evidente o más gratificante que en mi carrera como autor. Escribí mi primer libro a los treinta y dos años porque quería impactar a personas que nunca tendría la oportunidad de conocer o con las cuales no podría hablar. El libro se tituló *En esto pensad*. Puedo decir francamente que le dediqué mi mayor esfuerzo, pero el resultado final no fue muy impresionante. Apenas tenía unas cien páginas. No obstante, eso estaba bien. No lo había escrito para impresionar a nadie. Lo había escrito para producir un impacto positivo.

Después de ese primer libro, continué escribiendo. Contribuí con un capítulo a un libro que trataba sobre el manejo del tiempo. Escribí un libro basado en preguntas y respuestas. Trabajé en un comentario bíblico. Ninguno de los libros tuvo ventas particularmente notables, pero me sentí satisfecho de estar aprendiendo a escribir mejor y alcanzar nuevas audiencias.

Durante esta temporada inicial, me encontraba conversando con Elmer Towns, profesor en Liberty University y uno de mis héroes, y descubrí que el total de ventas de todos sus libros era de ciento diez mil copias. Esto fue a principios de los ochenta. Desde esa fecha ha vendido muchos más libros, pero aquella cifra era descomunal para un autor principiante como lo era yo en aquella época. Así que empecé a preguntarme: ¿Sería posible *que yo alcanzara esa cifra? ¿Podría soñar con vender ciento diez mil copias de mis libros durante mi carrera?* Por un período breve, esa se convirtió en mi meta. Sin embargo, no pasó mucho tiempo antes de que reemplazara esa meta por el deseo de crecer como autor: seguir mejorando mi manera de escribir y también lo que tenía que decir.

Años después, mi asistente, Linda Eggers, me llamó para decirme que mi casa publicadora, Thomas Nelson, me había enviado un obsequio. Cuando llegué a la oficina, descubrí una hermosa águila de cristal. En su base tenía grabada la inscripción: «John C. Maxwell: 1 millón de libros vendidos». Me asombró. En algún momento había sobrepasado mi antigua meta de ventas y ni siquiera me había percatado de ello. Enfocarnos en el crecimiento es como comerse un pastel sin que se acabe. La recompensa mayor del crecimiento no es lo que obtenemos de él, sino aquello en lo que nos convertimos debido al crecimiento.

Hubo una temporada en que los miembros del círculo íntimo de Truett Cathy, el fundador de la empresa Chick-fil-A, lo presionaban para que expandiera la organización. «Necesitamos ser más grandes», le decían. Siempre me ha encantado la respuesta que él daba: «Si nos volvemos mejores, nuestros clientes exigirán que seamos más grandes».[1] Esa es mi opinión del crecimiento personal. Cuando usted mejora, eso lo hace más grande. El crecimiento es sostenible. El crecimiento es la única garantía de que mañana será mejor que hoy.

> ## SI NOS VOLVEMOS MEJORES, NUESTROS CLIENTES EXIGIRÁN QUE SEAMOS MÁS GRANDES.
>
> —TRUETT CATHY]

CÓMO LLEGAR A SER UNA PERSONA ORIENTADA AL CRECIMIENTO

Efectuar el cambio en liderazgo de la orientación a las metas a la orientación al crecimiento no es complicado, pero tampoco resulta fácil. Esto requiere de un cambio de mentalidad. Lleva tiempo, pero bien vale la pena. Si perseguimos metas, será posible alcanzar las metas sin crecer. Si perseguimos el crecimiento, creceremos y lograremos nuestras metas. Para empezar a hacer este cambio, hay que hacer estas siete cosas:

1. ABRACE EL CAMBIO

En 1974, escuché a Olan Hendrix, actualmente el presidente de la junta directiva del Leadership Resource Group, decir: «Crecer significa cambiar». Eso siempre ha resonado en mí, porque sé que es parte de la naturaleza humana desear el mejoramiento y al mismo tiempo resistirse a los cambios. Y tal cosa resulta imposible.

Si deseamos ser mejores líderes, mejores empleados, mejores personas, es necesario que cambiemos de una mentalidad fija a una mentalidad de crecimiento. ¿Por qué?

MENTALIDAD FIJA	MENTALIDAD DE CRECIMIENTO
Cree que la inteligencia es estática	Cree que la inteligencia puede desarrollarse
Evita los desafíos	Abraza los desafíos
Se da por vencida fácilmente	Persiste al enfrentar reveses
Ve el esfuerzo como algo infructuoso	Ve el esfuerzo como el camino a la pericia
Ignora las críticas constructivas	Aprende de las críticas constructivas
Se siente amenazada por el éxito de los demás	Encuentra lecciones e inspiración en el éxito de los demás
Se estanca pronto y no alcanza su potencial pleno	Alcanza niveles más elevados de éxito

Una mentalidad fija da como resultado un estancamiento prematuro, logra menos e impide que las personas alcancen su potencial pleno, mientras que una mentalidad orientada hacia el crecimiento impulsa a los individuos a un nivel más elevado de logros. Beverly Sills dijo: «No existen atajos que lleven a ningún destino que valga la pena». Y eso es absolutamente verdadero cuando del crecimiento se trata. Es un camino largo y lento, pero sumamente provechoso. Y nos exige extendernos.

Quise ilustrar este concepto para mis nietos cierto año que fuimos de vacaciones a Vail, Colorado. La primera noche coloqué bandas elásticas de tamaños y colores diferentes alrededor de la mesa del comedor. Esa noche, el tema de discusión fue el valor de extendernos más allá de nuestras zonas de comodidad. Les pedí a todos que se colocaran una banda elástica alrededor de sus muñecas para recordarles que se extendieran y crecieran mientras esquiaban en la nieve esa semana. La noche siguiente, Ella, nuestra nieta más pequeña, se me acercó y me mostró su muñeca. Tenía dos bandas elásticas. «Esta mañana miré al suelo y encontré esta otra banda elástica», me dijo. «¡Sentí que eso era una señal de que me extendiera el doble!».

Me encantó su actitud. Así debiéramos abordar cada día, porque extendernos es el estilo de vida continuo que exhibe una persona orientada al crecimiento. Eso significa cambiar continuamente aunque no tengamos deseos de hacerlo, porque sabemos que nos conducirá a la vida que realmente queremos.

2. ADOPTE UN ESPÍRITU EDUCABLE

El crecimiento empieza con un espíritu educable. ¿Qué implica esto? Significa sentir pasión por aprender, poseer la intención de aprender algo todos los días, y reflexionar sobre lo aprendido a fin de saber cómo aplicarlo. Se asemeja a la jardinería. Un jardín no brota a la vida por sí solo. Esto requiere planificación, trabajo duro y un entorno adecuado. El jardinero tiene que hacer su trabajo: preparar la tierra, sembrar las semillas, regar las plantas, y luego darles nutrientes, echarles abono y quitar las malezas. Es un proceso intencionado que tiene que ocurrir cada día.

Yo procuro cultivar un entorno de crecimiento y mantener un espíritu educable. ¿Cómo puedo hacer eso?

- HAGO DEL CRECIMIENTO MI PRIORIDAD NÚMERO UNO. Soy consciente de la necesidad que tengo de aprender en todo momento, porque un día sin crecimiento para mí no es un buen día.
- BUSCO POSIBILIDADES DE CRECIMIENTO EN CADA SITUACIÓN. No importa lo que me encuentre haciendo, ya sea que esté alcanzando el éxito o fracasando, hay oportunidades para crecer. La pregunta es, ¿puedo verlas y aprovecharlas?

- **HAGO PREGUNTAS QUE ME AYUDEN A CRECER.** El crecimiento no me encuentra. Yo tengo que encontrarlo. La manera más rápida de descubrir lo que no sé es haciendo preguntas. La mejor manera de profundizar y aprender más es haciendo preguntas. ¿Está captando la idea?
- **ARCHIVO LO QUE HE APRENDIDO.** Las personas olvidan mucho de lo que han aprendido. Si quieren recordarlo, no pueden. O no pueden hallarlo. Cuando encuentro un artículo valioso, lo recorto y lo guardo en carpetas clasificadas por asunto. Cuando encuentro una cita que me gusta, la escribo en tarjetas clasificadas por tema. Archivo lo que aprendo para siempre poder acceder a ello rápidamente.
- **COMPARTO LO QUE HE APRENDIDO CON OTROS.** Compartir algo que he aprendido refuerza el crecimiento y me impulsa a convertirlo en algo propio. También me permite ayudar a otros.

Lo animo a que descubra su propio método para seguir siendo educable y facilitar el aprendizaje. Esto dará paso a posibilidades nuevas y asombrosas.

3. HAGA QUE SU AMOR POR APRENDER SEA MAYOR QUE SU TEMOR A FRACASAR

A través de los años he experimentado los frutos del fracaso. No cuento mis derrotas; cuento las lecciones que he aprendido de ellas. Escribí *A veces se gana, a veces se aprende* para ayudar a otros a aprender de sus derrotas. Incluso el fracaso no es un fracaso si aprendemos algo de ello. Así es posible convertir al fracaso en un amigo.

Recuerdo el día en que el temor al fracaso se convirtió en mi amigo. Sucedió en Los Ángeles, cuando me pidieron que impartiera una conferencia. Los demás conferencistas del programa tenían más éxito, experiencia, madurez y reconocimiento que yo. Yo era menos en todos los aspectos, y así lo sentía. Finalmente, en la sala de espera, hablé en confianza con uno de los mejores conferencistas.

—No me siento calificado para dar una conferencia aquí —le dije.

Creo que estaba esperando que me diera palabras de ánimo. En lugar de ello, su respuesta me sobresaltó.

—No lo estás —me contestó—. Habla asustado. Muéstrate dispuesto a hacerlo asustado, y con el paso del tiempo llegarás a estar calificado.

Esa fue una revelación que forjó un cambio en mi liderazgo. Dicté mi conferencia con temor, hice mi mejor esfuerzo y esto fue lo que descubrí: la acción reduce el temor y aumenta la valentía. Reconocer esto fue un paso significativo para incrementar mi amor por el aprendizaje y reducir mi temor al fracaso.

LA ACCIÓN REDUCE EL TEMOR Y AUMENTA LA VALENTÍA.

No permita que el fracaso se convierta en un bravucón en su vida, porque lo hará si accede a ello. Muchos se dejan intimidar por el fracaso todos los días. En cambio, hay que convertir el fracaso en nuestro amigo. ¿Cómo? Fracasando temprano, fracasando frecuentemente y fracasando hacia adelante.

En la temporada de mi vida en la que me encuentro, mi meta principal es convertirme en un agente catalizador para la transformación de una nación. Estoy pasando una cantidad significativa de tiempo en Sudamérica y Centroamérica procurando añadirles valor a las personas y enseñándoles cómo elevarse unos a otros. Recientemente, un periodista me preguntó si creía que lograría esa meta.

—Probablemente no —fue mi respuesta.

La expresión del rostro del entrevistador indicaba sorpresa.

—¿De veras?

—Sí. Probablemente no viviré para verlo, pero prefiero intentar algo más allá de mis capacidades con una alta probabilidad de fracaso que intentar algo pequeño que sé que podría lograr.

El temor al fracaso ya no es un bravucón en mi vida. No temo fracasar siempre y cuando me esté extendiendo y creciendo.

4. DESARROLLE RELACIONES CON OTROS INDIVIDUOS QUE ESTÉN CRECIENDO

Es más fácil convertirse en un individuo que crece si uno se encuentra en un entorno de crecimiento positivo. Me di cuenta de esto cuando tenía veintitantos años, y ello me inspiró a escribir una descripción de un entorno de crecimiento. Observé que estos entornos tienen diez características. Recientemente examiné esa lista y me percaté de que cinco de las diez involucran a otras personas. (Las he puesto en cursiva para enfatizarlas).

1. *Otros van delante de mí.*
2. Me siento continuamente desafiado.
3. Mi enfoque es hacia el futuro.
4. *El entorno me afirma.*
5. Con frecuencia estoy fuera de mi zona de comodidad.
6. Despierto entusiasmado.
7. El fracaso no es mi enemigo.
8. *Otros están creciendo.*
9. *Las personas desean cambios.*
10. *El crecimiento es ejemplificado y esperado.*

Una gran parte de mi crecimiento personal ha sido un resultado directo de tener la oportunidad de pasar tiempo con personas que están creciendo. Anteriormente mencioné a Elmer Towns. Él es uno de los individuos que está creciendo y fue un mentor en los años formativos de mi vida. Una de las cosas que me enseñó fue lo que él denominaba el principio del hierro de marcar. Decía que si mantienes el hierro cerca del fuego, permanece caliente. Aléjalo del fuego y con el paso del tiempo se enfría. Él comparaba a las personas que crecían con el fuego, y me recordaba: «John, quédate cerca del fuego».

Eso es precisamente lo que he procurado hacer: mantenerme cerca del «fuego» de los individuos que están creciendo. Pocas cosas en la vida son mejores que una conversación con las personas que están creciendo. Esas conversaciones han sido catalizadores magníficos para mi crecimiento. Estoy en deuda con los muchos que han recorrido el camino del crecimiento conmigo y de quienes he aprendido tanto.

5. Desarrolle más humildad

«La humildad no es negar sus fortalezas», dijo el pastor y autor Rick Warren. «La humildad es ser honesto acerca de sus debilidades». La esencia de la humildad es no tener miedo de reconocerlo cuando nos equivocamos. Es como decir que queremos ser más sabios mañana de lo que lo somos hoy. Y mientras más aprendemos y crecemos, tanto más reconocemos que no sabemos.

Los líderes que poseen humildad tienen confianza, pero no sienten la necesidad de llamar la atención sobre su persona. Se sienten cómodos con ellos mismos, y sin embargo reconocen que necesitan mejorar. Son conscientes de sí mismos. Reciben las críticas con agradecimiento. Y no se sienten amenazados cuando otros sobresalen, sino que se alegran por ellos.

¿Está dispuesto a recibir críticas a fin de poder mejorar? ¿Está dispuesto a reconocer que se ha equivocado en deferencia a su deseo de cambiar y crecer? ¿Está dispuesto a dejar los malos hábitos, cambiar las prioridades equivocadas y abrazar nuevas maneras de pensar? Eso es lo que necesitará para hacer el cambio en liderazgo hacia el crecimiento. Precisará reconocerlo si se equivoca para que pueda descubrir cuándo ha acertado. Cualquiera puede tomar esa decisión, pero para ello se requiere de humildad.

6. Crea en usted mismo

La Ley del Espejo en mi libro *Las 15 leyes indispensables del crecimiento* afirma: «Es necesario ver valor en uno mismo para añadirse valor a uno mismo». Lo que piense de usted determina la inversión que hará en sí mismo. Si su autoestima es baja, entonces la inversión que hará en usted será baja. Si se califica a sí mismo con un dos (en una escala de diez), entonces su inversión será de un nivel dos. Si se califica a sí mismo con un ocho, hará una inversión de nivel ocho. Esto importa, porque sus ganancias de crecimiento nunca superarán a la inversión que haya hecho para crecer.

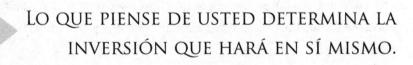

LO QUE PIENSE DE USTED DETERMINA LA
INVERSIÓN QUE HARÁ EN SÍ MISMO.

Benjamín Franklin dijo: «Vacíe las monedas de su cartera en su mente y su mente llenará su cartera de monedas». ¡Qué forma más maravillosa de decirlo! Esté dispuesto a invertir en sí mismo.

7. ABRACE EL APRENDIZAJE POR NIVELES

En 1954, el personaje político Adlai Stevenson les habló a los graduados de la Universidad de Princeton. En parte, esto fue lo que dijo:

Lo que un hombre sabe a los cincuenta que no sabía a los veinte es, mayormente, algo que no puede comunicarse. Las leyes, los aforismos, las generalizaciones, las verdades universales, las parábolas y los refranes de ayer —todas las observaciones acerca de la vida que pueden comunicarse cómodamente en paquetes verbales listos para usarse— le son tan conocidos a un hombre de veinte años que esté prestando atención como a un hombre de cincuenta años. Se los han dicho todos, los ha leído todos y probablemente los ha repetido todos antes de graduarse de la universidad, pero no los ha vivido todos.

Lo que sabe a los cincuenta que no sabía a los veinte se reduce a algo como esto: el conocimiento adquirido con la edad no es el conocimiento de fórmulas, ni de formas de palabras, sino de personas, lugares, acciones —un conocimiento no obtenido por medio de las palabras, sino del tacto, la vista, el sonido, las victorias, los fracasos, la falta de sueño, la devoción, el amor— las experiencias humanas y emociones de esta tierra y de uno mismo y otros hombres; y quizás, también, un poco de fe y un poco de reverencia por las cosas que no se pueden ver.[2]

Cuando Stevenson hizo estas afirmaciones, estaba a mediados de su quinta década, y lo que describe es lo que yo llamo aprendizaje por niveles: una lección de vida aplicada sobre otra y otra, cada una de ella trayendo mayor perspectiva, profundidad y peso. Se trata de una sabiduría adquirida y aplicada con el paso del tiempo, y creo que es el mejor tipo de aprendizaje.

Si desea crecer hasta su potencial máximo como persona y líder, abrace el aprendizaje por niveles. Al hacerlo, sepa estas cosas al respecto:

El aprendizaje por niveles requiere de tiempo e intención

Todo jardinero sabe que no es posible forzar a una semilla para que crezca más rápidamente de lo que la naturaleza dispone. No es posible obligar a un árbol a dar buen fruto antes de que haya madurado. No es posible adelantar la temporada. Las plantas necesitan crecer, y aunque pueden crecer a diario, no será evidente todos los días. Se necesita mucho crecimiento para que sea apenas visible.

Esto no significa que no debemos cultivar el crecimiento todos los días. Las pequeñas mejoras a través del tiempo producen un impacto positivo grande. El conocimiento nos da un nivel de aprendizaje, aumentando con cada nivel que se añade hasta que este se convierte en sabiduría. Se necesitan años décadas y a veces toda una vida para que una persona alcance el éxito de la noche a la mañana.

Las 21 leyes irrefutables del liderazgo ha sido uno de mis libros más exitosos. Este fue producto del aprendizaje por niveles. Pasé décadas aprendiendo intencionadamente acerca del liderazgo. Leí cientos de libros. Me senté con docenas de mentores. Escuché cientos de mensajes. Aplicaba diariamente lo que había aprendido. Fracasé y logré el éxito, una y otra vez. Y lentamente, meticulosamente, aprendí lo suficiente acerca del liderazgo para escribir el libro. El mismo fue producto del aprendizaje por niveles.

El aprendizaje por niveles nos presenta un panorama más amplio

El aprendizaje por niveles es como pintar un cuadro pieza por pieza. Es como recibir piezas adicionales del rompecabezas del liderazgo y colocarlas en su lugar para ampliar la imagen. Lo que vemos se torna más relevante. También nos desarrolla como líderes, porque mientras más piezas recibamos, tanto mejor será nuestra perspectiva y mayor nuestra comprensión de los principios que involucra el liderazgo.

- El aprendizaje por niveles determina la profundidad de un principio.
- El aprendizaje por niveles determina la longitud de un principio.
- El aprendizaje por niveles determina la constancia de un principio.
- El aprendizaje por niveles determina el impacto compuesto de un principio.

Usted puede añadir niveles y adquirir más detalles del panorama general de los que tiene hoy.

El aprendizaje por niveles brinda una imagen mejor

Recientemente tuve la oportunidad de revisar mi libro *Desarrolle el líder que está en usted* por motivo de su vigésimo quinto aniversario. La casa publicadora solicitó que revisara por lo menos un 15 % del libro para que esta pudiera llamarse una edición nueva. ¡Para el momento en que terminé, no había vuelto a escribir 15 %, sino 85 % del mismo! Había cambiado tanto, que la casa publicadora decidió titularlo *Desarrolle el líder que está en usted 2.0*.

¿Cómo pude hacerle tantos cambios a un libro que ya era sumamente exitoso? Debido al aprendizaje por niveles. En los veinticinco años desde que escribí la versión original, he continuado creciendo en lo que a liderazgo se refiere.

Cuando hacemos el cambio para el desarrollo personal de las metas al crecimiento y abrazamos el proceso de aprendizaje por niveles, no cesaremos de mejorar. Y su nivel de éxito puede continuar expandiéndose.

▶

Me gusta imaginar el aprendizaje por niveles de la manera en que C. S. Lewis habla del aprendizaje. Él dijo que aprender no se asemeja tanto a un tren que avanza de una estación a la siguiente, de modo que partimos de un lugar y avanzamos a otro. En cambio, nuestro crecimiento es similar al de un árbol. En la medida que aprendemos y crecemos, añadimos anillos nuevos de entendimiento sin abandonar los anillos anteriores. Edificamos, usando el pasado para fortalecernos. Y creamos algo nuevo.[3]

PERSPECTIVA DEL CRECIMIENTO

Pocas cosas causan un impacto positivo mayor que el cambio de las metas al crecimiento. ¿Por qué lo digo? Porque los beneficios son muy numerosos. Convierta el crecimiento en su prioridad y...

- Desbloqueará y logrará su potencial.
- Se sentirá satisfecho consigo mismo.
- Fortalecerá sus valores y habilidades.
- Crecerá en humildad y conciencia de sí mismo.
- Se *convertirá* en algo más para poder *hacer* más.
- Será un ejemplo para que otros sigan.

Quiero decir una cosa más acerca del cambio de las metas al crecimiento antes de avanzar al siguiente cambio en liderazgo. Ser una persona orientada a las metas significa tener una mentalidad más bien de corto plazo. Con frecuencia perseguimos metas porque deseamos los sentimientos positivos que surgen de los logros rápidos. Sin embargo, cuando cambiamos nuestro enfoque al crecimiento, eso significa que hemos empezado a adoptar una mentalidad de largo plazo. Al enfocarnos en el crecimiento, pasamos del mejoramiento por ráfagas al mejoramiento día tras día para alcanzar nuestro potencial. Ese tipo de constancia tiene un efecto compuesto. Y es importante, porque el nivel de su éxito jamás superará a su nivel de desarrollo personal.

CAPÍTULO 4

DE LOS BENEFICIOS AL PRECIO

El cambio del costo

*La fortaleza y el crecimiento resultan de
las luchas y los esfuerzos continuos.*

—Napoleon Hill

He conocido a muchos individuos que aspiran a convertirse en líderes. Eso solo resulta natural, puesto que he enseñado y escrito mucho sobre este tema. Cuando tengo la oportunidad de interactuar con las personas a nivel individual, frecuentemente les pregunto por qué quieren ser líderes. A veces sus respuestas revelan que su motivación verdaderamente tiene que ver con los beneficios del liderazgo. Quieren tener el control. Quieren que otros hagan lo que ellos dicen. Quieren una mejor oficina. Quieren aumentar sus ingresos. Quieren un mejor lugar para estacionar sus vehículos.

Cuando era un líder joven, mis pensamientos eran similares. Me enamoré del título de pastor. Esto me decía que era el guía de mi rebaño, y pensé que los demás me seguirían automáticamente porque me necesitaban. Dependerían de mí para que los orientara y se sentirían agradecidos por todo lo que hiciera por ellos. Parecía sencillo.

Entonces me golpeó la realidad. Los miembros de la iglesia eran gentiles conmigo, pero no me siguieron automáticamente. Ahí fue que aprendí lo que después llamé la Ley de E. F. Hutton: cuando el verdadero líder habla, la gente escucha. El título que yo esperaba que fuera tan importante no incorporaba ninguno de los beneficios que había anticipado. Aprendí que me sería necesario ganarme la influencia a lo largo del camino.

Cincuenta años después, puedo decir que en mi carrera de líder he recibido prácticamente todo tipo de beneficio imaginable. He recibido títulos, reconocimientos, títulos honorarios, autoridad, buenos estacionamientos, dinero, tratamiento preferencial... ¡He tenido todo lo que se le pudiera ocurrir! Sin embargo, ninguna de estas cosas motiva mi liderazgo. Soy líder debido a lo que puedo hacer por los demás. Esa es mi mejor motivación para guiar a otros. Me tomó tiempo llegar a ese punto, pero hice el cambio de enfocarme en lo que puedo recibir como líder (los beneficios) a lo que puedo dar como líder (el precio).

Examine las preguntas que los líderes se hacen a sí mismos dependiendo de su enfoque.

LÍDERES QUE SE ENFOCAN EN LOS BENEFICIOS	LÍDERES QUE SE ENFOCAN EN EL PRECIO
¿Qué recibiré?	¿Qué puedo dar?
¿Cómo me afectará esta decisión?	¿Cómo afectará esta decisión a los demás?
¿Cuánto tiempo me tomará?	¿Qué tan lejos podremos llegar?
¿Qué me darán para permanecer en el juego?	¿Qué debo dar para permanecer en el juego?

La decisión de dirigir debido a los beneficios no beneficia a nadie, ni siquiera al líder. Enfocarse en los beneficios no lo llevará a ningún lugar que valga la pena, porque la satisfacción interior profunda nunca proviene de los beneficios. Lo que estos ofrecen es, en última instancia, vano. Y nunca han ayudado a un líder a alcanzar su potencial. Los líderes que se enfocan en los beneficios terminan haciendo un mal uso de su liderazgo, y debido a que aprecian más lo que obtienen que a la gente, sienten una tentación continua de aprovecharse de las personas para recibir, mantener o mejorar sus beneficios.

Si desea alcanzar su potencial, convertirse en el mejor líder que pueda ser y lograr el mayor impacto, deberá cambiar de los beneficios al precio en su liderazgo. Un precio es lo que se halla entre usted y su potencial. Si quiere ser un mejor líder, será necesario pagar el precio para ello.

LOS PUNTOS DE SU PRECIO

Aunque muchos de los puntos específicos del precio a pagarse serán únicos para cada líder, existen ciertos costos en común que todo líder deberá tomar en cuenta. Quiero hablar de tres que debieran formar parte del cambio de todo líder de los beneficios al precio.

1. Realidad: Los líderes reconocen que todo lo que vale la pena es un viaje cuesta arriba

Max De Pree, presidente de la gigante empresa mobiliaria Herman Miller, dijo: «La primera responsabilidad de un líder es definir la realidad». Permítame definir la realidad del potencial de su liderazgo: este es siempre un viaje cuesta arriba. Nadie llega al éxito sin esfuerzo. Ningún individuo de éxito ha experimentado logros accidentales. Nada que tenga valor genuino es fácil, rápido ni cuesta abajo. Todas las cosas valiosas de la vida requieren que paguemos un precio. Al contrario de aquella línea en esa antigua canción, las mejores cosas de la vida no son gratis. O como alguien me dijo mientras tomaba un descanso en una de mis conferencia: «Si no es un fastidio, no vale la pena hacerlo».

Existe una diferencia grande entre lo que no podemos hacer y lo que nunca haríamos. Lo que *nunca haríamos* nos causará más estorbo para el éxito que lo que *no podemos hacer*. Las malas decisiones, no la falta de talento o habilidad, son los obstáculos más grandes que impiden el éxito. Si anhelamos el éxito en el liderazgo, será necesario que hagamos lo que no queremos hacer, de modo que podamos hacer lo que necesitamos hacer. Tenemos que estar dispuestos a pagar el precio. Corre el rumor de que el misionero estadounidense Adoniram Judson dijo: «No hay éxito sin sacrificio. Si logras el éxito sin sacrificio es porque alguien sufrió antes que tú. Si te sacrificas sin alcanzar el éxito, es porque alguien lo alcanzará después».

¿Cómo podemos prepararnos los líderes para pagar el precio necesario a fin de alcanzar nuestro potencial? ¿Cómo nos preparamos para la larga travesía cuesta arriba? Creo que podemos aprender una lección del vicealmirante de la marina James Stockdale. El autor Jim Collins, en su libro *De buena a grandiosa*, escribe acerca de Stockdale y de lo que Collins denomina la Paradoja de Stockdale.

Stockdale fue un piloto que pasó ocho años preso en el notorio Hilton de Hanoi del norte de Vietnam luego de que su avión fuera derribado durante la guerra de Vietnam. Sufrió torturas y abusos frecuentes. Cuando Collins entrevistó a Stockdale, el antiguo almirante dijo que su encarcelamiento fue «el momento definitivo de mi vida», explicando: «Nunca perdí la fe en el final de la historia [...] Nunca puse en duda no solo que saldría de allí, sino que también prevalecería».

Collins se sintió intrigado por este hombre cuyo cuerpo, décadas después, todavía mostraba señales de haber sido quebrantado, pero cuyo espíritu era tan indomable como siempre.

—¿Quiénes no lograron salir? —preguntó Collins, titubeando.

—Oh, eso es fácil —dijo—. Los optimistas.

Cuando Collins, confundido, le pidió que se explicara, Stockdale dijo:

—Ah, ellos eran los que decían: "Saldremos para la Navidad". Y la Navidad llegaba y pasaba. Luego decían: "Saldremos para la Semana Santa". Y la Semana Santa llegaba y pasaba. Y luego el Día de Acción de Gracias, y luego volvería a ser Navidad. Y morían de un quebrantamiento del corazón.

Lo que Stockdale dijo a continuación le dio a Collins la idea de la Paradoja de Stockdale:

—Esta es una lección sumamente importante. Nunca hay que confundir la fe de que prevaleceremos al final, la cual nunca podemos darnos el lujo de perder, con la disciplina para confrontar los hechos más brutales de nuestra realidad actual, sean cuales fueren.[1]

Collins enuncia la Paradoja de Stockdale de la manera siguiente:

Mantén la fe de que prevalecerás al final,
sin importar las dificultades que enfrentes,

Y AL MISMO TIEMPO

Confronta los hechos más brutales de tu realidad actual,
sean cuales fueren.[2]

Las expectativas gemelas de la fe y los hechos nos ayudan a creer que podremos prevalecer al final, pero nos recuerdan que el proceso no será fácil.

Yo expreso estas expectativas gemelas empleando palabras diferentes. Cuando me preparo para liderar, pienso en *esperanza* y *difícil*. Estas palabras me ayudan personalmente a manejar las expectativas sumamente diferentes que se necesitan para el liderazgo. La *esperanza* me da poder para creer que puedo escalar el obstáculo. Me llena de energía para continuar cuando me siento agotado. Y me permite infundir esperanza con mis palabras en la vida de las personas que me acompañan en la travesía. No puedo darles esperanza a otros si no la tengo yo mismo. Esta debe provenir de un lugar de autenticidad, porque no se puede fingir la esperanza. Al alentarnos a nosotros mismos, nuestra gente siente ese aliento también. Y cuando alentamos a los demás, también nos sentimos alentados. Esto crea un ciclo positivo que mantiene a todos avanzando.

Aunque me encanta el aliento que da la *esperanza*, también valoro la palabra *difícil*, que me pone a nivel. Esta equilibra mis expectativas y me impide ser ingenuamente optimista. Me recuerdo a mí mismo que mi travesía de liderazgo con frecuencia es difícil. Una gran parte del éxito yace en tener las expectativas correctas.

Confieso que durante los años iniciales de mi liderazgo poseía un exceso de esperanza, pero a la vez tenía muy poco conocimiento o expectativas de lo difícil que sería dirigir. Como resultado de ello, me predispuse a mí mismo y a los que me seguían para el fracaso. Esperábamos lo mejor, pero eso era lo único para lo cual estábamos preparados. Si las cosas no salían a la perfección, no estábamos listos para enfrentarlo. ¡Cuando uno no se prepara para lo peor, lo peor gana!

CUANDO UNO NO SE PREPARA PARA LO PEOR, LO PEOR GANA.

En ningún lugar fue más desafiante mi experiencia que en la Iglesia Skyline de Lemon Grove, California. Empecé a dirigirla en 1981. La asistencia de la iglesia se había estancado por bastante tiempo, pero pronto empezó a crecer de nuevo, y rápidamente quedó claro que sería necesario reubicarnos. Nuestras instalaciones actuales eran muy antiguas, estábamos utilizando cada centímetro de espacio disponible, no había espacio para expandirnos, y el vecindario donde se encontraba la iglesia se estaba volviendo cada vez menos seguro.

Yo había iniciado la construcción de edificios nuevos en las dos iglesias previas que pastoreé, así que no entré a este proceso ciegamente. Sabía que no sería fácil. Y sabía que reubicar a la iglesia entera en unas instalaciones nuevas sería más difícil que los otros proyectos que había supervisado.

Empecé a trabajar con mi junta directiva y a examinar la decisión de reubicarnos. También comenzamos a hacer nuestras debidas diligencias. Nos tomó algo de tiempo, pero tomamos la decisión, planificamos el proceso, y en octubre de 1987 le pedimos a nuestra congregación que votara con respecto a nuestra decisión de comprar ochenta acres de tierra en El Cajón, un lugar cercano.

Cuando empezamos, esperábamos que todo el proceso desde la compra de la tierra hasta la reubicación nos tomaría cuatro años y nos costaría veinticinco millones de dólares. Decir que subestimamos las cosas sería quedarnos extremadamente cortos. Después de comprar la tierra por 1,8 millones de dólares y que el estudio topográfico revelara que en realidad constaba de 110 acres, y que luego obtuviéramos acceso a terrenos adicionales para alcanzar un total de 130 acres, pensábamos que las cosas nos iban bien. Pero entonces empezaron las dificultades.

El terreno había sido declarado un hábitat protegido para dos especies de aves, lo que nos impuso restricciones severas sobre dónde y cuándo se podía construir. Oficiales de la agencia ambiental también descubrieron la presencia de breña de salvia en nuestros terrenos y declararon que no nos estaba permitido construir en donde creciera. La agencia de agua del distrito local le exigió a la iglesia que adquiriera derechos adicionales para el agua. Una comisión local se oponía al plan de construcción y obligó a la iglesia a cambiar la ubicación del primer edificio y a redibujar sus planos. El estado insistió en que la iglesia debía pagar por los mejoramientos de la autopista que rodeaba a la propiedad. El condado se negó a concedernos los permisos de construcción. Se descubrieron cantidades enormes de granito en la propiedad, lo cual exigió bastante demolición. Los requisitos para construcciones resistentes a terremotos cambiaron, lo cual aumentó significativamente los costos, y así sucesivamente.

Libré estas batallas desde 1987 hasta 1995, cuando dejé el liderazgo de aquella iglesia. Mi sucesor, Jim Garlow, continuó librándolas hasta que la iglesia finalmente pudo ocupar su edificio nuevo en abril del año 2000. Lo que pensé que tomaría cuatro años y costaría veinticinco millones de dólares tardó trece años y costó más de treinta y seis millones. Y Jim continuó construyendo y batallando por una década más después de eso.

Durante aquella temporada tuve que equilibrar continuamente la *esperanza* y lo *difícil* mientras me comunicaba con la congregación. Ellos necesitaban sentirse lo suficiente alentados como para aferrarse a la visión, lo suficiente apasionados como para vencer los obstáculos que enfrentábamos y lo suficiente inspirados como para permanecer participando en el proceso y apoyándolo emocional y financieramente. También era necesario que estuvieran al tanto de los obstáculos y reveses. Si entendían lo difícil que era el proceso, serían más comprensivos. Sin embargo, no quería que se desanimaran. Esa fue una de las temporadas más desafiantes para mí como líder, y me enseñó lecciones acerca de comunicar las expectativas por adelantado.

El consultor administro y visionario de los negocios, Peter Drucker, dijo: «Un tiempo de turbulencia es un tiempo peligroso, pero el mayor peligro es la tentación a negar la realidad». Los líderes no podemos negar la realidad, ni debiéramos intentar «dorar la píldora» o suavizar las cosas cuando nos comunicamos con nuestra gente. Necesitamos incorporar la realidad en la conversación tan pronto como sea posible. En otras palabras, debemos esforzarnos por ser directos con la parte difícil de toda travesía por la cual planeamos guiar a otros.

Yo acostumbraba a esperar por un buen momento para compartir las realidades difíciles con otros, y luego me di cuenta de que nunca hay un buen momento para compartir noticias difíciles, y mientras más esperaba, más difícil se hacía hablar del asunto. Desde entonces he tenido la práctica regular de buscar y mencionar todo aspecto negativo de un proceso que esté intentando comunicar. Quiero que mi gente sepa que el progreso tiene precio.

▶

No importa lo que haga en la vida, hay que enfrentar la realidad, y hay que estar dispuesto a pagar el precio que se requiere para ir cuesta arriba. Mientras más rápido empiece a subir y más esté dispuesto a pagar, más alto podrá ir.

2. Ejemplo: Los líderes reconocen que tienen que subir la cuesta primero

Todos los que tienen capacidad de liderazgo comparten una perspectiva: antes y más. Ven las cosas *antes* de que los demás lo hagan, y ven *más* que los demás. Sin embargo, lo que distingue a los grandes líderes de los otros líderes es esto: ellos *actúan antes* que los demás y *hacen más* que los demás. Los grandes líderes enfrentan sus inquietudes y dudas, y avanzan a través de ellas a fin de abrir el camino para otros. Y debido

▶

LO QUE DISTINGUE A LOS GRANDES LÍDERES DE LOS OTROS LÍDERES ES ESTO: ELLOS *ACTÚAN ANTES* QUE LOS DEMÁS Y *HACEN MÁS* QUE LOS DEMÁS.

a que están dispuestos a pagar el precio primero y a pagar más que el resto, tienen la autoridad moral para decir: «Síganme».

Esto no significa que los grandes líderes no adolecen de las mismas fallas humanas que cualquier otra persona. Sospecho que incluso Moisés, cuando empezó a cruzar el lecho del Mar Rojo, se preguntó a sí mismo: ¿Por qué siempre tengo que ir primero?

Cuando las cosas se complican y los desafíos son difíciles, ser el primero no es un beneficio. Es un costo que hay que pagar. Cuando se sube la cuesta que lleva a lograr algo que vale la pena, los líderes tienen que pagar ese precio al subir primero y guiar a lo largo del camino. No hay elevador que lleve a la cima. Alguien tiene que hallar el camino y dar el ejemplo.

El título de una persona o la posición que ocupa no ayudan aquí. La subida no se mejora con títulos universitarios ni posesiones materiales. Nadie se siente inspirado por estas cosas. Son las acciones de los líderes las que inspiran a otros a seguirlos y apoyar la visión. Los líderes grandes actúan. Dan un paso al frente y permanecen delante, pero a la vista de su gente, y dicen: «Síganme». El ejemplo de un buen líder inspira continuamente a las personas.

Los líderes que dicen síganme saben que es su responsabilidad dar el ejemplo. Con el paso de los años he observado que tienen tres características de *antes y más* en común:

Los líderes que dicen síganme creen en sí mismos antes y más que los demás

He observado a muchos individuos de éxito en los que otros no han creído, pero nunca he conocido a un individuo de éxito que no creyera en sí mismo. Creer en uno mismo viene primero. Los líderes no podemos darles a otros lo que no poseemos.

El conferencista y autor Bob Burg contó una magnífica historia que ilustra el poder de creer:

Un abogado defensor estaba argumentando un caso en defensa de su cliente, acusado de asesinato. A pesar de que el cuerpo de la víctima jamás fue hallado, las pruebas circunstanciales eran abrumadoras y todos en el juzgado, incluyendo al jurado, sabían que el acusado era culpable. El sagaz abogado decidió poner toda la carne en el asador. Al dirigirse al jurado durante sus alegatos finales, señaló hacia las puertas del juzgado y dijo: «Damas y caballeros, en precisamente *60* segundos, el supuesto cadáver, el hombre que ustedes *creen* que está muerto, va a entrar a este juzgado, por esas mismas puertas. Podemos empezar a contar ahora mismo».

De inmediato, los ojos de todos en el jurado se dirigieron hacia la puerta.

El tiempo empezó a pasar: 1 segundo, 2 segundos, 3 segundos, 10 segundos, 20 segundos, 45 segundos, 55 segundos, 56, 57, 58, 59 segundos, y finalmente un minuto. Y precisamente cuando se cumplió un minuto, nadie podría imaginarlo, ¿puede adivinar quién entró caminando por la puerta?

Absolutamente nadie. Y ciertamente no la víctima.

El abogado ahora se dirigió de nuevo al jurado en un tono conciliatorio, razonable, casi condescendiente: «Ahora, damas y caballeros, debo disculparme. Les dije algo que ciertamente no se hizo realidad. Sin embargo, todos tendrán que reconocer que el solo hecho de que todos y cada uno de ustedes miraran hacia la puerta como lo hicieron, me demostró a mí, les demostró a ustedes mismos y le demostró a todos en este juzgado que *albergaban alguna duda*. Y tal como el señor juez les indicará en un momento, si hay algo de duda en sus mentes, por mínima que sea, deberán, *deberán*, dictar un veredicto de inocente y poner a mi cliente en libertad».

El jurado se retiró de la sala a deliberar y regresó apenas cinco minutos después a dar su veredicto. El presidente del jurado se puso de pie, miró al acusado, y cuando el juez le preguntó cuál era su veredicto, informó que declaraban al acusado... ¡CULPABLE!

El abogado defensor se puso furioso.

«¿Cómo es posible?», dijo balbuceando. «Los vi a todos mirando hacia esas puertas».

El presidente del jurado miró al abogado defensor y respondió:

«Sí, señor, lo hicimos. Pero también los observamos a usted y a su cliente, y usted *no* miró a la puerta; su cliente tampoco miró en esa dirección. Y eso es porque ninguno de ustedes creía ni por un instante que alguien iba a entrar por allí».

¿La moraleja de la historia?

No esperes que nadie crea algo que tú mismo no crees.[3]

Creer en uno mismo es mucho más que decirse palabras positivas o recibirlas de otros. Como el presentador de radio Paul Harvey lo dijo: «Si no lo vives, no lo crees». Las palabras de afirmación sin el respaldo de los logros quedan vacías. Aun si otros creen en usted, esta creencia prestada de ellos deberá ser activada por el éxito y convertirse en una creencia propia para que se sustente. Una creencia prestada sin resultados pronto se queda sin energía. El líder debe creer en sí mismo de manera auténtica, y su creencia debe venir respaldada por acciones exitosas.

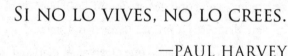

SI NO LO VIVES, NO LO CREES.

—PAUL HARVEY

Los líderes que dicen sígueme se fijan expectativas para ellos mismos antes y más que los demás

Mencioné en el capítulo 2 que enseño la lección llamada EJM-ADN a mis nuevos entrenadores del Equipo John Maxwell cada vez que nos reunimos. Uno de los valores que abrazo personalmente y que quiero que ellos abracen es exceder las expectativas. Deseo que mis entrenadores esperen más de sí mismos que los demás. Como señaló el conferencista y autor Brian Tracey: «El éxito en su carrera es directamente proporcional a lo que usted hace luego que ha terminado de hacer lo que se espera que haga».

Los líderes están en problemas cuando necesitan que otra persona les fije su nivel de expectativas. Si eso continúa, en algún momento ellos dejarán de guiar a otros. Tristemente, hay muchos que se dirigen en sentido contrario, procurando hacer lo menos posible a fin de mantenerse a flote en sus carreras. Es como si estuvieran solo tratando de no hundirse durante una carrera olímpica de natación. Son como esos empleados descritos en lo que se dice que son evaluaciones genuinas de empleados:

«Desde mi último informe, este empleado ha tocado fondo y ha empezado a cavar».

«Trabaja bien cuando está bajo supervisión constante y acorralado como una rata en una trampa».

«Él se ahogaría en un charco de un estacionamiento».

«Esta jovencita tiene delirios de ser competente».

«Se fija valores personales muy bajos y constantemente falla en cumplirlos».

«Este empleado debiera llegar lejos, y mientras más temprano parta, mejor».

«Trae mucha alegría cada vez que abandona la sala».

«Si usted ve a dos personas hablando, y una de ellas se ve aburrida, él es la otra».

«Las barreras han bajado, las luces están destellando, pero el tren no viene».

«Si le dieras un centavo por su opinión, te darían cambio».

«Algunos beben de la fuente de la sabiduría, él solo hizo gárgaras».[4]

No sé si esas frases provienen de evaluaciones genuinas como se cree, pero captamos la idea. No es posible fijarse una norma baja de desempeño para uno mismo y a la vez esperar ser un guía eficaz para los demás. Si uno quiere ser un buen líder, es necesario fijarse expectativas ambiciosas para uno mismo. Me gusta el consejo que ofrece Dianne Snedaker, vicepresidenta ejecutiva y oficial de mercadeo del First Republic Bank, quien dijo:

> Fíjese normas altas y manténgalas altas. Si le interesa el éxito, es fácil establecer normas en términos de los logros de otros individuos, y luego dejar que otras personas lo evalúen a uno por esas normas. Sin embargo, las normas que nos fijamos a nosotros mismo siempre son las más importantes. Deben ser más altas que las normas que otro nos fijaría, porque al final hay que vivir con uno mismo, juzgarse a uno mismo y sentirse bien con uno mismo. Y la mejor manera de lograr eso es viviendo a nuestro más alto potencial. Así que fíjese sus normas bien elevadas, y manténgalas elevadas, aun si piensa que nadie lo está mirando. Alguien siempre se percatará de ello, incluso si es solo usted mismo.[5]

Si es líder, es necesario que se fije normas elevadas para sí mismo antes que otros lo hagan.

Los líderes que dicen síganme se comprometen consigo mismos antes y más que los demás.

Para lograr el éxito, los líderes deben hacer compromisos continuamente. El compromiso es clave. No obstante, el primer y más importante compromiso que un líder hace es consigo mismo: un compromiso con la integridad, la responsabilidad y la abnegación. Los líderes buenos se prometen a sí mismos que pagarán el precio y perseverarán sin importar las circunstancias.

Uno de los líderes que más admiro es Abraham Lincoln. Antes de que Lincoln llegara a ser presidente, pocos hubieran anticipado que sería uno de los líderes más grandes de la nación. De hecho, el *New York Times* dijo que no estaba calificado para la presidencia de los Estados Unidos. Sin embargo, Lincoln se había comprometido a ayudar a la nación. Luego revelaría su mentalidad de compromiso: «Nunca he llevado a cabo un acto oficial con la idea de fomentar mi exaltación personal, y no tengo deseos de empezar a hacerlo ahora».[6]

▶

Si usted es líder, o aspira a llegar a serlo, deberá estar siempre listo, dispuesto y comprometido a subir la colina primero. Debe subir primero, dar el ejemplo, y hacer el llamado: «Síganme». Si está dispuesto a hacer eso, existe todavía una cualidad adicional que es necesario demostrar cuando se paga el precio del liderazgo.

3. CONSISTENCIA: LOS LÍDERES COMPRENDEN QUE NUNCA PUEDEN DARSE EL LUJO DE DEJAR DE SUBIR

Tengo que hacer otra confesión. Al principio de mi liderazgo, pensaba que si dirigía bien por un tiempo, me ganaría el derecho de tomar atajos y dejar de hacer sacrificios. Pensé que podría pagar el precio por un tiempo, terminar de pagarlo, y luego disfrutar de la buena vida, con los beneficios que se derivan de haber pagado el precio. Eso creó un punto ciego en mi liderazgo que me causó la «enfermedad del destino». Pensaba que llegaría a un momento, lugar y situación que me daría el mayor de todos los beneficios: reconocimiento sin responsabilidad.

No existe algo semejante, a menos que uno se salga del juego. Sin embargo, no quiero salirme del juego. Tengo más de setenta años y todavía me gusta el juego. Lo que he descubierto es que tenía que abandonar ciertas cosas para poder subir, y tengo que abandonar más aún si quiero quedarme arriba.

Existe una razón por la cual los equipos deportivos pocas veces ganan dos campeonatos consecutivos. Los beneficios que acompañan a ese primer campeonato frecuentemente se convierten en obstáculos para resultar victoriosos en el siguiente. Cuando un equipo gana su primer campeonato, no reciben el campeonato siguiente gratis. Dwight D. Eisenhower, cuya experiencia como líder incluía su servicio como general y presidente de los Estados Unidos, dijo lo siguiente: «No hay victoria a precio de ganga».

Si desea alcanzar los niveles más altos del liderazgo, será necesario que siga pagando el precio. Ese precio será más alto de lo que imagina, y tendrá que ser pagado de modo continuo y consistente. Jim Collins dijo: «El distintivo de la mediocridad es una inconsistencia crónica». Un corolario a esa máxima sería que el distintivo de la excelencia es la consistencia incesante. No obstante, la excelencia no aparece con rapidez, y hay que trabajar en ella para mantenerla.

He tenido el privilegio de jugar varias rondas de golf con algunos jugadores profesionales de la PGA. Uno de ellos me explicó la razón por la cual la mayoría de los torneos consta de varias rondas. Él me dio que casi cualquier golfista profesional es capaz de tener una buena ronda. Tener que jugar una segunda buena ronda típicamente elimina a la mitad de los competidores. La tercera ronda elimina otra mitad de los jugadores restantes. La cuarta ronda es la verdadera prueba de consistencia para un golfista. Aquel que pueda mantener ese nivel de consistencia se eleva sobre los demás y merece ser recompensado.

Bill Bradley fue un magnífico jugador de baloncesto que después llegó a ser senador de los Estados Unidos de América. En sus memorias, él recuerda que Ed Macaulay, su mentor en el baloncesto, le dijo: «Si no estás practicando, recuerda que en algún lado hay otro que lo está haciendo, y suponiendo habilidades más o menos iguales, si ustedes dos llegan a enfrentarse uno al otro, él saldrá vencedor». Bradley siguió ese consejo y determinó que en su carrera de baloncesto no habría temporada de descanso.[7] Los líderes necesitan considerar las cosas de esa manera también. No existe temporada de descanso para el liderazgo. Mientras se encuentre en el juego, será necesario que continúe trabajando y subiendo. Le alegrará saber que sus esfuerzos serán recompensados. Estas son algunas de las maneras en las cuales la consistencia lo ayudará a ser líder.

La consistencia les brinda seguridad a los demás

La antropóloga Margaret Mead observó: «Lo que la gente dice, lo que hace y lo que dice que hace son cosas completamente diferentes». Si somos líderes consistentes, tal afirmación no debiera ser cierta de nosotros. Nuestras palabras, intenciones y acciones deberán compaginar. Los demás saben cuál es nuestra postura y cómo cumplimos. Otros podrán depender de nosotros, lo cual probablemente es el cumplido más alto que un líder pudiera recibir.

La consistencia establece su reputación

Casi todo el mundo puede ser bueno de vez en cuando. Es mucho más difícil ser bueno siempre. La consistencia eleva a los individuos por encima de la multitud y los distingue. Puede convertirnos en alguien que llama la atención de los demás, y eso es importante en el liderazgo, porque aquellos a los que dirigimos siempre están observándonos. Cuando uno cumple una y otra vez, desarrolla una reputación de estar presente cuando es necesario. Eso no solo le ayuda a influir en las personas, sino que también marca la pauta para su equipo. La gente hace lo que ve continuamente. Mientras más consistentes seamos, más consistentes querrán ser los demás.

La consistencia lo mantiene en el juego del liderazgo

Cuando uno es consistente, eso significa que nunca hay que regresar al punto de partida, ni «volver a formar parte del juego». Uno ya está jugando. El avance constante mantiene elevada la moral, conserva el entusiasmo en efervescencia y aumenta la inversión en la meta que se está buscando. El autor y conferencista Michael Angier dije: «Si usted desarrolla los hábitos del éxito, hará del éxito un hábito». Si uno consistentemente permanece en la delantera, nunca hay que regresar al punto de partida para reagruparse y regresar al juego.

La consistencia tiene un efecto compuesto

¿Qué fue lo que el genio Albert Einstein describió como el descubrimiento matemático más grande de todos los tiempos? No fueron los números arábigos. No fue el cálculo. No fue la teoría de la relatividad. Fue el interés compuesto: riqueza que crece sobre la base de una reinversión continua. ¿Y cuál es el secreto del interés compuesto? ¡La consistencia! Nunca deje de crecer.

Uno de mis ejemplos favoritos del efecto compuesto que tiene la consistencia tuvo lugar en el mundo del béisbol profesional en las décadas de 1980 y 1990 con la persona de Cal Ripken Jr. Él ha sido incluido en el Salón de la Fama, pero no se encuentra allí por ser el mejor bateador, ni el mejor jugador de campo, ni el mejor roba bases. Está allí por su consistencia.

Ripken jugó en 2.632 partidos consecutivos, el récord del béisbol de las grandes ligas por un gran margen. Aparte de él, solo hay un jugador que haya superado la marca de los 2.000 partidos: Lou Gehrig, con 2.160. Durante más de cuarenta años, los fanáticos del béisbol creyeron que el récord de Gehrig jamás sería superado. La rareza de ese tipo de consistencia se hace más clara cuando uno reconoce que solo hay cinco jugadores más en toda la historia de las ligas mayores que hayan jugado más de mil partidos consecutivos. Quizás por eso aquel juego en el cual

Ripken superó la marca de Gehrig fue escogido por votación como el más memorable en toda la historia del béisbol de las ligas mayores, por encima del discurso de despedida de Gehrig en 1939, por encima del récord de cuadrangulares de Hank Aarron, y por encima del momento en que Jackie Robinson derribara la barrera del color en 1947.[8]

Ripken fue rápido para admitir que su éxito no era resultado de ser más talentoso que los demás. Cuando le preguntaron si era una superestrella, respondió: ¿Superestrella? Oh, no... no creo que esté a la misma altura que los grandes talentos de la liga. Tengo talento, sin dudas, pero mi ventaja es que conozco el juego muy bien. La razón de ello es que crecí jugando y mi padre fue un buen maestro. Estoy seguro de que lo que soy como hombre y jugador viene de la forma en que me criaron.[9] Años después, Ripken diría de su récord:

La racha nació de un enfoque sumamente sencillo y honesto. Mi papá siempre me enseñó a acudir al campo de béisbol todos y cada uno de los días listo para jugar, y si el mánager cree que soy uno de los nueve individuos que pueden ayudar a que el equipo salga vencedor hoy, sabe que puede contar conmigo y me pondrá en la alineación. Sencillamente así se inició la racha y creció con el paso de los años.[10]

En otras palabras, él se presentó, trabajó duro, jugó incluso si estaba lesionado e hizo su mayor esfuerzo todos los días por dieciséis años consecutivos. Él era la definición de la consistencia.

▶

Recientemente estaba detrás del escenario en una conferencia, esperando a que me presentaran a la audiencia. El anfitrión me describió como «un líder asombroso». Esto lo menciono solo porque sé que *no* soy asombroso. En lugar de ello, soy un líder con experiencia y he sido consistente.

Sencillamente estoy cosechando el efecto compuesto de haber pagado el precio para mejorar como líder por un tiempo muy prolongado. De modo que a estas alturas de mi carrera me veo mejor de lo que soy.

Si deseamos tener un impacto asombroso como líderes, hay que hacer el cambio de los beneficios al precio y hacer muchas cosas nada asombrosas mientras subimos la difícil cuesta del liderazgo y le damos el ejemplo a nuestro equipo. La realidad es esta:

- Practicar no es asombroso.
- Estudiar no es asombroso.
- Hacer acto de presencia no es asombroso.
- Trabajar duro no es asombroso.
- Hacer preguntas no es asombroso.
- Cambiar no es asombroso.
- Intentarlo no es asombroso.
- Fracasar no es asombroso.
- Intentarlo de nuevo no es asombroso.

Sin embargo, cada una de estas cosas resulta necesaria. Son el precio que hay que pagar todos los días para alcanzar nuestro potencial. Si pagamos el precio, y lo hacemos consistentemente, el resultado final puede llegar a ser asombroso.

CAPÍTULO 5

DE AGRADAR A OTROS A DESAFIAR A OTROS

El cambio relacional

No podemos guiar a las personas si
necesitamos a las personas.

Agradarles a las personas no es lo mismo que guiarlas. Esta fue una de las primeras lecciones importantes que tuve que aprender en el liderazgo. Definió una nueva realidad para mí, y me resultó muy difícil aprenderla. Desde mi juventud comprendí que le caía bien a la mayoría de la gente. Mi conexión con quienes me relacionaba era fuerte. Les caía bien a mis maestros. Los demás chicos querían pasar tiempo conmigo y estar a mi alrededor en el aula de clases o el patio de juegos. Intuitivamente sabía lo que era importante para otros y podía agradarles. Así que de manera natural me esforcé por desarrollar mis aptitudes para agradar a los demás. Sentía que la fuerza de mi liderazgo era tener a todos felices. Y hacer esto me hacía feliz *a mí*.

Durante esos primeros años, quizás hubiera definido el liderazgo de esta manera: «Haz que otros se sientan felices y te seguirán». Continuamente me hacía una pregunta: «¿Están todos felices?». No obstante, si somos líderes, la respuesta es no. Nunca podemos hacer felices *a todos*. Y proponernos semejante cosa es predisponernos a la desilusión o el fracaso.

¿QUIÉN NECESITA QUE LO DESPIERTEN?

Inicié mi carrera de líder profesional a los veintidós años. Como mencioné previamente, era el líder de una congregación pequeña en Indiana. Durante los primeros seis meses allá, sentía que todos estaban felices. Le caía bien a la gente allí y ellos me caían bien a mí. Todo iba viento en popa.

Sin embargo, un día causé problemas en el paraíso. En el pequeño vestíbulo de la iglesia había un cuadro horrendo. Lo había observado y pensé que había que quitarlo, pero eso no era un asunto de prioridad. No le dije nada a nadie al respecto, pero un día me propuse quitarlo de allí. Consideré que era una pequeña mejora que con gusto estaba dispuesto a hacer.

Las reacciones fueron tanto inmediatas como negativas. Podría haberse pensado que yo había dicho que el bebé de una de mis congregantes era feo. De inmediato me enteré de que dos miembros de la congregación le habían obsequiado ese cuadro a la iglesia y que ellas mismas lo habían colocado en un lugar de prominencia. Cuando supieron que yo lo había quitado, decir que no se sentían complacidas sería quedarse corto... por kilómetros.

Rápidamente me disculpé y volví a colgar el cuadro. ¡Vaya! Eso estuvo cerca. Había evitado una tragedia y pasado de ser un mal líder a ser un buen líder, porque todos nuevamente estaban felices.

Sin embargo, unas cuantas semanas después me tocó enfrentar otro problema. Los jóvenes de nuestra iglesia estaban jugando un partido de baloncesto al que había prometido asistir, pero justo entonces un miembro de la iglesia me llamó debido a una situación de emergencia y me perdí el juego. El entrenador de nuestro equipo y algunos de los padres de familia no se sintieron muy complacidos. ¡Ay, no! Tenía que hacer algo. Así que les expliqué la situación y los padres de familia se sintieron felices de nuevo.

No obstante, el entrenador todavía no se sentía muy feliz.

Me esforcé por agradarle. Lo visité dos veces para limar asperezas y asistí a los dos partidos siguientes, aunque no había prometido hacerlo. Finalmente, logré traerlo de nuevo al bando feliz. Bravo. Lo había logrado. Pero vaya, este asunto de mantener a la gente feliz estaba empezando a agotarme. ¿Cómo podría llegar a mantenerlos felices a todos?

Durante dos años hice todo lo posible por intentar que todos aquellos a los que dirigía se sintieran felices. Sinceramente, creía que si mi liderazgo era bueno, todos se sentirían contentos conmigo y con lo que hiciera. Y si a alguien, cualquiera, no le gustaba mi persona o lo que yo hacía, entonces eso seguramente significaba que tenía alguna deficiencia en mi liderazgo que me era necesario corregir. Ese tipo de mentalidad motivaba todas las acciones que realicé y todas las decisiones que tomé.

¡Qué equivocación! No hay líder que pueda agradar a todo el mundo todo el tiempo. Hasta los líderes más grandes de la historia tuvieron opositores. Sin embargo, en aquel entonces no había comprendido esto. Cuando me golpeó la realidad de que *no todos* estaban felices *todo el tiempo*, choqué con un muro emocional. Pensé que era un mal líder, y hasta me preguntaba si debía renunciar a mi cargo e intentar dirigir en otra parte.

Fue entonces que recibí los consejos sabios de líderes con más experiencia. Ellos me ayudaron a comprender que es imposible agradar a todos. Luego me enseñaron una lección todavía más importante acerca de mí mismo. Yo estaba haciendo las cosas al revés. Mi meta había sido lograr caerles lo suficiente bien a las personas a fin de que pudiera tener la confianza para pedirles un compromiso con la obra. Si ellos se negaban, yo sencillamente me esforzaba más por caerles mejor, pensando que eso resolvería el problema. Lo peor de esto fue que invertí la mayor cantidad de tiempo y energía en los individuos más infelices y menos comprometidos, aunque ellos no contribuían en nada a la visión ni ayudaban a que la organización avanzara. Estaba permitiendo que la cola moviera al perro.

Finalmente, comprendí que no estaba dirigiendo a las personas, sino tratando de hacer que se sintieran bien, y yo también. No estaba haciendo avanzar a la organización. Estaba desarrollando el negocio de la amistad, no el del liderazgo. No conducía a nadie a ninguna parte, ni los ayudaba a hacer mejor las cosas o a mejorar sus vidas. Solo intentaba vivir en Villa Feliz.

Para obtener lo mejor de la gente, los líderes necesitan pedir lo mejor de la gente. Y yo no lo estaba haciendo en absoluto. Quisiera poder decir que una vez que comprendí esto, cambié de agradar a las personas a desafiarlas de modo rápido y fácil, pero no fue así. Para mí, este proceso de cambio resultó sumamente lento. Mi deseo de caerles bien a los demás estaba profundamente arraigado en mi ser, al punto de que mis mejores días en el liderazgo eran aquellos en los que alguien me afirmaba. Ansiaba recibir afirmación cada día. Sin embargo, reconocí que la afirmación no equivale a logros en el liderazgo, así que me propuse cambiar. Paso a paso, me convencí de abandonar los pensamientos y sentimientos idealistas que albergaba como líder joven y me entrené para intentar ser el líder que la gente realmente necesitaba, no tan solo el líder que deseaban. Mi liderazgo cambió de agradar a las personas a desafiarlas.

PARA OBTENER LO MEJOR DE LA
GENTE, LOS LÍDERES NECESITAN
PEDIR LO MEJOR DE LA GENTE.

CÓMO CAMBIAR DE SER UN COMPLACIENTE A SER UN LÍDER

No sé si usted tiene la misma tendencia a complacer a otros que yo tenía. Si ese es el caso, será necesario que haga el mismo cambio en liderazgo que yo hice, porque nunca podrá dirigir a su organización, servir a su gente ni alcanzar su potencial de liderazgo si siempre está procurando complacer a otros. Es necesario que anticipe *hacer* lo que es correcto para su gente y su organización a lo que se *siente* bien para usted. A fin de llevar a cabo ese cambio, es necesario hacer estas siete cosas:

1. CAMBIE SUS EXPECTATIVAS DEL LIDERAZGO

La esencia de mi problema con complacer a otros era el deseo de hacer aquello que me hiciera sentir bien. Eso incluía una falta de disposición a enfrentar los asuntos difíciles. Para resolver esto, era necesario que cambiara la manera en que entendía el liderazgo y la forma en que interactuaba con los demás. Tenía que dejar de buscar afirmación. Tenía que dejar de procurar ser el amigo de todos.

Uno de los individuos que me ayudó a mejorar en esta área fue mi mentor, Fred Smith (el consultor, no el fundador de FedEx). En una ocasión, mientras hablábamos de cómo manejar las situaciones difíciles con la gente, me dijo: «Siempre separa lo que es mejor para ti de lo que es mejor para la organización». Esa declaración se sintió como una bofetada en el rostro, porque con demasiada frecuencia me había puesto yo mismo primero. Siempre había pensado en lo que era mejor para mí. Fred me dio una perspectiva nueva y me sugirió que considerara los asuntos con un orden diferente de prioridades:

1. ¿Qué es lo mejor para la organización?
2. ¿Qué es lo mejor para otras personas dentro de la organización?
3. ¿Qué es lo mejor para mí?

Al aprender a hacerme estas tres preguntas en este orden, pude aclarar mis motivos para tomar mis decisiones de liderazgo.

Debo decir que en este cambio en liderazgo relacional de complacer a las personas a desafiarlas, sentí mucha soledad como líder. La afirmación que había sido un sonido tan maravilloso en mis oídos fue reemplazada por el silencio durante esta temporada. Los que me buscaban para hallar consenso me evitaban cuando no se sentían felices. Algunas de las personas que antes me celebraban ahora me criticaban. Sin embargo, al alejarme de la multitud, empecé a descubrirme a mí mismo. Descubrí que si *necesitaba* a las personas, probablemente no podría dirigirlas bien. Eso me dio la determinación necesaria para cambiar de complacerlos a ayudarlos a ser mejores.

Con el paso del tiempo, comencé a desear lo que era mejor para la gente que dirigía más que aquello que me hacía sentir bien a mí. A medida que el deseo de aprobación fue menguando, me sentí libre de hacer lo correcto como líder. Compartí la visión, elevé las normas, desafié a otros, mostré el camino, pedí compromiso y dejé de esperar hasta obtener siempre un consenso. La organización fue capaz de avanzar y pude ayudar a que los individuos alcanzaran el potencial que Dios les había dado. A los que no querían acompañarme, les permití que siguieran su propio camino sin gastar todas mis energías procurando volver a ganarme su interés.

Me tomó tiempo, pero aprendí a amar al líder en el que me estaba transformando. Ya no esperaba preocupado hasta tener a todos a bordo conmigo. Los días de permitir que las personas descontentas me manipularan y me robaran el gozo habían terminado. Mi primera pregunta ya no era: «¿Estamos todos bien?». Ahora mi pregunta era: «¿Estamos todos comprometidos?».

Una de las lecciones más importantes que aprendí en esta temporada fue que nunca sabemos si la gente realmente está con nosotros hasta que le pedimos compromiso. Cuando uno pide compromiso de parte de otros, pierde a los no comprometidos y gana a los comprometidos. Cuando no se pide compromiso, mantiene a los no comprometidos y pierde a los comprometidos. Uno escoge a quién perder. También aprendí que el respeto se gana con más frecuencia cuando se recorren terrenos difíciles. Las personas respetan a los líderes que toman las decisiones difíciles, que guían con el ejemplo en las épocas complicadas en lugar de solo dar órdenes, que ponen a los demás en primer lugar, y que valoran a las personas lo suficiente como para pedirles que se eleven al nivel de la grandeza que tienen dentro. Han pasado cuarenta y cinco años desde que hice ese cambio en liderazgo, pero todavía percibo cómo me cambió a mí y a mi liderazgo.

> NUNCA SABEMOS SI LA GENTE REALMENTE ESTÁ CON NOSOTROS HASTA QUE LE PEDIMOS COMPROMISO.

Si su liderazgo se ve motivado por complacer a los demás o recibir aprobación, será necesario que cambie sus expectativas. Cambie su enfoque de lo que podría ganar a cómo puede ayudar a los demás, mejorar su organización y lograr su visión. De lo contrario, su liderazgo siempre estará limitado.

2. VALORE A LOS DEMÁS TANTO COMO SE VALORA A SÍ MISMO

Valorar a las personas es una prioridad alta en mi vida; cada día busco añadir valor a otros de manera intencionada. Para mí, esto siempre empieza con valorarme a mí mismo. Vemos a los demás como nos vemos a nosotros mismos, y si nos valoramos a nosotros mismos, seremos capaces de valorar a los demás.

El valor que se da a usted mismo determina su inversión personal en los demás. Si siente que usted es digno de recibir una oportunidad, les dará oportunidades a otros. Si piensa que es digno de que alguien lo ayude a desarrollarse, estará dispuesto a desarrollar a otros. Si se ve a sí mismo como un 9 (en una escala de 10), tendrá una mayor inclinación a darles un valor alto a otros. Si se desvalora a sí mismo, probablemente desvalorizará a otros. Y eso tiene una importancia crítica, porque no es posible desvalorizar a otros y ser un buen líder al mismo tiempo. Considere cómo esto funciona:

- Los líderes que valoran a los que dirigen invierten sus mejores esfuerzos en ellos.
- Los líderes que desvaloran a los que dirigen invierten poco esfuerzo en ellos.
- Los líderes que valoran a los que dirigen les sirven.
- Los líderes que desvaloran a los que dirigen quieren que ellos los sirvan.
- Los líderes que valoran a los que dirigen les dan poder.
- Los líderes que desvaloran a los que dirigen los controlan.
- Los líderes que valoran a los que dirigen los motivan.
- Los líderes que desvaloran a los que dirigen los manipulan.

90

Para obtener lo mejor de la gente, es necesario *creer* lo mejor de la gente. Solo entonces les daremos a las personas lo mejor de nosotros, y les pediremos que nos den lo mejor de sí mismos.

3. PROCURE ESTABLECER SUS EXPECTATIVAS POR ADELANTADO

En mis años de complacer a otros, nunca establecí mis expectativas por adelantado. Me decía a mí mismo que en algún momento, en algún lugar y de alguna manera tocaría el tema de las expectativas *cuando fuera el momento apropiado*. Sin embargo, nunca llegaba el momento apropiado, y nunca inicié esas conversaciones. En cambio, me empeñaba por ganarme a las personas de manera relacional, esperando que adivinaran lo que esperaba de ellas y que cuando llegaran los momentos difíciles estarían de mi parte. No obstante, las suposiciones nunca son un buen método de trabajo en el mundo del liderazgo. Siempre conducen a expectativas incumplidas y desilusiones.

El líder puede establecer las expectativas por adelantado y preparar las relaciones de trabajo para el éxito, o puede dejar las expectativas sin especificar y enfrentar la desilusión a la postre, tanto para él como para aquellos que dirige.

Hoy veo el acto de compartir y establecer mis expectativas por adelantado como la prueba de fuego de los líderes. Me esfuerzo por hablar las cosas por anticipado con los demás.

- El *aprecio* por adelantado le da valor a la persona y aumenta el valor del tiempo que pasamos juntos.
- Las *expectativas* por adelantado aumentan el valor de toda reunión. (Mientras antes yo establezca las expectativas, tanto más breves y fáciles son las reuniones).

- Las *preguntas* por adelantado son la forma más rápida de entendernos los unos a los otros y de aumentar el valor del tiempo que compartimos.
- Las *discusiones* por adelantado influyen en la manera y la dirección en la que guiamos a los demás.
- Las *decisiones* por adelantado aumentan el valor del tiempo que compartimos.

Actuar por adelantado significa que uno lleva la delantera.

Cuando me preparo para tener una conversación por adelantado con alguien, trabajo para fijar el nivel de la interacción con una pregunta y siete declaraciones. Primero, la pregunta:

¿Cuáles son sus expectativas de nuestra interacción?

Cuando tengo una conversación con alguien, siempre invito a la otra persona a hablar primero. Eso no solo es cortés, sino inteligente. Hacer una buena pregunta sin un preámbulo que indique nuestras preferencias es bueno, porque uno puede averiguar lo que la otra persona realmente está pensando, y eso es más importante que lo que quiero que piense. Además, si escucho primero, las probabilidades de que la otra persona me escuche aumentan, porque ya la he escuchado yo.

Cuando inicio una relación profesional con alguien, lo más importante que establezco por adelantado son las expectativas que tenemos el uno del otro. ¿Qué espera esta persona de mí? ¿Qué espero yo de él o ella? De esa manera podemos descubrir si nuestros deseos son compatibles. Podría ser necesario que ajustemos nuestras expectativas para alinearlas y de esa manera los dos podemos ponernos de acuerdo sobre ellas. Y si soy el líder en esa relación, mientras mejor conozca a la persona, mejor sabré cómo dirigirla.

Una vez que he conocido las expectativas de la otra persona por adelantado haciendo preguntas, establezco expectativas para la otra persona al comunicar estas declaraciones:

No se trata de mí, no se trata de usted, se trata del cuadro completo

Una persona madura tiene la capacidad de ver y respetar las perspectivas diferentes. Sin embargo, cuando uno dirige a un equipo, un departamento o una organización, siempre hay que mantener la mirada en el cuadro completo. Y tal vez usted conozca lo que llamo la Ley del Cuadro Completo en mi libro, *Las 17 leyes incuestionables del trabajo en equipo*: la meta es más importante que el papel que cumplimos. Cada persona desempeña una función en un equipo. ¿Para qué? Para ayudar a que el equipo cumpla su meta. A fin de cumplir con el cuadro completo, ninguno de los individuos, ni los miembros del equipo ni el líder, pueden perder de vista la meta y dejarse consumir por sus intereses personales.

Esta afirmación tiene poder solamente cuando empiezo con la parte que no se trata de mí. Podré ser el propietario de mis empresas, pero necesito recordar que realmente no se trata de mí. No es necesario que tome todas las decisiones de liderazgo. Mi idea no tiene que ser la que triunfe en todas las reuniones. La organización es la que necesita ser exitosa. Y si otros saben que no se trata de mí, entonces deberán poder aceptar que tampoco se trata de ellos. Esto puede resultarle difícil a algunos, especialmente si son talentosos y tienen potencial para ser estrellas. Sin embargo, un talento sobresaliente con poca autoconciencia requiere de mucha atención. Por eso es importante definir las expectativas por adelantado. El equipo no presenta su mejor juego si sus mejores jugadores piensan que todo se trata de ellos.

> EL EQUIPO NO PRESENTA SU MEJOR JUEGO SI SUS MEJORES JUGADORES PIENSAN QUE TODO SE TRATA DE ELLOS.

Hay que valorar a otros

Todos los líderes están en el negocio de las personas. Si queremos trabajar bien con las personas, es necesario valorarlas y darles valor. Y he aquí las buenas noticias: añadirles valor a las personas también es bueno para el negocio.

Todos los que trabajan conmigo tienen que valorar a los demás. Ese es el núcleo de lo que soy y es el núcleo de todas mis empresas. Tenemos que estar dispuestos a servir a otros, y ser un siervo líder no es difícil si valoramos a las personas. Cuando valoramos a las personas, se sienten apreciadas. Y podemos lograr el éxito en nuestra misión.

Se espera que su crecimiento continúe

¿Cómo se hace crecer a una organización? A través del crecimiento de sus miembros individuales. El futuro de toda organización se halla en el crecimiento de los que la integran, y especialmente de los que la lideran. Como dice la Ley del Tope: la capacidad de liderazgo determina el nivel de eficiencia de una persona.

Soy un aprendiz de toda la vida que de manera intencionada busco aprender algo cada día de mi vida. También me atraen las personas que crecen. Mis mejores amigos son aquellos que se desarrollan de forma continua. Nuestras conversaciones se ven estimuladas por nuestra travesía de crecimiento.

Espero que todos los que se unen a mi equipo sean intencionados acerca de su crecimiento personal y profesional. Crecer juntos es aún mejor que crecer solo. Los equipos crecen juntos o se van separando.

Establecer el compromiso de crecer todos los días y luego desarrollar relaciones con personas que están creciendo nos mantendrá en el camino del crecimiento.

Tiene que estar preparado para cambiar

Existe una diferencia inmensa entre reconocer que el cambio es inevitable y creer que el cambio es esencial. El que reconoce que el cambio resulta inevitable se resigna al cambio y es reactivo, pensando: *El cambio va a suceder, por lo tanto, ¿qué puedo hacer al respecto?* El individuo que cree que el cambio resulta esencial es proactivo y piensa: *Haré que el cambio tenga lugar para que nuestro equipo pueda mejorar.* Si el crecimiento es algo esperado, entonces el cambio es esencial. No podemos crecer sin cambiar. El mero hecho de que hago algo de mejor manera hoy significa que he aprendido y mejorado en comparación con ayer.

> EXISTE UNA DIFERENCIA INMENSA ENTRE RECONOCER QUE EL CAMBIO ES INEVITABLE Y CREER QUE EL CAMBIO ES ESENCIAL.

Todos tienen que ganarse mi tiempo

Son muchas las cosas que doy libremente a todos en mis organizaciones: visión, creencias, recursos, apoyo y liderazgo. Una cosa que siempre tiene un costo es mi tiempo. De todos mis recursos personales, ese es el más limitado, así que la otra persona deberá ganárselo antes de que se lo dé. ¿Cómo puede lograr alguien eso? Siendo un miembro proactivo del equipo. En este aspecto, pongo en práctica el principio del 80-20. Invierto el 80 % de mi tiempo en el 20 % del equipo que produce el 80 % de los resultados.

Previamente en mi carrera pasé mucho tiempo con personas improductivas, pensando que sería capaz de cambiarlas. Era sumamente ingenuo. Como mencioné, al principio solo quería ganarme la buena voluntad de todos. Más adelante, empecé a pensar en el potencial de las personas y me preguntaba: ¿Lo harán? ¿Podrán hacerlo? ¿Vale la pena el esfuerzo de pedírselos?

▶

Hoy soy sumamente pragmático y no hago esas preguntas, ya que son demasiado subjetivas y dependen mucho de la especulación. Ahora me hago una sola pregunta: ¿Son productivos?

Establezco esta misma norma para mí mismo. Tan solo porque disfruto de una amistad con alguien esto no me exime de ser productivo. Por ejemplo, durante varios años Tom y Todd Mullins me incluyeron en el equipo de maestros de la Iglesia Comunión con Cristo. Tom es su pastor fundador y Todd, su hijo, es el pastor principal. Ambos son buenos amigos y he disfrutado cada minuto del tiempo de enseñanza que me han dado. Sin embargo, todos los años les hago esta pregunta: «¿Me quieren en el equipo otra vez este año, o desean hacer un cambio?». Saben que siempre estoy listo para retirarme por el bien del colectivo. Si no soy productivo para ellos, es hora de dejar ese equipo.

Si trabajamos para alguien, valoremos el tiempo de ese individuo y seamos conscientes de que es necesario ganarnos el derecho de acceder a su tiempo. Si tiene a otros trabajando para usted, concédales su tiempo solo a los individuos que sean productivos y estén dispuestos a aprender, crecer y continuar ganándose el derecho de que los atienda.

Siempre asuma su responsabilidad

La mayoría de las personas quiere que se les dé poder cuando lo que necesita primero es responsabilidad y rendición de cuentas. Kevin Turner, vicepresidente de la junta de administradores de la cadena Albertsons y asesor principal del presidente de esa empresa, dijo lo siguiente: «Las personas quieren ser juzgadas por sus intenciones y no por sus acciones». No obstante, los resultados son los que resultan determinantes, no las buenas intenciones. Y los resultados vienen únicamente cuando las personas se hacen responsables de sí mismas.

Me gusta lo que el ejecutivo empresarial Seth Godin dijo sobre esto:

Los empleados quieren ser escogidos para un ascenso, o para dirigir una reunión, o para tener la palabra en una reunión.

«Escógeme, escógeme» es una admisión del poder que tiene el sistema y le entrega la responsabilidad de iniciar las acciones a otro. Es más, «escógeme, escógeme» transfiere la culpa de usted a ellos.

Si no lo escogen, es culpa de ellos, no suya.

Si no lo escogen, bueno, ellos dijeron que usted era bueno, ¿cierto? Ya no es su culpa.

Rechace la tiranía del escógeme. Escójase usted mismo.[1]

Eso es lo que significa asumir su responsabilidad. Es escogerse uno mismo. Es motivarse. Es incorporar intención y energía a todo lo que hace.

Hablando de energía, esa es un área en la que particularmente espero que las personas asuman la responsabilidad, porque tristemente el nivel más bajo de energía con frecuencia derrumba al equipo. Los individuos con energía y actitudes negativas pueden abatir al equipo más rápido de lo que los individuos con energía positiva logran levantarlo. Esto es particularmente cierto en las reuniones. ¿Cómo enfrenta un líder a este problema?

Empiezo con una comprobación de la energía al principio de mis reuniones. Sencillamente, le pregunto a cada individuo en la sala su número en el nivel de energía al empezar una reunión. Esto motiva a todos a estar plenamente presentes en la sala. De ser necesario, escribo el nombre de todos y su número en la pizarra, y luego les indico el nivel de energía que necesito de todos para que la reunión sea un éxito. Las personas usualmente se responsabilizan por elevar su energía al nivel de las expectativas, y esto ayuda a que la reunión tenga mucha energía y resultados positivos.

No evitaremos las conversaciones difíciles

El liderazgo demanda que enfrentemos los problemas. Esto incluye las conversaciones difíciles. Y el nivel de dificultad de las mismas aumenta cuando el problema no es fácil e involucra a miembros de nuestro equipo. Sin embargo, nunca debemos postergar las conversaciones difíciles. Mientras más esperamos, más difíciles se tornan. ¿Por qué?

- Para la mayoría de las personas, el silencio significa aprobación.
- Cuando los individuos tienen que llenar los espacios por sí mismos, lo hacen de modo negativo.
- Los problemas que se dejan sin abordar desarrollan un efecto de bola de nieve: aumentan de tamaño y ganan ímpetu.
- Los problemas que se dejan sin abordar causan erosión interna: perdemos respeto por nosotros mismos internamente.
- La Ley de la Disminución de la Intención está en efecto: Mientras más usted tarde en hacer algo que debiera hacer ahora mismo, tanto mayores serán las probabilidades de que nunca lo hará. Uno de estos días se convierte en ninguno de estos días.

Allá por el tiempo en que supervisaba directamente a bastante personal, acostumbraba a decirles: «Nunca se preocupen por lo que están haciendo. Les avisaré de inmediato si hay un problema». No me guardo los problemas. Si me es preciso tener una conversación difícil, la tengo tan pronto como sea humanamente posible.

Probablemente ha escuchado decir que lo que va bien termina bien. También creo que lo que va bien empezó bien. Eso es lo que establecer las expectativas por adelantado hace para los líderes. Ayuda a que empecemos bien a fin de que podamos desafiar a los individuos a que se conviertan en la mejor versión de sí mismos.

4. HÁGASE LAS PREGUNTAS DIFÍCILES A SÍ MISMO ANTES DE SOSTENER UNA CONVERSACIÓN POTENCIALMENTE DIFÍCIL

A medida que crecía en mi liderazgo, cambiando de complacer a otros a desafiarlos, tuve que esforzarme por ser mejor en las conversaciones difíciles. Algunas de las preguntas que empecé a hacerme a mí mismo eran: ¿Cuál es la causa del problema que hace necesaria esta conversación difícil? ¿Se trata de un asunto externo, es un asunto interno de este individuo, o es un asunto mío? Si el asunto era externo, tal como comunicaciones deficientes, un sistema ineficaz o un problema externo, eso sería fácil de resolver. Si era un problema relacionado con la actitud o las acciones del otro individuo, sería más difícil. Si la culpa era mía, tal vez ni sería necesario reunirme con el otro individuo. ¡En tal caso me tocaba hacerme responsable de ello y corregirme a mí mismo! Si se trataba de una combinación de estas tres cosas, entonces la conversación sería extremadamente difícil debido a lo compleja que resultaría.

Mientras piensa en alguna conversación difícil que pronto tendrá, quiero darle algo de ayuda. Esta es una lista de verificaciones que he usado *antes* de tener una conversación difícil como preparación:

PREGUNTAS A CONSIDERAR:	Sí	N0
¿He invertido lo suficiente en esta relación para ser franco con este individuo?		
¿He demostrado que lo valoro como persona?		
¿Estoy seguro de que el problema es del otro y no mío?		
¿Estoy seguro de que no estoy hablando porque me siento amenazado?		
¿Es el problema más importante que la relación?		
¿Esta conversación sirve claramente a los intereses del otro, y no tan solo a los míos?		
¿Estoy dispuesto a invertir tiempo y energía en ayudarlo a cambiar?		
¿Estoy dispuesto a mostrarle cómo hacer algo, y no tan solo a decirle qué es lo que está mal?		
¿Estoy dispuesto a establecer expectativas claras y específicas?		
¿He abordado este asunto o problema previamente, en una situación menos formal?		
Total:		

Examine la cuenta de respuestas *sí* y *no*. Si hay una o más respuestas *no* a cualquiera de estas preguntas, considere los pasos que le será necesario dar para que cada *no* se convierta en un *sí* antes de tener esa conversación crucial.

5. CUANDO HAY QUE SOSTENER UNA CONVERSACIÓN DIFÍCIL, HÁGALO BIEN

Puesto que para mí esto una vez fue muy complicado, quiero darle un consejo sobre cómo hacer que una conversación difícil sea menos difícil. En primer lugar, recuerde por qué está teniendo la conversación. Es porque a usted le importa la otra persona; le importa lo suficiente como para confrontarla. Su meta es ayudar a esa persona.

Tener la actitud correcta resulta esencial, porque sus acciones con frecuencia llevan más peso que sus palabras, y una actitud negativa puede causar más daños. Los individuos recuerdan cómo se sintieron mucho después de haber olvidado sus palabras. Usted puede comunicar la actitud correcta buscando la comprensión. Aquí le presento un ejemplo a seguir para la conversación:

- Enuncie el asunto con claridad al principio. Utilice la frase: «¿Estás enterado de que...?».
- Pídale a la otra persona que le explique su perspectiva. Empiece con la frase: «Necesito que me ayudes a comprender tu situación».
- Haga preguntas. Diga: «¿Te estoy comprendiendo correctamente?».
- Repita lo que escuchó.
- Permita que la otra persona responda.
- Trate de hallar puntos en común.
- Llegue a un acuerdo sobre qué es lo mejor para los dos.
- Si no es posible llegar a un acuerdo sobre el problema y su solución, convengan en reunirse de nuevo.
- Vea la oportunidad de crecimiento que yace en la conversación difícil.
- Busque mantener una relación positiva.

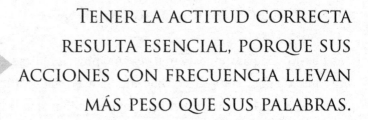

TENER LA ACTITUD CORRECTA RESULTA ESENCIAL, PORQUE SUS ACCIONES CON FRECUENCIA LLEVAN MÁS PESO QUE SUS PALABRAS.

Seguir este patrón y llegar a un resultado positivo no siempre es posible, pero bien vale la pena intentar conseguirlo. Uno siempre queda mejor teniendo la conversación difícil y descubriendo dónde se encuentra en lugar de evitarla y abrigar esperanzas de que el problema se resolverá solo, porque esto nunca ocurre.

6. COMPRENDA EL PRINCIPIO DEL 25-50-25

El buen líder siempre desafía a los demás a mostrarse a la altura de la situación, ser la mejor versión de sí mismos y lograr más. Algunos individuos aceptan el desafío y ayudan a que el equipo salga airoso. Otros no. Como líder, usted tiene que dirigir el proceso que atraviesan las personas. Puede usar el principio del 25-50-25 para ayudarse. Lo aprendí hace años cuando asistí a una mesa redonda de liderazgo en Los Ángeles.

He aquí como esto funciona: siempre que presentemos una visión y desafiemos a la gente a que participe en el logro de una tarea, las personas se dividirán en tres grupos. Típicamente, 25 % de ellas apoyarán sus esfuerzos, 50 % se mostrará indeciso y otro 25 % se resistirá al cambio. Su tarea es ayudar a que el 50 % que está en el medio se sume al 25 % inicial. Estas son algunas sugerencias sobre cómo hacerlo y cómo trabajar con los tres grupos.

- Comprenda que el 25 % final no se pondrá de su parte, no importa lo que haga. Podrían tener al mejor líder del mundo al mando, y aun así se resistirían al cambio. Acéptelo.
- No desperdicie sus esfuerzos tratando de agradar a este 25 %. Nunca se sentirán felices. Tratar de apaciguarlos no hace más que alentar su resistencia.
- No le dé a ese 25 % final un estrado ni credibilidad. Si usted está convencido de que hace lo correcto, ¿por qué ayudarlos a ellos a socavar sus esfuerzos?
- Procure mantener a ese 25 % final alejado del 50 % que aún no se ha decidido. Como lo dijo el mánager de béisbol Casey Stengel: «El secreto de manejar a un equipo es mantener a los que te detestan alejados de los que todavía no se han decidido al respecto».
- Pídale al 25 % que lo apoya que lo ayude a influir de manera positiva en el 50 % que no se ha decidido.
- Dele al 25 % que lo apoya credibilidad y un estrado para que se manifiesten. Lo ayudarán a hacer que la organización avance.

Cualquier tipo de movimiento que se pueda lograr en ese 50 % intermedio a favor de su liderazgo y su visión es una victoria, porque mueve a la organización en la dirección correcta. Celébrelo y siga avanzando.

7. Equilibre el cuidado del equipo con la franqueza

Quiero darle un consejo más relacionado con las personas difíciles, y es uno importante. El líder tiene que incorporar a la relación tanto el cuidado del equipo como la franqueza. Explicaré la razón por la cual eso es tan importante en un momento, pero primero permítame preparar el terreno explicando una de las enseñanzas centrales que uso para desarrollar a los líderes. Se denomina los 5 Niveles del Liderazgo. Esta ilustra un proceso mediante el cual un individuo puede desarrollar su influencia sobre otros. Aquí presento una descripción breve de cada uno de los cinco niveles.

1. *Posición* (basado en los derechos), cuando otros lo siguen porque están obligados a hacerlo.
2. *Permiso* (basado en las relaciones), cuando otros lo siguen porque quieren hacerlo.
3. *Producción* (basado en los resultados), cuando otros lo siguen porque usted ayuda a mejorar al equipo.
4. *Desarrollo de las personas* (basado en la reproducción), cuando otros lo siguen porque usted contribuye a mejorarlos a nivel personal.
5. *Pináculo* (basado en el respeto), cuando otros lo siguen porque usted los ayuda a convertirse en líderes de Nivel 4.[2]

Durante los cuarenta años en que he utilizado los 5 Niveles del Liderazgo para capacitar y formar a líderes, he observado que la etapa que resulta más difícil para la mayoría de los líderes es pasar del Nivel 2 al Nivel 3. Casi cualquier persona agradable puede desarrollar relaciones con los demás al Nivel 2, preocupándose por otros y estableciendo conexiones con ellos. Sin embargo, el Nivel 3 tiene que ver con la producción. La transición de lograr agradarles a las personas a lograr que ellas produzcan mejores resultados puede ser intimidante. Y reproducirse al Nivel 4 por medio de invertir en otro individuo para ayudarlo a que sea mejor líder resulta más difícil aún.

¿Cómo puede avanzar un líder de «Me gusta ser parte del equipo» a «Necesito producir resultados para el equipo»? La respuesta radica en equilibrar el cuidado del equipo con la franqueza. Esto lo menciono porque la mayoría de los individuos naturalmente adoptan una postura o la otra. No obstante, he aquí por qué es importante poner las dos cosas en práctica:

- El cuidado sin franqueza crea relaciones disfuncionales.
- La franqueza sin cuidado crea relaciones distantes.
- Un equilibrio entre el cuidado y la franqueza crea relaciones en desarrollo.

El cuidado de los demás y la franqueza son como dos alas de un avión, no es posible volar con solo una. Es necesario que trabajen juntas.

CUIDADO	FRANQUEZA
Valora a la persona	Valora el potencial de la persona
Establece la relación	Establece la relación
Refuerza los puntos débiles	Saca a relucir las fortalezas
Ofrece apoyo	Ofrece un desafío
Hace que el equipo sea agradable	Hace que el equipo sea productivo

El cuidado nunca debe reprimir a la franqueza, y la franqueza nunca debe desplazar al cuidado y la preocupación por los demás. Cuando soy responsable de dirigir a otros, tienen que importarme, pero también es necesario que los desafíe por medio de iniciar conversaciones honestas que los ayuden a mejorar. Mi mentalidad deberá ser: «Me importas demasiado como para permitir que te quedes en donde estás». Esa manera de pensar me resultaba difícil cuando era joven. Interesarme por los demás era fácil; la franqueza era difícil. Hoy puedo sentarme con las personas y sostener una conversación honesta y difícil con ellas. No obstante, el principio que me guía es un refrán que adopté hace mucho tiempo: a la gente no le importa cuánto sabes hasta que sabe cuánto te importa. Eso me ayuda a mantener el equilibrio entre el cuidado de los demás y la franqueza.

Han pasado casi cincuenta años desde que hice el cambio de agradar a las personas a desafiarlas. Ha sido uno de los cambios más difíciles que he tenido que hacer en mi liderazgo, pero también uno de los más gratificantes. Si no hubiera estado dispuesto a enfrentar la necesidad de cambiar, mi liderazgo se hubiera estancado.

Ignoro cuántas dificultades le habrá dado a usted agradar a los demás. Tal vez en su caso no es un problema del todo. Sin embargo, eso no importa, es necesario aprender a desafiar a los demás de manera positiva si desea convertirse en el mejor líder que pueda ser. Si logra ayudar a las personas a alcanzar su potencial de manera positiva, las ayuda a ellas, a su equipo y a usted mismo.

CAPÍTULO 6

DEL MANTENIMIENTO A LA CREACIÓN

El cambio de la abundancia

El gozo está en la creación, no en el mantenimiento.

—Vince Lombardi

¿Alguna vez ha pensado sobre las expectativas que su profesión o industria tienen con respecto a usted? ¿Se espera que las personas que ocupan su posición de liderazgo sencillamente mantengan la posición? ¿Sigan el rumbo? ¿Cambien de dirección? ¿Se salgan del molde? ¿Rompan las barreras?

Cuando inicié mi carrera, nunca se me ocurrió pensar en tales cosas. Desde una edad bastante temprana supe que sería pastor. Eso determinó mis estudios universitarios, y luego de graduarme me sentí complacido de obtener mi primer trabajo en la zona rural de Indiana. Pocas semanas después de que Margaret y yo nos casáramos, nos trasladamos para allá y comenzamos nuestra tarea. Eso fue en 1969. En aquellos días, el papel del pastor estaba bastante definido. Se esperaba que fuéramos pastores y nuestra tarea principal era nutrir y cuidar de nuestro rebaño. La mentalidad era totalmente de *mantenimiento*. A pesar de lo mucho que me agradaban los miembros de mi congregación y de cuánto había anticipado ser pastor, no pasó mucho tiempo antes de que empezara a sentirme inquieto.

Cada año la organización a la cual pertenecía celebraba una reunión para los pastores y líderes de todas las iglesias. Hacia el final de mi primer año en el trabajo, me dirigí a la primera reunión como líder de mi iglesia. Fue bueno ver a los amigos de la universidad y ponerme al día con ellos. Sin embargo, lo que más me impactó fue cuán *tradicional* era todo. El momento culminante de la reunión fue cuando se le dio el reconocimiento al pastor del año. Por primera vez, esto me impactó. Las personas a quienes honraban eran los que tenían mayor antigüedad, los que eran fieles, los que mantenían su situación.

Yo no quería dedicarme al mantenimiento. Mi meta no era la antigüedad. Empecé a sentirme como un inadaptado en un grupo de individuos que valoraban la tradición y el conformismo, y mi sensación de inquietud no hizo más que aumentar. Según la manera en que trabajaba mi organización, si uno era un pastor fiel en una iglesia pequeña y no agitaba las aguas, con el paso del tiempo recibía la invitación a pastorear una iglesia más grande. Si uno era fiel allí, se le ofrecía una posición en la denominación. Los pastores reconocidos eran los que se dedicaban al mantenimiento hasta llegar a la cima. Y así se continuaba hasta que uno recibía un reconocimiento hacia el final de su carrera cuando se aproximaba a la jubilación. Podía ver toda mi trayectoria delante de mí. Empecé a sospechar que esto no me encajaba bien con mi persona. Quería innovar. Quería alcanzar a la gente. Quería edificar una iglesia magnífica.

Años después, alguien en el mundo del ministerio señaló que no todos los que son pastores pastorean en realidad. En lugar de ello, él los describió usando una analogía diferente: el líder de iglesia como un ranchero. Describió la diferencia de esta manera: mientras que los pastores son individuos dedicados al mantenimiento que cuidan de las ovejas que ya tienen, los rancheros son pioneros que lideran ideas nuevas y las llevan a cabo. Ahora bien, no estoy diciendo que las personas son ganado, pero hay una diferencia de mentalidad entre estos dos tipos de personas, y a mí me quedaba claro a cuál grupo pertenecía yo. Por mi arte, quería construir.

Existe un viejo refrán que dice: no derribes una valla sin antes saber por qué está allí. Dentro de mi organización, yo no era alguien ansioso por derribar vallas, pero *sí era* uno que cuestionaba. Me propuse averiguar rápidamente por qué se había erigido una valla, y si todavía necesitaba estar allí. Y si podía ser remplazada por algo mejor. Si la razón por la cual algo se había hecho era lógica, dejaba las cosas seguir su curso. En caso contrario, empezaba a preguntar: «¿Por qué no hacerlo de otra manera, de una forma mejor?».

Hacer preguntas y explorar encendió mi creatividad. Sin embargo, dentro de mi organización yo parecía el único que lo hacía. En realidad, mis preguntas parecían molestarles. Ellos cuestionaban mis preguntas. No podían siquiera preguntar *por qué* las hacía. Con el paso del tiempo me quedó claro que yo no era compatible con esa cultura y resultaba necesario que hiciera un cambio, así que dejé la organización.

RECONOZCA LA ZONA EN LA QUE SE ENCUENTRA

No deseo criticar a la organización de la cual fui parte, ni a las personas con las que me formé. Eran gente buena. No obstante, creo que la cultura a la cual pertenecían iba en contra de ellos. Es difícil vencer a una cultura de mantenimiento. Y si usted resulta tener una tendencia natural hacia la inactividad cuando de innovación se trata, tendrá más cosas que vencer aún.

He observado que todos tendemos a caer en una de cuatro zonas en lo que respecta a la innovación, lo cual impacta nuestra manera de vivir, nuestra manera de dirigir y lo que logramos. Estas son las zonas, junto con los enunciados de las actitudes que las representan:

1. **LA ZONA DEL POCO ESFUERZO:** «Hago lo menos posible».
2. **LA ZONA DE LA COMODIDAD:** «Hago lo que siempre he hecho».
3. **LA ZONA DEL DESAFÍO:** «Procuro hacer lo que no he hecho antes».
4. **LA ZONA CREATIVA:** «Intento pensar lo que nunca hubiera pensado antes».

¿Hacia cuál zona gravita naturalmente? ¿Tiende a vivir en la zona del poco esfuerzo, casualmente, incluso pasivamente, haciendo lo menos posible? ¿Tiende a quedarse en la zona de la comodidad, evitando arriesgarse? ¿Se conecta con la zona del desafío, en la cual intenta cosas nuevas y voluntariamente corre el riesgo de fracasar? ¿O busca extenderse hasta el límite viviendo en la zona creativa, donde explora ideas nuevas, busca otras perspectivas y cruza puentes en su imaginación mucho antes de llegar físicamente a ellos?

Las buenas noticias son que tenemos la capacidad de elegir una zona diferente a la que nos atrae naturalmente. Y recomiendo la zona creativa, porque es allí donde experimentamos la abundancia y expandimos nuestro potencial. Si desea llevar su liderazgo a niveles más altos, necesita hacer el cambio en liderazgo del mantenimiento a la creación y procurar vivir en la zona creativa.

ELIMINE LOS OBSTÁCULOS MENTALES QUE LE IMPIDEN ENTRAR A LA ZONA CREATIVA

¿Cómo puede hacerse este cambio del mantenimiento a la creación? Creo que es preciso empezar tal proceso del interior hacia el exterior. Empiece por eliminar los obstáculos mentales que perjudican el potencial creativo de tantos individuos. Roger von Oech escribió de manera extensa acerca de muchos de esos obstáculos en su libro *A Whack on the Side of the Head*.[1] He incluido aquí algunos de mis favoritos. ¿Cuáles de estas frases usted piensa o dice?

OBSTÁCULO MENTAL # 1: «ENCUENTRE LA RESPUESTA CORRECTA»

Es un error pensar que hay una sola respuesta a alguna pregunta. Siempre hay otras soluciones. Si creemos que existen y estamos dispuestos a buscarlas, las hallaremos.

OBSTÁCULO MENTAL # 2: «ESO NO ES LÓGICO»

Albert Einstein dijo: «La imaginación es más importante que el conocimiento. El conocimiento es limitado; la imaginación rodea al mundo».[2] La imaginación convierte las posibilidades en realidad. Está dispuesta a dar saltos que la lógica no puede. Si bien la lógica tiene un valor magnífico y hay que aplicarla, también se debe añadir la creatividad de modo intencionado.

OBSTÁCULO MENTAL # 3: «SIGA LAS REGLAS»

Siempre me ha encantado esta cita de Thomas Edison: «¡No hay reglas aquí! ¡Estamos tratando de lograr algo!».[3] La mayoría de las ideas revolucionarias han provenido de violaciones perturbadoras de las reglas establecidas.

OBSTÁCULO MENTAL # 4: «EVITE LAS AMBIGÜEDADES»

La vida es compleja. Es desordenada. Es contradictoria y paradójica. ¿Por qué habríamos de pensar que debemos, o que podemos, evitar las ambigüedades? Nunca hay una sola manera fija de comprender algún asunto; todo puede entenderse en más de una manera.

OBSTÁCULO MENTAL # 5: «EL FRACASO ES MALO»

Las personas creativas no evitan el fracaso. Lo ven como un amigo. Saben que si van a experimentar, innovar y crear, fracasarán. Asumen ese riesgo.

OBSTÁCULO MENTAL #6: «NO SEA TONTO»

Ponerse de pie significa sobresalir. Hay que estirar el cuello para poder levantar la cabeza por encima de la multitud. Y si otros no lo comprenden o lo aceptan, ¿qué importa? Todos los grandes soñadores le parecieron tontos a alguien en determinado momento. La manera en la cual otros nos perciben es menos importante que lo eficaces que podemos ser.

OBSTÁCULO MENTAL # 7: «NO SOY CREATIVO»

El obstáculo mental que más nos impide ser creativos es creer que no poseemos creatividad. Esta autopercepción es un obstáculo al talento, la oportunidad y la inteligencia. No obstante, la verdad es que todos podemos aprender a ser creativos. El único obstáculo real para nuestra creatividad es nuestra incredulidad.

Me encanta lo que el bloguero Hugh MacLeod dijo al respecto: «Todos nacemos creativos; todos tenemos una caja de crayones en el jardín de infancia. Luego, cuando viene la adolescencia, nos quitan los crayones y los remplazan por libros aburridos y poco inspiradores de álgebra, historia, etc. Cuando años más tarde de repente sentimos el aguijonazo de la creatividad, en realidad se trata de una vocecita que nos está diciendo: "Devuélvanme mis crayones, por favor"».[4]

PRINCIPIOS CREATIVOS PARA APRENDERLOS Y VIVIRLOS

Si desea cambiar del mantenimiento a la creatividad en su vida y su liderazgo, es necesario que recupere sus crayones. Esta es la forma de lograrlo:

1. EDIFIQUE UNA CULTURA CREATIVA

Si usted lidera a un equipo, organización o departamento, adopte la responsabilidad de promover la creatividad y edificar una cultura creativa. Hace varios años leí un artículo en la revista *Forbes* que tomó sugerencias del libro *Disciplined Dreaming*, de Josh Linkner, y ofrece una magnífica perspectiva sobre cómo hacer que la cultura de su organización sea más creativa.[5] He interpretado sus ideas y les he añadido algunas de las mías.

Alimente la pasión

La creatividad requiere de tiempo, tenacidad, pruebas, alternativas, cambios de rumbo, imaginación, preguntas, fracaso y cambio. Todos estos elementos consumen mucha energía. La pasión suministra el combustible.

Celebre las ideas

Lo que se celebra, se lleva a cabo. Si se recompensan las ideas con dinero, elogios y oportunidades, las personas aprenden a valorar las ideas y se esfuerzan por generarlas y compartirlas.

Fomente la autonomía

George S. Patton dijo: «Nunca le diga a la gente *cómo* hacer las cosas. Dígales *qué* es lo que hay que hacer, y ellos lo sorprenderán con su ingeniosidad». A lo que se refería en realidad era a dejar que los individuos tuvieran autonomía suficiente como para ser creativos. El exceso de control socava la creatividad, mientras que la libertad y la flexibilidad la fomentan.

Estimule la valentía

La creatividad requiere arriesgarse, y para arriesgarse se requiere valentía. El líder debe ser un ejemplo de valentía y estimularla. Como Daniel R. Denison de la Escuela de Comercio IMD lo dijo: «Siempre hay un precio que pagar para enfrentar lo desconocido. Los individuos se aventurarán allí si sienten que tendrán un apoyo cuando lo hagan. Es responsabilidad del líder crear esa sensación de seguridad».

Reduzca las jerarquías al mínimo

En los entornos creativos, las decisiones se toman muy cerca de los problemas. Para que esto ocurra, el líder necesita reducir al mínimo el número de niveles que existe entre la cima y el fondo. Hace unos años leí un artículo escrito por Robert Kaplan en el cual entrevistaba al ahora jubilado general Stanley McChrystal, quien dijo: «Toda tarea compleja se aborda mejor si aplastamos las jerarquías. Esto hace que todos sientan que son parte del círculo interno, de forma que desarrollan un sentimiento de propiedad en cuanto a la responsabilidad».[6]

Reduzca las reglas

El autor Henry David Thoreau escribió: «Cualquier tonto puede inventarse una regla y todos los tontos la seguirán». La creatividad se asfixia cuando alguien dedica un exceso de energía a preocuparse por seguir las reglas. Un exceso de reglas causa una anemia de ideas. El general Douglas MacArthur dijo: «Nos recordarán por las reglas que rompimos». Me gusta esa idea.

Avance con los fracasos

Una vez vi un letrero que anunciaba: «Nuestro lema: cometemos errores *nuevos*». Me encanta eso. Soy un defensor ardiente del concepto de buscarle el lado positivo a los fracasos, tanto así que escribí un libro completo sobre ese tema. Su uno se cae, debe aprender de ello, levantarse y dar un paso hacia delante. Cada vez que se descubre lo que no funciona, se está un paso más cerca de hallar lo que sí funciona.

Empiece por lo pequeño

Con demasiada frecuencia esperamos avances e innovaciones enormes cuando debiéramos buscar avances más pequeños. Si desea hallar una idea magnífica, busque una buena cantidad de ideas buenas. Si desea crear algo significativo, constrúyalo en incrementos pequeños. Haga eso de manera constante y logrará un progreso creativo.

▶

Mientras más fomente la creatividad en el entorno sobre el cual ejerce influencia, tanto más infundirá una mentalidad de abundancia. Por ese motivo le denomino a este cambio en liderazgo el cambio de la abundancia. Es como lo expresó la poetisa Maya Angelou: «Uno nunca agota la creatividad. Mientras más la usa, más uno tiene. Tristemente, con mucha frecuencia a la creatividad la ahogan en lugar de alimentarla. Tiene que existir un clima en el cual se alienten las nuevas maneras de pensar, percibir y cuestionar».[7] El líder tiene la influencia y la obligación de procurar que se cree tal tipo de clima.

2. HAGA QUE TODO SEA MEJOR

Probablemente ha escuchado la expresión: «No hay nada mejor que esto». Bueno, le tengo noticias. Sí hay algo mejor. Todo puede mejorarse. Y los líderes debiéramos ser agentes catalizadores del mejoramiento. Tenemos que proclamar la idea expresada por el poeta James Russell Lowell, que afirmó: «La creatividad no consiste en hallar alguna cosa, sino en convertirla en algo de valor luego de haberla hallado».

Hay un proceso que sigo con mi equipo para mejorar las cosas. Lo denomino el 10-80-10. Cuando iniciamos una tarea o proyecto, lo primero que hago es identificar el objetivo, lo cual representa aproximadamente un 10 % del proceso. De modo que el primer diez del 10-80-10 se enfoca en *saber* lo que queremos lograr. Después de todo, ¿cómo puedo hallar algo si no sé lo que estoy buscando? Esto me prepara para la siguiente etapa del proceso, la cual representa un 80 %. Aquí, el enfoque es la producción.

LA CREATIVIDAD NO CONSISTE EN HALLAR ALGUNA COSA, SINO EN CONVERTIRLA EN ALGO DE VALOR LUEGO DE HABERLA HALLADO.

—JAMES RUSSELL LOWELL

Ahora que hemos fijado la tarea en la dirección correcta, el equipo halla la manera de ejecutarla. Algunas veces esto significa hacer un intento, practicar métodos diferentes y descubrir lo que funciona.

He observado que cuando la mayoría de los equipos llega a este punto, el líder da por terminada la tarea. No obstante, falta un paso más para llevar las cosas a un nivel completamente nuevo. Ese es el diez final del 10-80-10. Este último 10 % es como ponerle la cereza final al bizcocho. Una vez que el equipo ha desarrollado la estrategia y el proceso, y todo está funcionando, veo si hay alguna manera en la cual hacer que todo sea mejor.

¿Es posible llevar una idea al nivel siguiente? ¿Podemos enfocar un mensaje de una forma aún más penetrante? ¿Hay alguna manera de hacer que la experiencia del cliente sea todavía mejor? ¿Podemos añadirle algo a un evento para que resulte espectacular? ¿Hay algún aspecto importante que el resto del equipo no percibió porque se habían adentrado mucho en el asunto y carecían de la perspectiva adecuada? ¿Qué podemos hacer para esforzarnos al máximo? En esta fase es donde con frecuencia se producen las grandes innovaciones y se maximizan las ideas. También es la razón por la cual el equipo logra superar las expectativas con tanta frecuencia.

3. HAGA PLANES, PERO BUSQUE ALTERNATIVAS

Sin duda, los buenos líderes elaboran planes para lograr sus objetivos. Sin embargo, la planificación no lo es todo en el liderazgo. Los líderes que se aferran inflexiblemente a un plan ahogan la creatividad y se pierden las oportunidades. Para ser creativos, los líderes necesitan añadirles alternativas a sus planes. Yo concibo esto como moverse del Plan A a la Alternativa A. Explicaré la idea en un momento, pero primero quiero hablar acerca de la planificación. La primera definición que aprendí de la planificación fue esta: la planificación es predeterminar los resultados del mañana hoy. Me encanta esa definición. Es muy específica. Ofrece una promesa de control sobre el mañana a través de lo que se hace hoy. Cuando era un líder joven, anhelaba y necesitaba tener algunas certezas en mi vida sobre las cuales pudiera apoyarme, y la planificación parecía ser una de ellas.

Todos los días planeaba mi trabajo y trabajaba según mi plan. Hasta llegué a pensar de mí mismo como un hombre con un plan. ¿Plan para de aquí a diez años? Lo tenía. ¿Plan para los próximos cinco años? Seguro. ¿Plan para los siguientes dos años? Escrito en papel. Con detalles. Estaba preparado para dejar que cualquiera lo leyera. Tenía una personalidad controladora y la planificación me permitía ejercer el control. También me ayudaba el hecho de vivir en Hillham, Indiana, una pequeña comunidad agrícola donde muy pocas cosas cambiaban. Sentía que estaba en la cima.

Al ir avanzando en mi liderazgo, la planificación se fue tornando más complicada. No obstante, mi entendimiento de la planificación también abordaba esa complejidad. Cuando ya había avanzado una década en mi carrera de líder, me encontraba enseñando un seminario titulado PLANIFIQUE POR ADELANTADO. Esto es lo que le enseñé a otros líderes a hacer:

- Determine por adelantado las medidas que tomará.
- Establezca sus metas.
- Ajuste sus prioridades.
- Notifíquele al personal clave.
- Dé tiempo para la aceptación.

- Encamínese a la acción.
- Anticipe que habrá problemas.
- Ajuste su plan.
- Revise sus planes diariamente.

Observe que mi fórmula de planificación incluye: «Ajuste sus prioridades», «Dé tiempo para la aceptación», «Anticipe que habrá problemas», «Ajuste su plan» y «Revise sus planes diariamente». ¿Por qué? Había empezado a aprender que no existe el plan perfecto. Uno no puede sencillamente sentarse y planificar el mañana con certeza. No tenemos control sobre el mañana. No tenemos control sobre los demás. Incluso controlarse uno mismo puede ser un desafío. Había comenzado a hacer un cambio en liderazgo de trabajar de un modo rígido con un plan fijo a adaptar mi plan periódicamente para tomar en cuenta problemas no anticipados, personas no cooperadoras y oportunidades inesperadas. Estaba creciendo, pero me faltaba mucho camino por recorrer.

Hace más de dos mil años, Publilio Siro escribió: «Malo es el plan que no admite modificaciones». Creo que lo que en realidad quería decir es que malo es el *líder* cuyos planes no admiten modificaciones. Los buenos líderes son flexibles y sus planes tienen fluidez. Dan espacio a la creatividad. Planifican, pero buscan alternativas. Y eso es importante. Las alternativas siempre se presentan poco después de que se comienza a actuar basándose en un plan. Si no nos disponemos a explorar esas alternativas, nos perdemos la oportunidad de innovar, crear y, a veces, ganar.

En el fútbol americano se tiene el plan del partido. Este se desarrolla antes de iniciarse el juego. Por ejemplo, el coordinador de la ofensiva de un equipo profesional de fútbol americano planifica el ataque de la ofensiva, y antes del partido con frecuencia prepara un programa con las primeras veinte jugadas. Mientras tanto, el coordinador de la defensiva crea su plan contra la ofensiva del contrincante. Sin embargo, estos planes no siempre funcionan, o lo hacen de un modo menos eficaz que el esperado. Por eso los entrenadores realizan ajustes. En su blog, el autor y conferencista Steve Pavlina escribió acerca de cómo los líderes buenos buscan alternativas y hacen ajustes:

Stephen Covey frecuentemente usaba la expresión: «Integridad al momento de escoger». Lo que eso significa es que uno no sigue los planes ciegamente sin tener una conciencia de las metas. Por ejemplo, digamos que usted está siguiendo los planes de cerca, hasta aquí todo bien, y de repente surge una oportunidad inesperada. ¿Se mantiene aferrado al plan original, perdiéndose así la oportunidad, o hace un alto y aprovecha la oportunidad, incumpliendo así el programa planificado? Aquí es donde usted tiene que hacer un alto y reconectarse con sus metas para decidir el mejor camino a seguir. Ningún plan debe seguirse ciegamente.[8]

Cuando era un líder joven, fue necesario que aprendiera a buscar opciones. Con demasiada frecuencia deseaba tener mucha seguridad en mi plan. Identificaba un solo y solitario camino a seguir. Las buenas noticias son que me ajusté a mi plan y logré avanzar. Las malas noticias son que por aferrarme a ese plan me perdí oportunidades que habrían ampliado mis planes y mi potencial. Ser inflexible y aferrarme a mi plan levantó una barrera para mí y mi organización.

No estoy menospreciando la planificación. Esta resulta esencial para el éxito. Como lo dice la antigua cita de Yogi Berra: «Usted tiene que ser cuidadoso si no sabe para dónde va, porque probablemente no llegará allí». No obstante, los mejores líderes se adaptan. Aprovechan las alternativas a su favor. Mientras más inviertan en sus planes, tanto más probable será que los defiendan y se aferren a ellos por demasiado tiempo. Esa es una reacción natural, pero no darse la oportunidad de considerar y explorar otras alternativas no es creativo para nada, y no constituye un buen liderazgo.

Los mejores líderes son flexibles. Como lo expresó Warren Bennis, autor sobre liderazgo: «La capacidad de adaptación les permite a los líderes responder de modo rápido e inteligente al cambio constante. Se trata de la habilidad para identificar y aprovechar las oportunidades. Les permite a los líderes actuar y luego evaluar los resultados en lugar de intentar recopilar y analizar todos los datos antes de actuar».[9]

Una de las ocasiones en que reconocí la necesidad de buscar alternativas se presentó en mi carrera de escritor. Cuando empecé a escribir, me resultó muy difícil. La única manera en que logré escribir mis primeros libros fue por medio de la pura disciplina. Planificaba mi trabajo y luego me obligaba a mí mismo a seguir el plan. Jeff Fisher dijo: «La disciplina es hacer lo que uno realmente no quiere hacer para poder hacer lo que uno realmente quiere hacer». Eso me describía. ¡Cuando de escribir se trataba, realmente no quería hacerlo!

Empecé a preguntarme si había alguna otra alternativa aparte de apretar los dientes y obligarme a mí mismo a escribir. Pude responder a eso con una palabra: anticipación. Cuando daba una conferencia, anticipaba recibir una respuesta positiva de la audiencia. Esa respuesta inmediata estaba ausente cuando escribía. Si usted conoce el proceso tradicional de publicación de un libro, sabe que después de finalizado el manuscrito hay que esperar un año entero para que el libro se publique y la audiencia lo lea.

Me pregunté: ¿Hay alguna forma creativa de crear anticipación por lo que escribo? Pronto empezaron a fluir las ideas. Hallé una foto de la audiencia de una de mis conferencias, imprimí una cita de uno de mis mentores en la escritura, y coloqué las dos en mi escritorio de manera que pudiera verlas todos los días mientras escribía. La cita decía: «Escribo libros para extender mi influencia a las personas fuera de mi alcance personal». Ver la fotografía y la cita contribuyó a inspirarme y formar una anticipación positiva de los resultados de mi trabajo.

Hoy no necesito esos incentivos para inspirarme a escribir. Estoy en mi escritorio a las 5:30 la mayoría de las mañanas, ansioso por poner las palabras en el papel. No obstante, si me topo con otro problema, busco alternativas. Las alternativas múltiples siempre nos ayudan a hallar soluciones. La creatividad implica el gozo de no tener todas las respuestas, pero saber que las respuestas están ahí afuera en alguna parte. Solo tenemos que hallarlas.

> ## LA CREATIVIDAD IMPLICA EL GOZO DE NO TENER TODAS LAS RESPUESTAS, PERO SABER QUE LAS RESPUESTAS ESTÁN AHÍ AFUERA EN ALGUNA PARTE.

4. ASÍGNELES UN VALOR ELEVADO A LAS IDEAS

Harvey Firestone, uno de los empresarios de mayor éxito del siglo diecinueve y de principios del siglo veinte, dijo: «El capital no es tan importante para los negocios. La experiencia no es tan importante. Uno puede obtener esas dos cosas. Lo que resulta importante son las ideas. Si usted tiene ideas, tiene el bien principal que necesita, y no hay límite a lo que puede hacer con su negocio y su vida. Ellas son el bien más grande de todo hombre: las ideas». Si desea ser creativo, será necesario que le asigne un valor elevado a las ideas y aprenda a generarlas. Eso puede lograrlo siguiendo este proceso:

Empiece a recopilar ideas
He sido un recolector de ideas toda mi vida, y esta práctica ha sido el fundamento que apoya mi capacidad de continuar escribiendo, dictando conferencias y liderando. Lo animo a que busque ideas en todas

partes y recopile las de todas las personas. Cada vez que logre acopiar ideas, haga dos cosas. Archive las que no va a usar de inmediato según su título y mantenga delante de sus ojos las ideas que esté considerando en ese momento. La primera práctica evita que pierda ideas mientras busca otras nuevas. La segunda le permite buscar conexiones entre las ideas que ha hallado y lo que se encuentra desarrollando en este momento.

Someta a prueba todas las ideas que recopile

Mientras más ideas usted someta a prueba, mayor será la probabilidad de hallar una que funcione. Recuerde que tal como los problemas no tienen una sola solución correcta, tampoco hay una sola idea buena. Existen muchas. Y cuando las ideas se someten a prueba y se combinan, pueden surgir múltiples buenas ideas. Someta cada idea a prueba para determinar si es, o si pudiera llegar a ser, excelente.

Analice sus fracasos

Analizar mis fracasos ha sido una gran ayuda para mí, posiblemente porque he experimentado muchos fracasos, fiascos y fallas. Cuando una idea se desmorona, dedique un tiempo a considerar qué fue lo que salió mal y cómo puede aprenderse de ello. Las únicas ideas que son realmente malas son las que mueren sin dar origen a otras ideas. Las ideas excelentes con frecuencia no son más que una restructuración de ideas que habían fracasado.

Adapte otras ideas

Stanley Weston, el creador de la figura de acción G. I. Joe, dijo: «Las ideas verdaderamente revolucionarias son muy poco comunes, pero uno no necesariamente requiere tener una de ellas para hacer una carrera de su creatividad. Mi definición de la creatividad es la combinación lógica de dos o más elementos existentes que dan por resultado un concepto nuevo. La mejor manera de ganarse la vida con la imaginación es desarrollar aplicaciones innovadoras, en lugar de imaginar conceptos totalmente nuevos». Cada idea exitosa se basa en otras ideas que la preceden y la rodean. Tomar ideas existentes y añadirles algo es la forma en la cual la raza humana ha progresado.

Cuestione todas las suposiciones

Las suposiciones asfixian a la creatividad. Si uno supone que no existe una mejor manera de hacer las cosas, nunca hallará tal manera. Si supone que ha hallado la respuesta, nunca hallará una respuesta mejor. Si supone que las cosas nunca mejorarán, nunca lo harán. Cuando procure ser creativo, no dé nada por sentado. Cuestione. Imagine. Desafíe. Vuelva al principio de ser necesario. Mientras más amplio sea el campo de juego mental, tanto mejores serán las probabilidades de hallar ideas nuevas y mejores.

5. BUSQUE VOCES DIFERENTES Y ESCÚCHELAS

La creatividad florece cuando se aborda un tema desde muchas perspectivas diferentes. Esto produce un cortocircuito en la mentalidad de que solo hay una respuesta, la cual interfiere con las soluciones mejoradas. Si adoptamos una mentalidad de una sola perspectiva, nos estancamos. Si vemos las cosas desde una perspectiva nueva, podemos ser como el mecánico que le dijo a su cliente: «No pude repararle los frenos, así que lo que hice fue aumentarle el volumen al claxon».

LA CREATIVIDAD FLORECE CUANDO SE ABORDA UN TEMA DESDE MUCHAS PERSPECTIVAS DIFERENTES.

Norman Vincent Peale dijo: «Pídale al Dios que lo hizo que continúe rehaciéndolo». Eso es lo que hago. Procuro mantenerme educable, y escucho a muchas voces y perspectivas diferentes para mejorarme a mí mismo. Por ese motivo procuro rodearme de los individuos mejores y más brillantes que encuentre. Nada me gusta más que reunir a un grupo de líderes, jóvenes y maduros, novatos y experimentados, para conocer sus perspectivas en cuanto a una pregunta, problema o proyecto. Creo firmemente en el principio T-E-A-M: Todos en Equipo Alcanzamos Más. Quiero escuchar la evaluación de otros. Me encanta esta palabra, *evaluación*, que en inglés es *assessment*. La misma se deriva del vocablo en latín *assidere*, que significa «sentarse a un lado». Quiero que las personas estén dispuestas a sentarse a mi lado, comentarme sus perspectivas, ofrecerme su percepción, añadir sus ideas a las mías y ayudarnos a todos a mejorar.

A partir del momento en que cumplí los cuarenta años empecé a valorar mucho la ayuda de mi círculo interno, las personas más cercanas a mí en la vida y los negocios. Estos individuos compensan mis debilidades, se enfocan en el presente y ponen en marcha una gran parte del trabajo de mis organizaciones. La mayoría de estas personas han trabajado conmigo durante muchos años, algunos por más de dos décadas. Sin embargo, en los últimos años, intencionadamente he cultivado a otro grupo, al cual denomino mi círculo exterior. Estas personas tienen una vista fresca y me hablan desde una perspectiva diferente. Ellos realzan mis fortalezas, me ayudan a enfocarme en el mañana y aportan ideas creativas. Los miembros de este grupo cambian con frecuencia, dependiendo del tiempo y las oportunidades. Estos dos círculos juntos se complementan o fortalecen mutuamente y me completan a mí.

Hace unos años sentí la necesidad de tener una nueva influencia para mis escritos. Quería una perspectiva fresca de alguien externo sobre cómo mejorar. Invité a una persona a que si incorporara a mi círculo exterior para que me ayudara a mejorar. ¿El resultado? Mis escritos se tornaron más reflexivos y personales. La sabiduría convencional me hubiera advertido que no perturbara lo que funcionaba con éxito. No obstante, estoy en desacuerdo con eso. Si usted reamente desea bendecir su éxito, pertúrbelo. Obtenga una perspectiva nueva. Escuche a otras voces. Tenga el valor de abandonar la seguridad, desafíe a sus suposiciones y cambie la manera de hacer las cosas. Esto lo hará más creativo.

6. ARRIÉSGUESE

Fui testigo de un ejemplo magnífico de una persona que se arriesgó creativamente el 8 de enero del 2018, en un juego de eliminatorias de fútbol americano por el Campeonato Nacional entre la Marea Roja de la Universidad de Alabama y los Bulldogs de la Universidad de Georgia. Al final del primer tiempo, el equipo de Alabama, cuyo entrenador era Nick Saban, estaba perdiendo 13 a 0, ya que su ofensiva no lograba tener éxito ante la firme defensiva de Georgia. Esa diferencia de puntos podría no parecer mucho, pero en un partido que se esperaba que fuera una batalla defensiva, dos anotaciones podrían parecer un obstáculo bastante difícil de vencer. El mariscal de campo de Alabama, Jalen Hurts, el estudiante de segundo año que había iniciado todos los juegos y establecido muchos de los récords el año anterior, no parecía ser capaz de ganar en una competencia de lanzamientos. ¿Qué podría hacer Saban?

Algunos entrenadores hubieran reforzado la defensiva para tratar de detener al oponente. Otros podrían haber intentado usar jugadas ofensivas diferentes. Saban tomó una decisión diferente que representaba un riesgo enorme. Pensando fuera del molde, Saban inició el segundo tiempo con un mariscal de campo novato, Tua Tagovailoa. ¡Qué decisión más atrevida! Tagovailoa nunca había iniciado un partido universitario y tenía muy poco tiempo de juego, y aun así se le pidió que guiara al equipo en el partido más exigente de la temporada.

Nunca había visto a un entrenador cambiar a un mariscal de campo probado por uno novato y sin experiencia en el juego más importante de la temporada. Si Alabama hubiera perdido, Saban habría sido criticado sin piedad. Sin embargo, no perdieron. El riesgo creativo que corrió Saban cambió el resultado del juego. Alabama terminó ganando el partido 26 a 23 en tiempo adicional cuando hicieron una anotación como resultado de un pase lanzado por el mariscal de campo novato. Esa decisión creativa fue elogiada como la clave de la victoria.

7. VIVA DEL OTRO LADO DEL «SÍ»

Recientemente me encontraba exponiendo una visión ante un grupo grande de líderes. Había una sensación palpable de anticipación cuando comenté las posibilidades y oportunidades que podríamos tener frente a nosotros si nos uníamos y procurábamos cumplir esta visión tomados de la mano. Después de esa sesión, me reuní en la antesala con los líderes principales de esa organización y continuamos discutiendo las posibilidades de una colaboración. Uno de esos líderes, Larry Stockstill, interrumpió la discusión para decirme: «John, la respuesta es sí. Cuenta conmigo. Sea cual sea el significado de esto, soy un "sí"». Su respuesta energizó a la sala y todos siguieron su guía positiva.

Después de la reunión, Larry y yo nos vimos y le agradecí por su respuesta positiva. Sentí curiosidad, así que le pregunté qué fue lo que lo hizo responder con tanta valentía.

«Vivo del otro lado del "sí"», respondió Larry. «Es allí donde encuentro abundancia y oportunidad. Es allí donde me convierto en una versión mejor y más grande de mí mismo. La oportunidad de toda la vida debe aprovecharse dentro de la vida de la oportunidad. Así que procuro decir "sí" siempre que puedo».

La afirmación de Larry me impresionó profundamente, y me encantó su frase: vivo del otro lado del «sí». Creo que él se está refiriendo a aprovechar las oportunidades. Cuando hacemos eso, nos asemejamos a Lori Greiner, que escribió:

> Estimados Optimista, Pesimista y Realista:
> Mientras ustedes estaban ocupados discutiendo acerca del vaso [de agua], ¡me la bebí!
> Atentamente,
> El Oportunista

¿Cómo puede uno llegar a ser más oportunista y vivir del otro lado del «sí»?

Imagine oportunidades en todas partes

Todo lo que la humanidad ha logrado existió en la imaginación de alguien antes de que se convirtiera en una realidad. Creamos aquello que imaginamos, y la imaginación es uno de los últimos medios legales que tenemos para obtener lo que parece una ventaja injusta sobre nuestros competidores. Podemos cultivar este tipo de imaginación de las siguientes maneras:

- **HAGA PREGUNTAS:** Los individuos curiosos son imaginativos, y las preguntas son puertas que conducen a oportunidades. Me encanta la historia que Tim Sanders cuenta acerca de la niña que acosaba a su mamá con una pregunta tras otra. Finalmente, la madre exclamó: «Por el amor de Dios, ya deja de hacer tantas preguntas. La curiosidad mató al gato». Luego de pensarlo por dos minutos, la niña preguntó: «¿Y qué era lo que el gato quería saber?». La curiosidad no mata a los gatos, mata a la competencia, porque identifica las oportunidades.

- **Aproveche las redes de contactos:** Usted se encuentra a unas cuantas personas de una oportunidad maravillosa. En este instante, alguien sabe algo que usted debiera saber, y alguien está haciendo algo que usted debiera hacer. Una vez que crea esto, empezará a preguntarle a otros: «¿A quién conoces que yo debería conocer?». No se conforme con las personas que ya conoce y las cosas que ya sabe. No sea como Yogi Berra, que dijo: «Estoy a favor de dejar el statu quo tal cual está». Hay individuos que usted todavía no conoce, pero puede conocer, que lo ayudarán a pasar al otro lado del «sí».

- **Actúe:** La acción crea oportunidades. La mejor oportunidad rara vez se halla detrás de la primera puerta que nos encontramos, pero pasar por esa puerta resulta esencial para llegar a otras puertas que presentan mejores oportunidades. Como dijo el doctor Jonas Salk: «La recompensa más grande de hacer algo es la oportunidad de hacer más».

Las oportunidades son como los conejos. Usted obtiene una pareja de ellos y si aprende a cuidarlos, en poco tiempo tendrá una docena. Una oportunidad detectada y aprovechada produce otra oportunidad. Mientras más exitoso uno sea, mayores oportunidades se le presentarán.

LA IMAGINACIÓN ES UNO DE LOS ÚLTIMOS MEDIOS LEGALES QUE TENEMOS PARA OBTENER LO QUE PARECE UNA VENTAJA INJUSTA SOBRE NUESTROS COMPETIDORES.

Prepárese para las oportunidades

Además de buscar oportunidades, también hay que prepararse para ellas. Una de mis citas favoritas es del entrenador de baloncesto de la UCLA, John Wooden, que señaló: «Cuando la oportunidad llega, es demasiado tarde para prepararse». Esas palabras me han inspirado a seguir trabajando y creciendo, porque nunca sé cuándo la puerta de la oportunidad se me abrirá. No obstante, sé que aquellos que alcanzan el éxito están listos cuando la oportunidad llega.

A fin de estar preparados para la oportunidad, hay que producir resultados y asegurarse de que uno es el más calificado cuando la puerta se abra. ¿Está haciendo su mayor esfuerzo? ¿Está conectándose con otros tan frecuentemente como puede? ¿Está edificando un equipo de la mejor manera posible? Todas estas cosas lo preparan y lo acercan a la puerta para el momento en que se abra.

¿Escucha eso? Es el sonido de su puerta que está abriéndose. ¿Se encuentra listo?

Active sus oportunidades actuales

Siempre resulta más fácil ver las oportunidades perdidas, las que hemos dejado atrás, que las que están delante de nosotros ahora. Para vivir del otro lado del «sí», hay que ser como mi amigo Larry Stockstill. Tenemos que enfocarnos en el momento actual y activar la oportunidad que se nos esté presentando. Necesitamos abrir la puerta que tenemos delante, no lamentarnos por las puertas que dejamos cerradas detrás. Como dijo la Madre Teresa: «El ayer ya se fue. El mañana no ha llegado. Solo tenemos el presente. Empecemos». Si activamos las oportunidades que tenemos ahora y seguimos buscándolas, con el tiempo cultivaremos un impulso hacia el éxito. Para hacerlo, hay que seguir buscando, creer que tendremos oportunidades, aprovechar las oportunidades pequeñas cuando las hallemos y edificar sobre ellas hasta que estemos listos para desafíos mayores.

Robert Lynch, presidente y director ejecutivo de Americans for the Arts [Estadounidenses en pro de las Artes], declaró: «La creatividad es la respuesta más eficaz al cambio rápido». ¿Por qué? Porque la creatividad siempre suma. El cambio en liderazgo del mantenimiento a la creación le permite guiar a otros a la tierra de la abundancia y la oportunidad. Y eso es particularmente importante si está desenvolviéndose en un entorno que no valora ni cultiva la creatividad, como me sucedió a mí al principio de mi carrera.

En su libro *La prioridad creativa*, Jerry Hirshberg escribió:

Nadie en una empresa se propone deliberadamente ahogar las ideas creativas. Sin embargo, una estructura burocrática tradicional, con su necesidad de predictibilidad, lógica lineal, conformidad a normas establecidas, y los dictámenes de la visión «a largo plazo» más recientemente establecida, forma una máquina para matar ideas casi perfecta. Las personas en los grupos retroceden hacia la seguridad de lo que es familiar y bien regulado. Incluso las personas creativas lo hacen. Resulta más fácil. Evita las ambigüedades, el temor a lo impredecible, la amenaza de lo desconocido, y el desorden de la intuición y las emociones humanas.[10]

Si desea tener éxito y ser el mejor líder que pudiera ser, no puede conformarse con lo que le es familiar. No puede vivir en su zona de comodidad. Necesita abrazar las palabras de la empresa American Giant, fabricante de lo que ellos llaman la sudadera más grande jamás creada. En un anuncio que resaltaba su disposición a incomodarse a fin de alcanzar la excelencia, ellos afirman:

La comodidad no es cómoda
La comodidad nunca se levantó de madrugada
La comodidad no se ensucia las manos

La comodidad no tiene nada que probarle a nadie

La comodidad no puede cumplir la tarea

La comodidad no tiene ideas nuevas

La comodidad no se zambulle de cabeza

La comodidad no es el sueño americano

La comodidad no tiene agallas

La comodidad nunca se atreve a ser grande

La comodidad se desbarata por completo

No se acomode.[11]

Nunca se acomode. Haga el cambio a la abundancia. Manténgase a la vanguardia. Incursione en un terreno nuevo. Aproveche las oportunidades. Sea creativo.

CAPÍTULO 7

DE SUBIR ESCALERAS A CONSTRUIR ESCALERAS

El cambio de la producción

*Si he logrado ver más lejos que los demás, es porque
me he parado sobre los hombros de gigantes.*

—Isaac Newton

Siempre he sido muy hablador, desde que era niño, a través de toda la escuela secundaria, en la universidad, y en mi carrera como pastor. Esa característica unida a mi deseo de mejorar mi pericia como comunicador y mi grado de éxito en el liderazgo me concedieron algunas oportunidades extraordinarias como conferencista en mi juventud. Algunas veces tuve la oportunidad de dirigirles la palabra a audiencias numerosas junto a unos conferencistas asombrosos.

Cuando me empezaron a llegar estas oportunidades extraordinarias como conferencista, mi entusiasmo siempre iba combinado con el temor.

Mi ímpetu por ir y dictar mi conferencia frecuentemente se veía frenado por mi falta de experiencia. Me sentía feliz por la publicidad y la oportunidad de enseñar ante audiencias nuevas, pero también era consciente de que esto sobrepasaba mi experiencia. En los primeros años de mi carrera como conferencista, en la mayoría de los eventos yo era el novato del grupo.

Ya mencioné una de esas ocasiones en Los Ángeles, donde aprendí a abrazar el temor y dar mi conferencia de todas maneras. No obstante, también empecé a hacer otra cosa. Cada vez que me invitaban a dar una conferencia, me convertía en el animador número uno de los demás conferencistas. Me sentaba en la primera fila. Me reía con sus historias. Anotaba lo que enseñaban. Me ponía de pie y los aclamaba cuando ellos abandonaban el estrado. Y después del evento hacía fila para agradecerles la ayuda que me habían brindado.

Los conferencistas me mostraron mucha aceptación, aunque la mayoría de ellos eran contemporáneos de mi padre. Me invitaban a la antesala de espera con los demás oradores y frecuentemente terminaba socializando con ellos, haciéndoles preguntas y obteniendo sus comentarios sobre lo que habían aprendido. Me recibieron como uno de los suyos y me acogieron bajo su manto. Me sentía agradecido por la oportunidad de estar con estas personas y aprender de ellas en el circuito de conferencistas. Y sentí que iba rumbo a la cima.

Una vez que la emoción de formar parte de equipos tan extraordinarios de conferencistas empezó a desvanecerse, comencé a analizar mi pericia en la comunicación y el impacto que tenía en mis audiencias. Esto fue lo que descubrí: cuando terminaba mi intervención, había mucha inspiración, pero poca aplicación. Las personas que me escuchaban se sentían felices de haber participado, pero no se hallaban seguras de cómo utilizar lo que yo había compartido cuando regresaban a sus casas. Estaba animando a todos, pero no estaba ayudando a nadie.

HORA DE HACER UN CAMBIO

Me tomó algo de tiempo determinar cuál era mi problema, pero luego de hacerle preguntas a comunicadores con experiencia y de escuchar sus respuestas, descubrí lo que estaba mal. Mi enfoque se centraba totalmente en mí. La experiencia tenía más que ver conmigo que con los individuos a los que se suponía que ayudara. Mis temas, mis historias, mis puntos, mis pensamientos, mi presentación... todo era para mí. Después de mis intervenciones, las preguntas que me hacía eran: ¿Cómo me fue? ¿Les caí bien? ¿Les gustó lo que dije? ¿Me aplaudieron? ¿Los impresioné con mi talento? ¿Me admiran?

Cuando comprendí lo que había estado haciendo, me sentí al descubierto y vi el error de mi forma de actuar. Y supe que era necesario un cambio. Mi presentación tenía que ser diferente. Mi actitud también. Había cometido el error de buscar ganar fanáticos, cuando lo que necesitaba era hacer amigos. Precisaba enfocarme en los demás y añadirles valor con mis conferencias.

Dediqué un tiempo a reflexionar. Me preguntaba cómo podría hacer los cambios que requería en esta área, así que escribí algo que me ayudara. Esto fue lo que escribí:

- No se trata de mí, se trata de ellos.
- El éxito no es recibir una ovación de pie, es que la gente se marche con un plan de acción.
- Lo que hablo no es para hacerme quedar bien, es para que ellos sean mejores.
- Si no pueden identificarse con lo que quiero decir, entonces no debo decirlo.
- Si no pueden aplicar lo que digo a sus vidas, no debo decirlo.

- Cuando termino, no espero que me aplaudan, los invito a que me den la mano.
- Cuando se vayan, espero que digan: «Se llama John, y es mi amigo».

Con el paso del tiempo, este cambio empezó a filtrarse por mi liderazgo, al punto de que en ningún momento se trata de mí. El liderazgo siempre debe tratarse de los otros.

Antes de esto, era un trepador de escaleras. Casi todo lo que hacía venía motivado por la pregunta: «¿Hasta qué altura puedo llegar?». Sin embargo, este cambio me ayudó a reconocer que la vida consiste en más que llegar a la cima. En lugar de solo buscar mi éxito personal, podría ayudar a otros. Y con el paso de los años, descubrí que había una serie de cambios que podía hacer, y estos venían por etapas.

1. Trepar escaleras: «¿Qué tan alto puedo llegar?»
2. Sostener escaleras: «¿Qué tan alto llegarán otros con un poco de ayuda?»
3. Extender escaleras: «¿Qué tan alto llegarán otros con mucha ayuda?»
4. Edificar escaleras: «¿Puedo ayudarlos a edificar su propia escalera?»

Este cambio en liderazgo tiene que ver con pasar de ser un productor personal a convertirse en alguien que equipa a otros. Se trata de un cambio que transforma las matemáticas de su liderazgo de la adición a la multiplicación. Lo lleva de una escalada solitaria hasta la cima de su escalera, desde donde podrá tener una vista magnífica y saludar a la gente más abajo, a observar a muchas personas escalar sus propias escaleras, y a todos juntos disfrutar de la vista desde la cima.

ETAPAS DE LAS ESCALERAS

Quiero explicar las cuatro etapas que atravesé para ayudarlo a hacer este cambio en su liderazgo:

1. TREPAR ESCALERAS: «¿QUÉ TAN ALTO PUEDO LLEGAR?»

Querer escalar nuestra propia escalera no es algo malo, porque la credibilidad del liderazgo frecuentemente se edifica sobre el éxito personal. Nadie quiere seguir a un líder que no logra el éxito. Las personas solo quieren formar parte de un equipo si saben que hay probabilidades de ganar. Así que el primer paso del liderazgo no es dirigir a otros, sino dirigirse a usted mismo, mostrando que es capaz de subir la escalera.

El conferencista Glen Turner me dijo una vez: «El desafío más grande para llegar a la cima de la escalera fue atravesar la muchedumbre que estaba en la parte de abajo». Ser capaz de trepar la escalera uno mismo es el primer paso para distinguirse de la multitud. Si necesita ayuda para determinar cómo hacerlo, hágase estas tres preguntas:

EL DESAFÍO MÁS GRANDE PARA LLEGAR A LA CIMA DE LA ESCALERA FUE ATRAVESAR LA MUCHEDUMBRE QUE ESTABA EN LA PARTE DE ABAJO.

—GLEN TURNER

1. ¿Cuáles son mis fortalezas?

El éxito resulta de edificar sobre las fortalezas y de sacarles el máximo provecho, no de tratar de elevar el nivel de nuestras debilidades. Por ejemplo, tres de mis puntos fuertes son la estrategia, la activación y la capacidad de atracción (como se le llama en *Strengthsfinder*[1]). ¿En qué soy débil? No me va bien con las tareas relacionadas con la administración o el mantenimiento. Y soy absolutamente terrible cuando se trata de algún asunto tecnológico. El tiempo o la energía que gaste en estas áreas sería un desperdicio total. Conozca cuáles son sus puntos fuertes y empiece a desarrollarlos.

2. ¿Cuáles son mis oportunidades?

Creo que todos tenemos oportunidades. Yo las tengo, y estoy convencido de que usted también las tiene. Las oportunidades que reciba quizás no serán tan grandes como usted desearía. Tal vez no serán del tipo que quisiera. Sin embargo, son oportunidades. ¿Qué debe hacer con ellas? Aplíqueles sus fortalezas y sáqueles el provecho máximo. La conjunción entre sus fortalezas y una oportunidad determina el momento en el cual empieza a trepar su escalera. Aprovéchelo al máximo. Aun si no es la oportunidad perfecta —y le aseguro que no lo será, porque no existe tal cosa— puede empezar a subir. Una vez que ha escalado hasta sobresalir de la multitud, descubrirá otras oportunidades mejores.

3. ¿Estoy dando pasos todos los días?

Cuando uno aprovecha una oportunidad y le aplica sus fortalezas, todavía hay que hacer el trabajo. Si no puede responder que sí a la pregunta de si está dando pasos todos los días, no logrará el éxito y podrá olvidarse de dar el paso siguiente para convertirse en un edificador de escaleras. ¿Hasta qué altura hay que subir? Mi respuesta es que resulta necesario alcanzar el 10 % superior. Ese es el número mágico. Ahí es donde uno se separa de la muchedumbre en las áreas del dinero, la influencia, la oportunidad y las relaciones. Ahí es donde la calidad de las personas que uno busca para su equipo cambia drásticamente. De modo que al trabajar para subir la escalera por sí mismo, una de las cosas que deberá preguntarse es si puede alcanzar ese 10 % superior. Si es posible, entonces podrá empezar a sostener la escalera para otros.

Mientras asciende la escalera del éxito, aquí hay unos consejos para asegurarse de que lo haga de la manera más eficaz posible:

- Compruebe que su escalera se encuentra sobre un cimiento firme de integridad y carácter fuerte.
- Compruebe que su escalera está recostada contra el «edificio» adecuado para su propósito.
- Nunca pise a otras personas mientras escala.
- No se salte algunos peldaños de la escalera.
- Cada cierto tiempo, dé un paso hacia abajo para descansar, reflexionar y obtener perspectiva.
- No pise a nadie cuando va bajando tampoco.
- Cada vez que reanude la escalada, asegúrese de mejorar.
- Siempre valore a las personas que están sosteniéndole la escalera para que suba.

Mientras mejor sea ascendiendo la escalera usted mismo, tanto más tendrá para darles a otros cuando avance a las etapas siguientes.

2. SOSTENER ESCALERAS: «¿QUÉ TAN ALTO LLEGARÁN OTROS CON UN POCO DE AYUDA?»

Mi amigo Kevin Myers, líder de la Iglesia 12Stone, señaló: «Los líderes deberán querer más *para* su gente que *de* su gente». Hablé un poco de eso en el capítulo 1 al describir el cambio de solista a director de orquesta. Cuando se desea más para los demás y se está dispuesto a brindarles ayuda, es como sostenerle la escalera a otra persona, dándoles una base segura, facultándolos para que corran riesgos moderados, y permitiéndoles escalar más alto.

LOS LÍDERES DEBERÁN QUERER MÁS *PARA* SU GENTE QUE *DE* SU GENTE.

—KEVIN MYERS

Me he beneficiado de muchos que estuvieron dispuestos a sostener la escalera para mí mientras ascendía, especialmente cuando era joven. El apoyo inicial que me dieron fue la clave de mi éxito. Me hicieron mejorar. Y su ayuda me inspiró a querer ayudar a otros. Si usted ha tenido éxito, está listo para empezar ayudar a otros sosteniéndoles la escalera. Estas son las cosas que necesita saber para empezar:

Sostener escaleras empieza con una actitud de servicio

Ralph Waldo Emerson dijo: «Nuestra mayor carencia en la vida es de alguien que nos haga hacer lo que podemos hacer». Adoptar una actitud de servicio para sostener la escalera de otros nos ayuda a hacer las cosas que somos capaces de hacer. Además, vivir con una actitud de servicio proporciona un buen ejemplo para el equipo y constituye un recordatorio visual de la importancia de servirnos unos a otros. Cuando les mostramos a las personas que trabajan con nosotros que estamos dispuestos a servir, entonces ellos se sentirán dispuestos a servir también.

Sostener escaleras requiere de disponibilidad

Para llegar a ser alguien que sostiene escaleras, tiene que ser comunicativo con las personas y estar dispuesto a dar de usted mismo. Cuando alguien le hace una pregunta, deberá estar dispuesto a responder. Si le piden una opinión, deberá estar dispuesto a hablar. Cuando otros quieren ideas, debe estar dispuesto a participar. Si requieren su apoyo, ofrézcalo. Sostener escaleras no es más que un líder ayudando a otro líder. Cuando se conecte con líderes jóvenes, valórelos, crea en ellos, anímelos y ofrézcales recursos. Esté disponible para ellos.

Sostener escaleras atrae a los individuos que quieren ascender

La mejor manera de formar a buenos líderes es reclutando a personas con buen potencial de liderazgo. ¿Cómo se atrae a ese tipo de individuos? Desarrolle una reputación de invertir en otros. Las personas jóvenes y talentosas con deseos de avanzar empezarán a buscarlo si usted es conocido por ofrecerles ayuda a otros.

Sostener escaleras es un requisito para descubrir el potencial de una persona

¿Cómo se evalúa la capacidad de crecer que otros tienen? ¿Cómo se determina si pueden ser líderes buenos o hasta extraordinarios? Observando su desempeño cuando se les dan oportunidades. Al sostener la escalera para ofrecerle a otra persona la oportunidad de subir, usted descubre si esta sube por los peldaños y la rapidez y la facilidad con la cual se desenvuelve. Obtenemos un sentido de la capacidad y el deseo de la persona. Y eso le proporciona perspectiva en cuanto a su potencial en el futuro.

Con el paso del tiempo, sostener escaleras multiplica la eficacia

El magnate de los negocios y filántropo Andrew Carnegie dijo: «Denota un paso grande en su desarrollo cuando se percata de que otros pueden ayudarlo a hacer un mejor trabajo que el que podría hacer solo». He descubierto que ayudar a otros me ayuda a mí. A través de los años, sostener escaleras me ha dado réditos inmensos sobre mi inversión.

▶

Mi amigo Chris Hodges indicó: «Un sueño es una visión persuasiva que ve en su corazón y que es demasiado grande para poder cumplirla sin la ayuda de otros». Cuando usted empieza a sostener la escalera para los demás, los recluta como ayudantes. Para llevarlos a un nivel más alto aún, es necesario hacer más.

3. EXTENDER ESCALERAS: «¿QUÉ TAN ALTO LLEGARÁN OTROS CON MUCHA AYUDA?»

El paso siguiente del proceso es extender la escalera para otros. Cuando se hace eso, se le da poder a la otra persona para que suba más alto y llegue a niveles completamente nuevos. ¿Cómo se hace eso? Al aconsejarlos de modo intencionado y estratégico.

A través de los años he buscado a muchos mentores que me extendieron la escalera. También he sido mentor de muchos líderes, así que este es un territorio que conozco bien. Ya sea que se encuentre en la etapa del liderazgo en la cual les extiende las escaleras a otros, o que esté buscando a alguien que le ayude a desarrollarse, estas son las pautas para ser un buen mentor:

Los que extienden escaleras son exitosos

De quién aprendemos es tan importante como lo que aprendemos. Los buenos mentores son exitosos. Puesto que la palabra *mentor* representa tanto algo que hacemos como lo que somos, un buen mentor debe mostrar habilidades en estas dos áreas. En el área de hacer, esto significa que son productivos. Cuando se trata de lo que una persona es, los buenos mentores tienen un carácter fuerte. Si estos dos componentes no se encuentran en su debido lugar, no considere pedirle a un individuo que sea su mentor.

Los que extienden las escaleras son especialistas

Un mentor deberá poseer mucha destreza en solo unas cuantas áreas. Con frecuencia, las personas se buscan a un mentor que les ayude en todas las áreas de su vida. Eso no es realista. Nadie puede ayudarlo con todo. En lugar de buscarse un solo mentor, busque varios mentores para las diferentes áreas clave de su vida que está procurando mejorar. Por ejemplo, he buscado mentores diferentes en las áreas siguientes: relaciones interpersonales, equipamiento, actitud, liderazgo, comunicaciones, salud y fe. Observará que las primeras cuatro áreas son las que identifiqué como esenciales para el éxito cuando hice el cambio en liderazgo de las metas al crecimiento. Las comunicaciones son mi mayor fortaleza, así que continuamente busco edificar esa área. Las últimas dos áreas, la salud y la fe, son áreas que considero esenciales para mí como persona. Creo que es evidente que no hay un solo individuo que pudiera ayudarme con esas siete áreas.

Habiendo dicho eso, es bueno señalar que cuando uno está empezando y aprendiendo los fundamentos, un líder firme puede bastar para ayudarlo. En la medida que usted avanza y se va especializando en su crecimiento, sus mentores deberán ser más especializados.

PUESTO QUE LA PALABRA *MENTOR* REPRESENTA TANTO ALGO QUE HACEMOS COMO LO QUE SOMOS, UN BUEN MENTOR DEBE MOSTRAR HABILIDADES EN ESTAS DOS ÁREAS.

Los que extienden escaleras son maduros

La idea de trabajar con un mentor implica que esa persona está más adelantada que uno. Ese individuo es más grande, más rápido, más conocedor y más experto. Eso significa que posee madurez. Describo esa cualidad de esta manera:

- La facultad de tomar decisiones sobre la base del cuadro completo, no solo de la situación inmediata.
- La capacidad de enfrentar lo desagradable, la frustración, la incomodidad y la derrota sin quejarse ni desplomarse.
- La decisión de vivir de manera responsable y hacer lo correcto, no solo lo que resulta conveniente.
- La disposición a perseverar en una tarea, proyecto o situación hasta concluirlo.
- La disciplina para aprovechar las habilidades y energías para lograr más de lo que se espera.
- La capacidad de recibir información delicada y mantener las cosas confidenciales.
- La franqueza para compartir las dificultades personales cuando ello resulte apropiado y útil.
- La compasión para conectarse con otros sin intentar corregirlos.

¿Por qué es esencial la madurez en la vida de un mentor? Porque enseñamos lo que sabemos, pero reproducimos lo que somos.

Los que extienden escaleras ponen en práctica el arte de hacer buenas preguntas

Los buenos mentores no saltan a conclusiones. Hacen preguntas y exploran ideas para abrir puertas que de otro modo permanecerían cerradas. Esto lo resalto debido a que no siempre he sido bueno para hacer preguntas. Solía dar respuestas muy rápidamente y tuve que disminuir la velocidad para convertirme en un buen oidor. Hoy, cuando trabajo con alguien, procuro seguir este proceso:

- **HAGA PREGUNTAS:** En una situación de mentoría, las primeras preguntas que hago con frecuencia han sido determinadas de antemano y se enfocan en la información básica. Están diseñadas para conocer sobre el trasfondo, la historia, las fortalezas y las aspiraciones del individuo.
- **ESCUCHE:** Me esfuerzo por estar plenamente conectado, no solo porque escuchar era una de mis debilidades, sino también porque las respuestas que recibo me permiten formular un segundo conjunto de preguntas. Escuchar las respuestas al primer grupo de preguntas amplía mi entendimiento y me conecta con la persona.
- **HAGA PREGUNTAS PARA AMPLIAR:** Al llegar a este momento, tengo la información que necesito para hacer mejores preguntas. Aquí es cuando discierno cómo puedo ayudar mejor a esta persona. Comparo este proceso a hacer ajustes de medio tiempo, así como lo hace un entrenador durante un partido. Si las respuestas al primer grupo de preguntas representan el plan antes del partido, las respuestas al segundo conjunto de preguntas son como el entretiempo, permitiéndome hacer ajustes.
- **APRENDA:** El segundo grupo de preguntas profundiza mi entendimiento y me permite crear un plan individual y específico para llevar a esta persona desde donde se encuentra hasta donde creo que debiera estar.
- **GUÍE:** Ahora estoy listo para desafiar, animar y encaminarlos conforme a su potencial.

Muchos líderes son rápidos para dar instrucciones cuando lo que debieran hacer es formular preguntas. Si usted está en un punto en el cual va a empezar a extender las escaleras para otros, desarrolle la habilidad de hacer preguntas y escuchar detenidamente. Y si se encuentra trabajando con un mentor y ese individuo no le está haciendo preguntas, sea consciente de que posiblemente no podrá ayudarlo a adelantar mucho en el proceso.

Los que extienden escaleras son humildes

El proceso de mentoría llega a su nivel óptimo cuando dos personas se reúnen e interactúan sobre un terreno en común. Esto es especialmente importante porque el mentor de forma usual trabaja desde una posición de mayor fuerza, nivel y experiencia. ¿Cómo se mantiene el terreno en común? A través de la humildad del mentor. Si él o ella mantienen una disposición a compartir los fracasos, desencantos y derrotas, el que está siendo guiado se beneficia enormemente.

Cuando era joven y empecé a ser mentor de otros, naturalmente quise compartir mis éxitos. Al acumular años, me di cuenta de que si bien podemos impresionar a las personas con las historias de nuestros éxitos, podemos impactarlas si compartimos nuestros fracasos. Mientras más exitoso sea el mentor, tanto más importante es que comparta sus debilidades al igual que sus fortalezas. Nadie tiene solo días buenos, y nadie tiene solo días malos. Para todos, la vida es una combinación de altas y bajas, de placer y dolor, de victorias y derrotas, de cumbres y valles. La humildad y la autenticidad tanto del que extiende la escalera como del líder que va emergiendo crean un fundamento firme que propicia el crecimiento.

4. Edificar escaleras: «¿Puedo ayudarlos a edificar su propia escalera?»

Una vez que ha ascendido por la escalera de su propio éxito, ha empezado a sostener la escalera para otros, y luego ha aprendido a extenderla para los líderes que van emergiendo al servirles de mentor, queda un nivel más al cual es posible avanzar como un desarrollador de personas. Usted puede llegar a ser un edificador de escaleras. Uno de los mejores líderes edificadores de escaleras que conozco es Sam Chand. Él ha escrito varios libros que contienen la palabra *escalera* en su título: *¿Quién sostiene tu escalera?*, *¿Qué mueve tu escalera? y ¿Quién te movió la escalera?* La matrícula del vehículo de Sam es LDDRMAN,[2] y él fue mi inspiración para el título de este capítulo.

La edificación de escaleras tiene todo que ver con darle a otro líder el permiso, el equipo y la autoridad para crear su propia escalera. Como líder, si uno se rodea de personas excelentes con un potencial elevado, llegará el momento en que habrá que permitirles edificar sus propias escaleras. Ese es el momento en que uno los pone en libertad para que sean líderes por sí mismos.

▶

Me da sumo gozo que en esta etapa de mi vida pueda enfocarme en edificar escaleras. Durante los últimos veinte años, mis organizaciones sin fines de lucro, EQUIP y la Fundación de Liderazgo John Maxwell, han capacitado a líderes en todo el mundo, equipándolos para que edifiquen sus propias escaleras. Y por casi una década hemos podido darles a los entrenadores alrededor del mundo una plataforma a través del Equipo John Maxwell. La capacitación y el apoyo que reciben los empoderan para que edifiquen sus propias escaleras al iniciar o mejorar sus carreras como entrenadores, capacitadores y conferencistas. Y lo mejor de todo es que la edificación de escaleras no impone limitaciones. Las personas pueden edificar y ascender tan alto como su talento y ética de trabajo los lleven. Tengo que decir que me ha sido sumamente gratificante «darles un empujón para sacarlos del nido» y ver cómo alcanzan el éxito.

A fin de establecer el fundamento que se necesita para ser alguien que edifica escaleras, empiece por hacerse unas preguntas:

- ¿Desarrollo a los líderes para beneficiar a otros, o solo para beneficiarme a mí y a mi equipo?
- ¿Cedo el control a otros líderes y les doy la libertad de ser como son y desarrollar sus propios procesos?
- ¿Me alegra ver a un líder que he ayudado avanzar sin mí o buscar a otros mentores?
- ¿Estoy dispuesto a ayudar a otros líderes a edificar sus propias escaleras y luego a apoyarlos genuinamente?
- ¿Estoy dispuesto a seguir ayudando a muchos líderes a que edifiquen sus propias escaleras sin esperar recibir ningún crédito por ello?

Si usted puede responder sí a estas preguntas, y ha ascendido lo suficiente por su escalera para haberse ganado credibilidad, entonces está listo para iniciar su viaje como edificador de escaleras. Empiece por ayudar a otros y servirles de mentor. Y cuando vea una oportunidad para alentar a los demás a edificar sus propias escaleras, no dude en brindarles una mano.

PREGUNTAS PARA HACERSE SOBRE LA PERSONA DE LA QUE ESPERA SER MENTOR

Andy Stanley frecuentemente dice: «Haga por uno lo que quisiera poder hacer por muchos». Ese es un magnífico consejo. Y cuando se trata de invertir y ayudar a alguna persona por medio de sostener, extender o edificar su escalera, es importante a quién seleccionamos para brindarle nuestra ayuda. Su tiempo es limitado, y si solo puede dedicarle tiempo a una persona, deberá ser a la persona correcta. Con eso en mente, hágase las preguntas siguientes acerca de toda persona a la que esté consideran-do ayudar:

1. ¿Este individuo está deseoso de aprender?

El autor Napoleón Hill dijo: «Un deseo fuerte y profundamente arraiga-do es el punto de partida de todos los logros».[3] Una gran parte de lo que los individuos logran en sus vidas se basa más en cuánto lo desean que en lo fácil que resultó obtenerlo. La esperanza dice: «Tiene que haber una manera», mientras que el deseo dice: «Encontraré la manera». Muchos son los que tienen esperanza; pocos los que tienen un deseo fuerte. Quiero ser mentor de uno de los pocos. Si resulta que hay que persuadir a la persona para que se deje ayudar o convencerla de que escuche sus consejos, quizás no sea alguien en quien debería estar invirtiendo. Como lo dijo el poeta Rudyard Kipling: «Si no obtienes lo que deseas, esto es señal de que en realidad no lo deseabas tanto, o de que trataste de pedir rebaja en el precio».

2. ¿Cuál es la capacidad de esta persona?

El deseo es fácil de evaluar. La capacidad es mucho más difícil. Cuando estoy considerando ser mentor de alguien, empleo las siete capacidades sobre las cuales escribí en mi libro *Sin límites* para evaluar a la persona:

1. Capacidad de energía: Su habilidad para perseverar físicamente
2. Capacidad emocional: Su habilidad para manejar las emociones
3. Capacidad de pensamiento: Su habilidad para pensar eficazmente
4. Capacidad con la gente: Su habilidad para edificar relaciones interpersonales
5. Capacidad creativa: Su habilidad para ver las alternativas y hallar las respuestas

6. Capacidad de producción: Su habilidad para obtener resultados
7. Capacidad de liderazgo: Su habilidad para elevar y guiar a otros

Si voy a ser mentor de alguien, quiero que muestre un potencial abundante de crecimiento en las siete áreas. Como David Salyers de Chick-fil-A señaló: «El mentor se derrama en su estudiante sabiendo que en la medida que esa persona crezca, los dividendos serán mucho mayores que la inversión». Las personas no pueden rendir dividendos grandes si no disponen de la capacidad adecuada.

3. ¿LOS VALORES DE ESTA PERSONA SON COMPATIBLES CON LOS MÍOS?

Tener valores en común crea una pista sobre la cual se puede correr junto con la persona de la cual intenta ser mentor. Estos proporcionan un terreno en común y un fundamento filosófico de mucha importancia. Cuando me preparo para ser mentor de alguien, quiero saber que esa persona:

- AÑADE VALOR A LAS PERSONAS: Deberá ser un individuo que da y quiere ayudar a otros, como quiero hacerlo yo.
- VALORA EL CRECIMIENTO PERSONAL: Deberá demostrar un estilo de vida de aprendizaje.
- GUÍA CON EL EJEMPLO: Comprende que lo mejor que un líder puede decirle a un discípulo es *sígueme*.
- EXCEDE LAS EXPECTATIVAS: Esta persona sobresale y recibe un 80 % de rendimiento de las inversiones de la vida.
- VIVE INTENCIONADAMENTE: Sabe que todo lo que vale la pena requiere ir cuesta arriba y asciende intencionadamente todos los días.

Solo si tenemos estos valores en común invertiré tiempo en esa persona. ¿Sabe usted cuáles son sus valores? Identifíquelos con claridad para que sepa si debe invertir o no en un candidato potencial.

4. ¿ESTA PERSONA ES UN LÍDER?

Debido a que mi llamado en particular es añadirles valor a los líderes que multiplican valor en otros, no invierto en una persona que no es líder. Sé que eso puede parecer bastante limitado, pero es algo enfocado y estratégico. Descubrí que cuando soy mentor de un líder, los dividendos sobre la inversión son mucho mayores que si me derramo en un seguidor. Con un líder, verdaderamente puedo hacer por una persona lo que quisiera hacer por muchos, porque ese líder influirá sobre muchos otros. En el caso de un seguidor, eso no es necesariamente cierto.

¿Qué necesitan los líderes de un mentor? Me gusta lo que Tim Elmore, fundador y presidente de Growing Leaders, dice al respecto. Tim es uno de los líderes emergentes a los que ayudé hace más de treinta años. Primero le sostuve la escalera para ayudarlo, y luego se la extendí. Y hace más de veinte años lo ayudé a edificar su propia escalera y lo alenté a seguir adelante. Él dicta muchas conferencias sobre la tarea del mentor y también ha escrito libros al respecto. Algunas de las cosas que Tim afirma que un mentor exitoso le brinda al discípulo son: asideros, laboratorios, mapas de ruta, raíces y alas.[4] Permítame explicarle:

Asideros

Los buenos mentores extraen verdades de lo complejo y dividen la información en principios sencillos que otros pueden aplicar. Todos los buenos mentores son capaces de resumir las lecciones de la vida de manera que resulte fácil transmitirlas. ¿Está dispuesto a hacer el trabajo necesario para lograr eso?

Laboratorios

Los buenos mentores proveen un lugar seguro donde sus discípulos pueden poner en práctica los principios que están aprendiendo. ¿Está dispuesto a crear un entorno seguro en el cual las personas que está desarrollando puedan asumir riesgos?

Mapas de ruta

Los buenos mentores les ofrecen dirección para la vida a sus discípulos y proveen mapas de ruta con alternativas para llegar a su destino. ¿Está dispuesto a esforzarse con un buen plan de acción para las personas a las cuales sirve de mentor?

Raíces

Los buenos mentores les proporcionan a sus discípulos un fundamento relacional sólido. Dar estabilidad y seguridad posibilita el crecimiento y la prosperidad de otras personas. ¿Está dispuesto a extenderles amor y aceptación a las personas que lo ven como mentor, y a perseverar con ellas cuando enfrenten dificultades?

Alas

Los buenos mentores ayudan a las personas a percibir nuevos horizontes y a volar a lugares que se encuentran más allá de donde imaginaban que podían llegar. En esto consiste el empoderamiento genuino. ¿Está dispuesto a celebrar cuando las personas a quienes sirve de mentor vuelan más alto o más lejos que usted?

Por qués

Quiero añadir una cualidad más a la lista de Tim. Una de las cosas más importantes que usted puede hacer por los líderes en potencia es ayudarlos a ver el cuadro completo al enseñarles los *por qués*. Esto les da

SI QUIERE QUE LOS DISCÍPULOS SIGAN INSTRUCCIONES, BASTA CON QUE LES COMUNIQUE EL *QUÉ*. SI QUIERE QUE GUÍEN A OTROS Y DEN INSTRUCCIONES, TAMBIÉN ES NECESARIO QUE CONOZCAN EL *POR QUÉ*.

contexto. Les revela las ideas y razones que yacen detrás de las decisiones que usted toma. Les enseña a hacer elecciones. Si quiere que los discípulos sigan instrucciones, basta con que les comunique el *qué*. Si quiere que guíen a otros y den instrucciones, también es necesario que conozcan el *por qué*. ¿Está dispuesto a dedicar tiempo y esfuerzo a darles el *por qué* detrás de cada *qué*?

▶

Antes mencioné que uno de mis mentores fue Fred Smith. Él representó un ejemplo para mí en el cambio en liderazgo de trepar a edificar escaleras. Para el momento en que lo conocí, Fred ya había hecho esa transición. Al principio de mi relación con él, observé cómo durante un espacio de tres años se reunía todos los meses con un grupo de veinte presidentes ejecutivos y se vertía a sí mismo en ellos. Cuando percibía que había llegado el momento de que avanzaran sin él, daba por terminado su tiempo de extender escaleras para ellos y los alentaba a edificar sus propias escaleras.

Un año después de haber desintegrado el grupo, aquellos líderes pidieron reunirse con Fred una noche. Uno por uno, durante la cena, estos ejecutivos le expresaron a Fred lo que él había hecho por ellos y cómo les había ayudado a ser mejores líderes. Al final de la noche, le entregaron una hermosa pieza de cristal Baccarat con una inscripción que decía: «Él nos extendió».

Eso es lo que hacen todos los líderes que cambian de trepar escaleras a edificar escaleras. Ayudan a los líderes nuevos a extenderse para que alcancen su potencial. Eso es lo que espero hacer por el resto de mi vida y dejar como mi legado. Y lo invito a que haga lo mismo. Nunca se arrepentirá de haber invertido en otro líder que produzca un impacto positivo en el mundo. Es la mejor manera de extender su influencia y obtener significado.

CAPÍTULO 8

DE LA DIRECCIÓN A LA CONEXIÓN

El cambio en las comunicaciones

*No se dirige a las personas dándole golpes en
la cabeza; eso es agresión, no liderazgo.*

—Dwight D. Eisenhower

Todos los cambios en liderazgo durante mi vida no han ocurrido de la misma manera ni con el mismo cronograma. Algunos ocurrieron gradualmente, mientras que otros fueron casi instantáneos. Muchos fueron impulsados por mi intuición de líder, la cual frecuentemente ha sido el agente catalizador de los cambios que he efectuado. Sin embargo, otros, como el cambio en las comunicaciones, de la dirección a la conexión, iban en contra de mi naturaleza. Este fue un cambio en el sentido opuesto a mi experiencia, y tuvo que pasar tiempo para que se desarrollara.

Crecí en un hogar en el que dar direcciones era el estilo de comunicación y liderazgo que se practicaba. Todos teníamos tareas que cumplir y momentos para cumplirlas. Y mi padre siempre se aseguraba de explicar por qué era necesario que hiciéramos lo que se nos pedía. Mis padres proporcionaban claridad, propósito y un calendario. Se esperaba que mi hermano, mi hermana y yo comprendiéramos y obedeciéramos a esas direcciones con prontitud.

Mi formación teológica universitaria en cuanto a las comunicaciones y el liderazgo reforzó esta metodología de dirección. En las comunicaciones, se nos enseñó a predicar con denuedo y pasión. Mi estilo poseía estas dos cualidades en abundancia. Además, cuando predicaba, también agregaba la aplicación, lo cual es otra manera de dirigir. Me esforzaba para que cada mensaje que predicara fuera práctico y para ofrecerles siempre un plan de acción a los miembros de la audiencia. Me sentía bien si, al final del servicio, todos se iban a casa sintiendo que tenían algo que hacer esa semana.

En el liderazgo, la autoridad de nuestro mundo eclesiástico corría de arriba abajo. La constitución y los reglamentos de la organización declaraban que por ser el pastor, era presidente de la junta directiva, y las reglas de gobierno dejaban en claro que se suponía que todo empezara conmigo: la agenda, el liderazgo de la iglesia y la autoridad espiritual. Los que desempeñaban funciones como las mías recibían la posición de liderazgo en la junta directiva, y si eso no dejaba bien claro que se suponía que ellos fueran el líder de la manada, entonces se utilizarían los sermones para reforzar esa idea. Tengo que admitir que fui culpable de hacerlo. ¡No habré sido Moisés bajando del Monte Sinaí con los Diez Mandamientos para entregárselos al pueblo, pero en ocasiones me comporté como Moisés Jr.!

Así que provine de un entorno y una formación que enfatizaba la dirección. Encima de ello, tengo un temperamento colérico, lo que significa que me encanta estar a cargo y decirle a los demás lo que tienen que hacer. Sé adónde quiero ir, y no tengo reservas para decir cómo debiéramos llegar allí. Si alguno tenía una pregunta, yo tenía una respuesta.

Si alguien no estaba seguro de qué quería hacer, yo podía darle un plan para su vida.

Dirigir a otros resultó ser un estilo muy natural de liderazgo para mí. No obstante, lo que es natural para mí no necesariamente es lo mejor para los demás. A nadie le gusta que le den órdenes todo el tiempo. Muchas veces pude percibir que los demás me seguían porque tenían que hacerlo, no porque lo desearan. Incluso los que querían seguirme no siempre habían asimilado la visión y la dirección que yo estaba comunicando con tanta fuerza como podía. Intuitivamente, comencé a comprender que era necesario que dejara de estar dando instrucciones. Ya no quería ser un «policía de liderazgo», parado en la intersección de mi organización y dirigiendo el tránsito constantemente. Sin embargo, al mismo tiempo, no sabía qué más hacer. ¿Había una mejor manera de guiar a las personas?

BIENVENIDOS A UN NUEVO MODELO

Dos experiencias funcionaron como catalizadores para ayudarme a reformar mi estilo de comunicaciones y liderazgo. La primera ocurrió en 1988. Ese fue el año en el que contraté a Bobb Biehl como consultor. En aquella época, me encontraba dirigiendo una iglesia grande y preeminente, y mi influencia estaba creciendo a nivel nacional y hasta internacional. Recibía un número enorme de solicitudes para dar charlas en otras organizaciones y ayudarlas suministrando recursos. Sentí que tenía que crear una organización para manejar estas solicitudes, y quería que ella se pagara por sí sola, no convertirla en una organización sin fines de lucro. No obstante, en ese entonces carecía de experiencia personal en el mundo de los negocios, así que le pedí a Bobb que respondiera a algunas de mis preguntas y me diera ciertas indicaciones que me hacían falta.

Esa fue mi primera experiencia contratando a un consultor de negocios, y tuvo lugar antes de que hubiera adquirido mucha experiencia como edificador de escaleras, así que la forma en la cual Bobb inició el proceso me tomó completamente por sorpresa. Pasamos dos días juntos y durante el primero de ellos Bobb me hizo preguntas. ¡Todo el día! Me hacía una pregunta, le respondía, y me hacía otra pregunta para profundizar, basada en las respuestas que le iba dando. Él trabajaba empleando rotafolios en los que escribía las preguntas y las respuestas. Al final del día, todas las paredes de mi oficina estaban cubiertas con hojas de papel que contenían todo lo que habíamos hablado. Me sentía exhausto, pero satisfecho. En esas horas, Bobb había logrado sacar a la luz mis pensamientos más profundos, esperanzas y aspiraciones de una manera en que nunca lo había hecho antes. Con cada pregunta él había logrado quitar una capa más para revelar lo profundo de mis pensamientos y sentimientos. Fue estimulante.

Ese día aprendí una lección importante. Bobb tuvo que *conocerme* —quién era, dónde me encontraba, dónde había estado antes y adónde esperaba ir— antes de que pudiera *guiarme*. Eso me abrió los ojos a un mejor método de guiar, y ese descubrimiento se convirtió en el fundamento de mi práctica de conectarme con otros. De allí en adelante empecé a trabajar para conocer a las personas haciéndoles preguntas antes de guiarlas.

La segunda experiencia que me impactó significativamente ocurrió en el 2003. Me invitaron a asistir a un partido de baloncesto de las Damas Voluntarias de la Universidad de Tennessee, dirigidas por la gran Pat Summitt. Asistí al calentamiento previo al partido y me senté detrás del banco del equipo. Llegado el entretiempo, pude ingresar a los vestidores y observar cómo Pat dirigía a su equipo.

Cuando llegamos a los vestidores, Pat y los demás entrenadores se reunieron aparte de las jugadoras, mientras que estas se sentaron en un semicírculo alrededor de una pizarra que tenía escritas tres preguntas:

1. ¿Qué hicimos bien en el primer tiempo?
2. ¿Qué hicimos mal?
3. ¿Qué necesitamos cambiar?

Durante cinco minutos, las jugadoras discutieron sus respuestas a esas tres preguntas mientras que una de ellas escribía las respuestas. Me senté detrás de las jugadoras y observé. Estaba fascinado.

Entonces Pat se acercó a la pizarra y leyó las respuestas. Ella hizo unos cuantos comentarios relacionados con lo que habían escrito y luego envió a las jugadoras de nuevo a la cancha a fin de que realizaran el calentamiento para el segundo tiempo.

Después del partido, le pregunté a Pat al respecto, y la respuesta que me dio fue asombrosa.

«John, hay muchos que guían basados en suposiciones», dijo. «Suponen que saben dónde se encuentra su gente. Ese ejercicio en el entretiempo me permite conocer a mis jugadoras para poder guiarlas. Eso solo puede lograrse haciendo preguntas y escuchando las respuestas».

Ese fue un momento de iluminación enorme para mí y constituyó el paréntesis de cierre en mi cambio en el liderazgo de la dirección a la conexión. Determiné desde ese momento en adelante que utilizaría las conexiones como la base de mi estilo de liderazgo y comunicaciones.

DIRECCIÓN	CONEXIÓN
Autoritario	En colaboración
Hablar	Escuchar
De arriba hacia abajo	Lado a lado
Recluta	Empodera
Supone	Comprende
Da respuestas	Hace preguntas
Mi agenda	Su agenda

La meta de establecer conexiones es hallar un terreno en común siguiendo la iniciativa del líder. Esta es la práctica en la cual:

- Ambos individuos se reúnen.
- Ambos individuos se valoran.
- Ambos individuos comparten.
- Ambos individuos escuchan y aprenden.
- Ambos individuos se ajustan.
- Ambos individuos acuerdan un plan de acción.
- Ambos individuos se hacen responsables del plan de acción.
- Ambos individuos ascienden a un nivel superior.

Aprender a establecer conexiones es una de las cosas más importantes que podrían hacerse en la vida. En mi libro *Cómo ganarse a la gente*, afirmo que de forma usual las personas pueden trazar las raíces de sus éxitos y fracasos hasta sus relaciones. Esto resulta particularmente evidente en el liderazgo.

HAGA EL CAMBIO EN EL LIDERAZGO A LA CONEXIÓN

Si desea llegar a ser el mejor líder posible, será necesario aprender a establecer conexiones con la gente. Para hacerlo, hay que hallar maneras de vencer los desafíos que presentan las conexiones y encontrar un terreno en común. Esto frecuentemente puede ser un proceso difícil, en especial con un equipo variado. Aquí le presento siete cosas que he descubierto que son las más importantes para un líder que desea establecer conexiones con otros.

1. HUMILDAD: PERMITA QUE LOS DEMÁS SEPAN QUE LOS NECESITA

Tuve el privilegio de conocer a uno de mis héroes, John Wooden, y que él sirviera como mi mentor en sus últimos años. Hacia el 2001, encontré un artículo sobre él escrito por Michael Josephson, presidente y fundador del Instituto de Ética Josephson. No recuerdo dónde lo hallé, pero me encanta. Este entrenador era excelente para establecer conexiones, y creo que el artículo de Josephson nos da una perspectiva magnífica de él.

Uno de mis héroes personales cumplió noventa y un años. No es un general, ni un político, ni una estrella de cine; es un maestro. Ah, reconozco que no es un maestro ordinario —también es el entrenador de baloncesto más exitoso y famoso del mundo— pero John Wooden es, por encima de todo, un maestro. Aun más, es un filósofo popular.

Sus ideas y teorías han sido recogidas en docenas de libros, pero leer un escrito de John Wooden no se compara con escuchar a este hombre. El poder de sus palabras se amplifica con su carácter extraordinario. Uno no solo conoce al entrenador, sino que lo experimenta. El hombre emana una dignidad interior y una fuerza moral que lo hacen sentir a uno digno y humilde al mismo tiempo. Cuando él le dice lo que sabe, usted lo cree, porque él se preocupa por uno y espera que lo que ha dicho resulte útil.

La integridad, el respeto y la bondad impregnan todo lo que dice. No obstante, lo más impactante es que parece hacerlo sin esforzarse. Ha recibido más galardones y elogios que otros diez de sus semejantes, sin embargo, es genuinamente humilde. Tuve que insistir en que me llamara por mi nombre para que dejara de llamarme señor Josephson. Él habla acerca de temas de honor, trabajo duro, preparación y autodisciplina como si no hubiera otra alternativa.

Esto me inspira y me hace sentir humilde. Usted verá, para mí, tratar de ser una persona de buen carácter es una lucha diaria. A veces se siente como si estuviera desempeñando el papel de una buena persona, en lugar de verdaderamente serlo. No creo que jamás llegaré a ser tan gallardamente auténtico como el entrenador Wooden. Pero si le dijera esas palabras, él sonreiría y me diría algo como: «Michael, nunca subestimes lo que puedes hacer. ¿Por qué no continúas intentándolo? Mejorarás».[1]

Esas palabras hacen eco de lo que sentí cuando estuve con el entrenador. Nadie en mi vida me ayudó más o estableció una mejor conexión conmigo que él. La esencia de esa conexión consistía en su humildad. John Wooden conocía sus fortalezas y las aprovechaba para ayudar a otros. No se preocupaba por sí mismo. En lugar de ello, se enfocaba en ayudar a los demás, incluyéndome a mí. Cuando estábamos juntos, él lograba sacar a relucir lo mejor de mí. Cuando lo dejaba, quería ser como él y sacar a relucir lo mejor de otros.

El entrenador nunca hablaba de sí mismo, pero en cada una de nuestras sesiones, en todo lo que podía pensar era en él: sus magníficas cualidades, sus valores, su coherencia, su bondad. Era consciente de la brecha que había entre el lugar donde él se encontraba y aquel donde me encontraba yo, pero siempre me hizo sentir que no estaba muy retrasado con respecto a él. Eso siempre me alentó y me hizo querer mejorar.

La humildad es esencial para establecer conexiones con las personas. Tardé un buen tiempo en aprender esta lección. En mis primeros años, le pedía a Dios que me ayudara a lograr el éxito, pero en secreto esperaba que los demás pensaran que lo había logrado todo por mí mismo. Poseía más debilidad humana que humildad. A fin de ayudarme, Dios me dio un sueño más grande que mi persona. Resultó tan intimidante que solo tenía dos alternativas: darme por vencido o buscar ayuda. Elegí buscar ayuda, lo cual al principio fue humillante. Sin embargo, descubrí rápidamente lo mucho que necesitaba a otras personas, y como resultado de ello mi liderazgo en realidad mejoró en lugar de empeorar.

> DIOS ME DIO UN SUEÑO MÁS GRANDE QUE MI PERSONA. RESULTÓ TAN INTIMIDANTE QUE SOLO TENÍA DOS ALTERNATIVAS: DARME POR VENCIDO O BUSCAR AYUDA.

Los buenos líderes son conscientes de que necesitan a otras personas y se lo hacen saber. En realidad, esto no tiene un lado negativo. Mantiene al ego del líder a raya, lo conecta con los miembros de su equipo, atrae a los miembros del equipo al centro, y les permite cumplir mejor la visión. Así que si anhela ser un conector, reconozca sus carencias y su necesidad de otras personas, y esté dispuesto a pedir ayuda.

2. Curiosidad: Haga preguntas

Se me conoce por hacer preguntas. Ya sea que me encuentre cenando con unos amigos, llevando a mis nietos de viaje, o dirigiendo una reunión de negocios, la gente sabe que estaré haciéndoles preguntas. No obstante, me inicié como interrogador haciéndome preguntas a mí mismo. Una de las cosas que me impulsó a empezar a hacerme mejores preguntas fue el libro *Halftime* [Entretiempo] de Bob Buford. Él tenía una pregunta importante para alguien de mediana edad, como lo era yo cuando leí el libro por primera vez, hace ya más de veinte años. Su pregunta era: «¿Qué clase de segundo tiempo vas a vivir?». Buford escribió lo siguiente:

No llegarás muy lejos en tu segunda mitad si desconoces la misión de tu vida. ¿Puedes describirla en una o dos oraciones? Una buena manera de empezar a formular una misión es haciéndose preguntas (y respondiéndolas con cruda honestidad). ¿Cuál es su pasión? ¿Qué ha logrado? ¿Qué ha hecho extraordinariamente bien? ¿Cómo ha sido formado? ¿Adónde pertenece? ¿Cuáles son los «debí hacer» que le han seguido durante su primer tiempo? Estas preguntas y otras como ellas lo conducirán a ser la persona que en su corazón anhela ser; lo ayudarán a descubrir la tarea para la cual usted fue creado en especial.[2]

Estas preguntas me ayudaron a prepararme durante la mediana edad para un segundo tiempo potencialmente bueno.

Hoy estoy en mi séptima década de vida y no he dejado de hacer preguntas. Aún soy curioso y quiero continuar siéndolo. ¿Por qué? Porque si no hago preguntas, con mucha facilidad puedo acomodarme y quedarme estancado. La entropía puede establecerse fácilmente. Empezaría a aceptar las cosas tales como son sin preguntarme si hay una mejor manera de hacerlas. Dejaría de reconocer las oportunidades.

Son demasiados los líderes que no hacen suficientes preguntas, ni a sí mismos ni a otros. Esto sucede por varias razones:

- Suponen que ya saben las respuestas.
- Valoran lo que *ellos* piensan más que lo que piensan *los demás*.
- Le dan mayor prioridad a dirigir a otros que a comprenderlos.
- No reconocen la necesidad de hallar un terreno común.
- No entienden que las preguntas ayudan a manejar las expectativas.

Quiero dedicar un momento a abordar ese último punto. Los líderes tenemos que manejar las expectativas constantemente. Necesitamos lidiar con las expectativas que tenemos de nosotros mismos, las que tenemos de los demás, y las que otros tienen de nosotros. Siempre que nuestras expectativas o las de otros no se alineen con lo que está sucediendo en realidad, hay problemas. En realidad, creo que la desilusión es la separación que existe entre las expectativas y la realidad. ¿Cómo cerramos esa brecha? Haciendo preguntas para poder ajustar nuestras expectativas. Conocer las expectativas que tengo de mí mismo me hace más consciente de mi persona, lo cual me allana el camino para mejorar y superarme. Conocer las expectativas que tengo de los demás me permite comunicarme mejor con los individuos y enfrentar la realidad. Y conocer las expectativas que otros tienen de mí mejora mi capacidad para dirigirlos. Y todas estas conexiones se logran cuando usamos preguntas para edificar puentes hacia los demás.

3. ESFUERZO: HAGA MÁS DE LO ESPERADO PARA CONECTARSE CON LAS PERSONAS

Oprah Winfrey declaró: «El gran secreto de la vida es que no existe un gran secreto. Sea cual sea su meta, podrá alcanzarla si está dispuesto a trabajar». Eso ciertamente es verdad cuando de establecer conexiones se trata: hay que hacer el esfuerzo.

Mi nieto John empezó a recibir lecciones de golf cuando tenía doce años. Luego de meses de lecciones, llegó el momento de que jugara en un campo de golf, y yo quería ser el que lo llevara. Antes de empezar, le dije: «John, quiero que trates de lograr un par en uno de los hoyos. Si logras llegar al *green* y hacer un par, te filmaré en vídeo cuando le proporciones el golpe a la pelota para embocarla en el hoyo. Así podremos mostrárselo a la familia».

Por dos días jugamos golf y nos esforzamos para que John obtuviera su primer par en un campo de golf. Cada vez que iba a golpear para obtener el par, lo filmaba con mi teléfono. En cuatro ocasiones diferentes llegó al *green* con la oportunidad de golpear la pelota para lograr el par, pero falló. Ya tarde en el segundo día, en el hoyo dieciséis, John hizo el intento de dar el golpe para lograr par y la pelota cayó en el hoyo. ¡Y yo lo había capturado en vídeo! Ese fue el primer par que había logrado.

Celebramos en el *green* y de inmediato compartí el vídeo con el resto de la familia desde allí mismo. También tomé una foto de John mostrando su tarjeta de anotaciones, alardeando orgullosamente de su par, con su brazo rodeándome.

Ahora bien, ¿por qué hacer eso si requirió tanto esfuerzo? Bueno, en primer lugar, fue divertido. Sin embargo, lo que es más importante, quería tener un recuerdo significativo con mi nieto. Eso es algo que los dos recordaremos siempre. Y creó una conexión especial entre nosotros; una conexión que durará mucho más que el tiempo que pasamos en el campo de golf.

He hecho muchas cosas para conectarme con otros a través de los años. Durante unos dos años organicé cenas en mi hogar para invitar a personas con quienes Margaret y yo deseábamos conectarnos. Con el objetivo de que nosotros pudiéramos enfocarnos en el lado relacional de las cosas, contraté a mi redactor, Charlie Wetzel, cuya primera carrera había sido como chef, a fin de que cocinara para nosotros. Una o dos veces al mes invitábamos a tres parejas a que nos acompañaran en una cena de cinco platillos en la cual el único propósito era establecer conexiones y disfrutar de la compañía mutua. Dedicamos bastante tiempo a decidir a quiénes invitaríamos a esas cenas. Por ejemplo, Anne Beiler, la fundadora de Auntie Anne's Pretzels, siempre había deseado conocer a Truett Cathy, quien era su ídolo. Así que hicimos arreglos para que Anne y su esposo, Jonas, pudieran cenar con Truett Cathy y su hijo Dan. Esa fue una noche memorable.

Cada conexión relacional empieza con la decisión de hacer el esfuerzo para establecer la conexión, y termina con lo que llamo la prueba del espejo: ¿Puede mirar al espejo y decirse a sí mismo que dio lo mejor de usted? En caso afirmativo, ha pasado la prueba. Como dijo mi amigo Art Williams: «Todo lo que usted puede hacer es todo lo que puede hacer, pero todo lo que puede hacer basta».

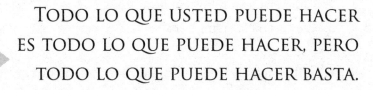

TODO LO QUE USTED PUEDE HACER ES TODO LO QUE PUEDE HACER, PERO TODO LO QUE PUEDE HACER BASTA.

—ART WILLIAMS

Si le importan las personas, podrá idear maneras en las cuales crear experiencias que lo conecten con los demás. No obstante, eso requiere esfuerzo. Y se requiere aún *más* esfuerzo para llevar esas ideas a término. Sin embargo, si no lo hace, no está haciendo en verdad todo lo que puede para establecer conexiones, o para convertirse en el mejor líder que pudiera ser.

4. CONFIANZA: SEA ALGUIEN CON QUIEN LOS OTROS PUEDAN CONTAR

Las personas no se conectan con alguien en quien no confían. Se conectan con alguien de quien puedan depender. El autor y conferencista Simón Sinek abordó este tema cuando señaló: «Las personas no compran lo que usted hace, sino compran por qué lo hace». El *por qué* trata con los motivos. Esos motivos provienen del corazón y se manifiestan como confianza si los mismos son buenos y rectos.

Como líder, sé que tengo que hacer que mis motivos sean los correctos. Si mi motivación principal es añadirles valor a las personas y ayudarlas, todo va bien. De lo contrario, me desviaré. Y soy consciente todo el tiempo de que para ser digno de confianza ante los ojos de los demás, tengo que esforzarme por lograr un éxito continuo en tres áreas:

1. Integridad en mi vida
2. Coherencia en mis acciones
3. Competencia en mi trabajo

Cuando hago las cosas bien, me vuelvo digno de confianza y puedo establecer conexiones con la gente, y edificar la relación. Si fracaso en una o más de estas áreas, pierdo la confianza y tengo que trabajar para recuperar la confianza perdida. Debido a que soy humano, algunas veces fallo. ¿Cómo recupero la confianza perdida? Siguiendo este proceso:

- Reconozco plenamente lo que he hecho mal.
- Explico con precisión lo que voy a hacer para tratar de corregir las cosas.
- Les doy la oportunidad a otros de compartir sus perspectivas y añadir algo a lo que les he comunicado.
- Hago el trabajo necesario para corregir el problema.
- Llevo a cabo un seguimiento para confirmar que el problema ha sido resuelto a satisfacción.

El asunto es que hago lo posible por rectificar las cosas. Y créame, he tenido que hacer esto más veces de la cuenta. Sin embargo, funciona. Y siempre me sorprende ver lo indulgentes que pueden ser las personas cuando sigo este proceso con ellas. Lo que es más sorprendente aún es la frecuencia con la cual las relaciones se fortalecen y mejoran. A menudo llegan a ser mejores de lo que eran antes. Pienso que hay una lección valiosa acerca de este tipo de confianza. De manera habitual perdemos la confianza y la conexión de los unos con los otros no por una falla ocasional, sino debido a que no nos preocupamos por dar los pasos correctos después de una falla a fin de restaurar la relación. No permita que esto le suceda. Esfuércese por ser digno de confianza, y cuando falle, haga todo lo que esté a su alcance para rectificar las cosas.

5. GENEROSIDAD: DÉ PRIMERO, DÉ CONTINUAMENTE

Albert Einstein dijo: «Una persona comienza a vivir por primera vez cuando puede vivir fuera de sí misma». También podría decirse que una persona empieza a dar cuando vive fuera de sí misma. Y dar es una buena manera de establecer conexiones con los demás.

UNA PERSONA COMIENZA A VIVIR POR PRIMERA VEZ CUANDO PUEDE VIVIR FUERA DE SÍ MISMA.

—ALBERT EINSTEIN.

Roger Breland, decano emérito de la Escuela de las Artes de Alabama, me demostró esto en una conferencia en la cual participábamos juntos. Él me llevó aparte y me entregó una hermosa pluma Montblanc como obsequio. Fue un gesto inesperado, así que me sorprendió.

«Quiero que tengas esto, porque eres un amigo especial», me dijo, «y también tengo algo que pedirte. Cada vez que escribas con esa pluma, ¿podrías orar por mí?».

Gustosamente le dije que sí y por más de un año utilicé esa pluma en mi escritorio, y cada vez que la usaba, oraba por Roger. Su generosidad conmigo y mis oraciones por él fortalecieron nuestra conexión de amigos con el paso del tiempo.

Nunca he conocido a una persona tacaña con una mentalidad de escasez que haya podido establecer buenas conexiones con otros. Con frecuencia se trata de individuos impulsados por su propio yo que toman decisiones basadas en la supervivencia. Como lo dijo el teólogo Henri Nouwen: «Cuando nos abstenemos de dar y tenemos una mentalidad de escasez, lo poco que tenemos se hace menos. Cuando damos generosamente, con una mentalidad de abundancia, lo que damos se multiplica».

Hace unos años vi una transcripción del discurso de graduación pronunciado por el autor Stephen King a los graduados del 2001 en el Vassar College. Como sería de esperarse, había sido escrito con elocuencia. En su discurso, mencionó al dinero y la generosidad.

El hecho de que la vida humana resulta breve al colocarla en la perspectiva amplia del tiempo es algo que todos sabemos. Les pido que lo consideren a un nivel más instintivo, eso es todo [...] ¿Qué van a hacer? Bueno, les diré algo que no van a hacer, y es llevárselo [...] Llegamos desnudos y sin nada. Podremos vernos vestidos cuando nos vamos, pero igual nada tenemos. ¿Warren Buffet? Se va sin nada. ¿Bill Gates? Se va sin nada. ¿El presidente Ferguson? Se va sin nada. ¿Steve King? Sin nada. ¿Ustedes? Sin nada. Ni un mísero centavo con ustedes. ¿Y cuánto tiempo tenemos entre esos dos puntos? ¿Cuánto tiempo tenemos para estar en la jugada? [...] Tan solo un abrir y cerrar de ojos [...]

¿Deben dar todo lo que tengan? Por supuesto que sí. Quiero que consideren convertir sus vidas en un largo regalo para otros, ¿y por qué no? Todas las cosas que tenemos están en préstamo. Todo lo que uno quisiera conseguir donde se consigue, desde el Maserati con el que se sueña hasta el fondo de jubilación que alguien tarde o temprano intentará venderles, nada de eso es real. Lo único que perdura en este mundo es lo que legamos a otros. El resto es pura ilusión [...]

Dar no tiene que ver con el que recibe ni con el regalo, sino con el que da. Es para el que da. Uno no abre su billetera para mejorar el mundo, aunque es buena cosa cuando eso sucede. Uno abre la billetera para mejorarse uno. Doy porque es la única manera concreta que tengo de decir que me siento feliz de estar vivo y que puedo ganarme el pan diario haciendo lo que me gusta. Espero que ustedes estén igualmente agradecidos de estar con vida y que también se sientan felices de hacer lo que acaben haciendo [...] Dar es una forma de quitar el enfoque del dinero que ganamos y ponerlo en donde pertenece: en las vidas que llevamos, las familias que formamos, y las comunidades que nos nutren [...]

Así que les pido que inicien la siguiente gran etapa de sus vidas dando, y que continúen haciéndolo al empezar. Creo que hallarán que al final habrán obtenido mucho más de lo que siempre habían tenido y habrán hecho más bien del que jamás habían soñado.[3]

La generosidad lo convierte en una mejor persona, lo ayuda a ser un mejor líder y abre el camino para que se conecte con otras personas. Si no es alguien que da primero y da continuamente, lo animo a que lo intente.

6. ESCUCHAR: ABRA LA MEJOR PUERTA PARA CONECTARSE CON LA GENTE

Una vez leí una historia acerca de un jugador profesional de tenis que estaba dándole una lección a un estudiante novato. Después de observar al estudiante golpear varias veces la pelota de tenis, el instructor empezó a darle sugerencias para mejorar sus golpes. No obstante, cada vez que el instructor le hacía una sugerencia, el aprendiz lo interrumpía con su propio diagnóstico del problema y su idea de cómo podría corregirlo.

Luego de haber sido interrumpido de nuevo, el profesional sencillamente asintió y permitió que el jugador siguiera por sí solo.

Al concluir la lección, una mujer que presenciaba la lección, conocía al profesional y lo había observado todo, le preguntó: «¿Por qué le seguiste la corriente a las sugerencias tontas que te dio ese hombre arrogante?».

El profesional veterano respondió: «Hace tiempo aprendí que es una total pérdida de tiempo tratar de venderle respuestas a alguien que solo quiere comprar ecos».

Si usted nunca escucha, en poco tiempo las personas a su alrededor dejarán de hablarle y se quedará aislado en su liderazgo. Si *escucha*, no solo le dirán las cosas que necesita saber, sino que también se conectarán con usted, porque podrán ver que le importa y valora lo que tengan que decirle.

Me tomó algo de tiempo aprender esta lección. En mis primeros años como líder, era igual a aquel estudiante de tenis que no escuchaba. Mi primera prioridad era expresar mis ideas y convencer a otros para que las aceptaran, no escuchar los comentarios de ellos ni enterarme de lo que los demás tuvieran que decir. Después de una serie de desatinos en mi liderazgo, reconocí que el problema era mi falta de voluntad para darle prioridad a escuchar, y empecé a cambiar a fin de hacer las cosas de manera diferente. No obstante, fue una batalla encarnizada. Me costó cambiar, pero con el paso del tiempo tuve éxito. He aquí cómo lo logré.

Hice una lista de las desventajas de no escuchar bien

Mi primer paso para encaminarme en la vía correcta fue sentarme con mi cuaderno de notas y hacer una lista de las formas en las que no escuchar estaba perjudicando mi liderazgo. En los primeros lugares de esa lista escribí lo siguiente:

- Pocas personas tenían algo que compartir conmigo.
- Mi liderazgo se basaba en suposiciones.
- Mis ideas eran las únicas que se estaban implementando.
- Nadie se hacía responsable por las tareas, excepto yo.
- Mi equipo carecía de conexiones.

Podía ver que esta no era una receta para el éxito, y estas conclusiones me ayudaron a *querer* cambiar y esforzarme para hacer las cosas de manera diferente.

Me recordé a mí mismo a diario que debía escuchar bien

La mayoría de los líderes pasa mucho tiempo en reuniones. Esto era cierto en mi caso mientras estaba tratando de cambiar. Decidí que cada vez que me reuniría con alguien, y en realidad quiero decir cada vez, sacaría un cuaderno de papel para tomar apuntes y escribiría una letra *E* grande en la parte superior de la página. Esa *E* significaba *escucha*. Era mi recordatorio de callarme y escuchar.

Dejé de interrumpir

Eso me lleva al punto siguiente. Era necesario que dejara de interrumpir a las personas. Antes lo hacía porque estaba enfocado en lo que yo quería comunicar. También pensaba frecuentemente que ya sabía lo que otros iban a decir. Sin embargo, interrumpir a alguien es como indicarle: «Lo que tengo que decir es más importante que lo que estás diciendo». Eso estaba mal y tenía que dejar de hacerlo.

Empecé a hacer preguntas

Una de las formas en las que dejé de interrumpir fue empezando a hacer preguntas. Descubrí que esa es una de las mejores maneras de invitar a que la otra persona hable. Ya he discutido el valor de hacer preguntas, así que no tengo que decir mucho aquí. No obstante, sí diré esto: descubrí que mis oídos nunca me metían en problemas.

Invité a otras personas a que me mantuvieran responsable en lo concerniente a escuchar

El paso final de este proceso fue pedirles a los demás que me lo indicaran cada vez que no los estuviera escuchando. No hay nada como tener que rendir cuentas para que uno sea responsable. Cuando alguien me llamaba la atención por no escuchar, pedía disculpas, cerraba la boca y escuchaba.

▶

Si desea ser un líder que establece conexiones, conviértase en un mejor oidor. Invite a otros a que lo ayuden a ser responsable con esto. Si tiene el valor de hacerlo, reúnase con los miembros de su equipo, colegas, amigos y familiares, y pídales que evalúen su hábito de escuchar en una escala del uno al diez. Si su puntaje es bajo, tal vez le convendría dar los mismos pasos que yo di.

7. ALIENTO: DELES A LAS PERSONAS OXÍGENO PARA EL ALMA

Hace más de veinte años leí un artículo escrito por Greg Asimakoupoulos, el cual compuso para alentar a los líderes. Allí incluía una ilustración que ha permanecido conmigo.

Una de las exhibiciones menos conocidas del Instituto Smithsoniano muestra los efectos personales que llevaba Abraham Lincoln consigo la noche que fue asesinado. Entre ellos se incluye un pequeño pañuelo con el bordado *A. Lincoln*, una cuchilla de bolsillo de campesino, un estuche para anteojos reparado con un hilo de algodón, un billete de cinco dólares de los Confederados y un artículo de periódico desgastado que elogiaba sus logros como presidente. Este empieza diciendo: «Abe Lincoln es uno de los estadistas más grandes de la historia... ».

¿Por qué el decimosexto presidente de nuestro país llevaría consigo un artículo semejante? La historia recuerda a Lincoln como un héroe del pueblo y un presidente de presidentes. ¿Acaso Lincoln también era un egocéntrico?

De ninguna manera. Cuando Lincoln era presidente, no resultaba tan popular como lo fue después de su muerte. La nación estaba amargamente dividida y el liderazgo de Lincoln se veía bajo constantes amenazas. Era blanco de una prensa sumamente crítica. Por lo tanto, Abraham Lincoln necesitaba tener algo en el bolsillo que le recordara que aquellos que lo criticaban no eran los únicos que lo observaban. Así que llevaba consigo un ícono [símbolo] de aliento, algo que le recordaba que había algunos que creían en él.[4]

Los líderes nunca debemos subestimar el valor de recordarles a los demás que creemos en ellos. Si el más grande de los líderes necesitó aliento, entonces todos lo necesitamos. Es por eso que George M. Adams describió el aliento como el oxígeno para el alma.

Cuando usted como líder interactúa con otros, ¿cuál es su mentalidad? ¿Va con la intención de corregirlos o de conectarse con ellos? ¿Los reprime o los eleva? Todos los días tiene esas alternativas con aquellos que dirige, con los que lo dirigen, con sus amigos, familiares y colegas.

> CUANDO USTED COMO LÍDER INTERACTÚA
> CON OTROS, ¿CUÁL ES SU MENTALIDAD?
> ¿VA CON LA INTENCIÓN DE CORREGIRLOS
> O DE CONECTARSE CON ELLOS?

Si usted es fanático de los libros o las películas *El Señor de los Anillos* y *El Hobbit*, tal vez le sorprenderá saber que el autor de esas obras, J. R. R. Tolkien, necesitó del aliento de un amigo y compañero autor para perseverar durante las primeras etapas de su trabajo en esos libros. C. S. Lewis y Tolkien solían reunirse, junto con otros amigos, en un grupo al que ellos llamaban los «Inklings». Se reunían semanalmente para comentar acerca de sus trabajos y alentarse unos a otros. Tolkien le dio el crédito a Lewis como el individuo que lo ayudó a seguir adelante cuando se sentía desalentado. En un artículo acerca de estos dos escritores, Mark Moring señaló:

> De no haber sido por Lewis, Tolkien no hubiera escrito *El Señor de los Anillos*. Tolkien escribió en una carta: «La deuda enorme que le debo no puede calcularse. Por un buen tiempo, él fue mi única audiencia». Tolkien verdaderamente tiró la toalla en varias ocasiones, y cada vez Lewis le decía: «Tollers, ¿dónde está el siguiente capítulo? No puedes rendirte ahora». Lewis fue el único que lo mantuvo en marcha.[5]

Todas las personas que forman parte de su vida necesitan realmente el aliento que solo usted les puede dar. En mi casa, siempre he procurado dar aliento, primeramente a mis hijos y ahora a mis nietos. Cuando mi hija Elizabeth era joven, cada Día de Acción de Gracias le ofrecía que ella y yo partiéramos el «hueso del deseo» del pavo. Si usted no conoce esta tradición, funciona así. Dos personas sujetan cada una un extremo del hueso, piden un deseo, y halan hasta que el hueso se rompa. Quien se quede con el trozo más grande es el ganador y su deseo se cumplirá. Lo que Elizabeth no sabía era que yo siempre examinaba el hueso de antemano para asegurarme de darle el extremo que la hiciera ganar a fin de que su deseo se convirtiera en realidad.

Un Día de Acción de Gracias, luego de una racha de años en los que ella siempre ganaba, me dijo: «Papá, a ti nunca te toca pedir un deseo y que se cumpla. ¿Cuál es tu deseo?».

«Mi deseo es que tus deseos siempre se cumplan», respondí. Ella me dio un abrazo fuerte cuando se dio cuenta de que yo siempre quiero lo mejor para ella. Se sintió alentada, y yo también.

También adopto la mentalidad de alguien que brinda aliento cuando subo a la tarima para hablar. Como comunicador, puedo tratar de ser el *sabio en el estrado* o el *guía a su lado*. Un sabio mira a los que están por debajo de él y busca impresionarlos con su sabiduría. Un guía se pone a un lado, comparte la travesía y anima a los demás a que recorran toda la distancia con él. No quiero impresionar a otros. Quiero conectarme con ellos y ayudarlos.

El inversionista multimillonario y filántropo Charles Schwab dijo: «No he hallado todavía al hombre, sin importar lo grande o exaltado de su posición, que no haga un mejor trabajo y con más empeño bajo un espíritu de aprobación que el que haría bajo un espíritu de crítica».[6] Creo que la mayoría de las personas carecen de aliento suficiente. Usted puede corregir ese déficit al convertirse en un líder alentador.

▶

El cambio de la dirección a la conexión es uno de los más valiosos que hará como líder. Cuando uno dirige, es como construir un puente hacia otros, pero el tránsito solo fluye en un sentido. Cuando uno se conecta, establece una vía de doble sentido. Y gracias a eso, todo mejora. No solo las relaciones prosperan, sino que las ideas también mejoran, porque fluyen en ambos sentidos. Las personas trabajan mejor juntas y el equipo se fortalece. Los problemas se resuelven más rápidamente, porque las comunicaciones han mejorado, las personas se conocen mejor y empiezan a aunar sus esfuerzos. Y el entorno mejora también.

¿Tomará tiempo edificar estas conexiones? La respuesta es sí. Pero no permita que eso lo detenga. A la larga, ahorrará tiempo, su equipo mejorará, y usted también lo hará.

CAPÍTULO 9

DE LA UNIFORMIDAD DEL EQUIPO
A LA DIVERSIDAD DEL EQUIPO

El cambio para el mejoramiento

Nuestras diferencias pueden causar
un impacto positivo.

D e todos los cambios en liderazgo que he hecho, este requirió el salto más grande. Digo esto porque mi trasfondo no tiene nada de diverso. Crecí en Circleville, Ohio. En la mitad del país. La comunidad era casi totalmente blanca. Y mi familia era de clase media baja. No había nada innovador en la iglesia en donde crecí. Éramos conservadores y chapados a la antigua. Aun la formación teológica y ministerial que recibí en la universidad de Circleville hacía énfasis en que los cristianos debían separarse de la cultura de la sociedad de algunas maneras. Así que nos apartábamos y nos sentíamos cómodos pasando todo el tiempo con gente como nosotros.

Mis primeros días como pastor fueron igualmente convencionales. La iglesia que dirigía estaba llena de granjeros con sus familias. Tenían buenos corazones, trabajaban duro y eran buena gente. Sin embargo, no resultaban diversos ni tenían visión de futuro. Mientras estaba en la iglesia, la NASA puso al primer hombre en la luna. Los miembros de mi iglesia no estaban convencidos de que eso hubiera sucedido en realidad. Muchos creían que se trataba de un fraude, que había sido filmado en el desierto del oeste de los Estados Unidos con trampolines bajo tierra recubiertos de arena. ¿De veras? ¡Sí, de veras!

Todos los líderes de la iglesia eran hombres blancos y viejos. Todos parecían haber sido cortados de una misma tela, se adherían a las mismas reglas y seguían el mismo modelo de liderazgo. Hasta se parecían unos a otros. Como pastor, se esperaba que yo me conformara al modo en el cual trabajaban otras iglesias de nuestra organización y que siguiera las mismas reglas y lineamientos que los demás. Como ya mencioné en el capítulo 6 en el cambio de la abundancia, el énfasis estaba en la tradición y la conformidad. Cuando llegó el momento de que contratara al primer miembro de mi personal, el consejo que me dieron fue que encontrara a un «John Jr.», es decir, alguien exactamente como yo. La idea de ellos en cuanto al progreso era retroceder lentamente, y su idea de la innovación era *más de lo mismo*.

SALIÉNDOSE DE LA BURBUJA

El cambio para el mejoramiento, de la uniformidad a la diversidad, ocurrió lentamente en lo que a mí respecta. Las semillas se habían sembrado por cierto tiempo mientras asistía a la universidad. Empezó allí debido a que era entrenador de un equipo de baloncesto en una escuela católica. Esta fue mi primera exposición e interacción de larga duración con los católicos. En aquel tiempo también me encontré al primer sacerdote que conociera en mi vida: el padre Mike Elifritz. Era un hombre maravilloso. Después de terminar mi trabajo de entrenador, cuando estaba listo para graduarme de la universidad, almorcé con el padre Mike. Le comenté mis dudas en cuanto a los pasos siguientes que debía dar en mi vida. Nunca olvidaré lo que me dijo: «John, confíale tu futuro a Dios». Esas palabras me dieron confianza al avanzar en la siguiente fase de mi vida.

¿Por qué fueron tan significativas sus palabras? Después de todo, yo era un individuo de fe que estaba planeando dedicarme al ministerio. Eso resonó con fuerza en mí, porque un católico estaba añadiéndole valor a un protestante. En mi pequeño mundo aislado, no se suponía que tal cosa sucediera. Esos dos grupos se mantenían en lados opuestos de la línea divisoria y abrigaban sospechas los unos de los otros. Sin embargo, su forma de sentir y su apoyo cambiaron mi manera de pensar. Fue un momento que sirvió de catalizador para mí y me mostró un mundo más grande y diverso.

Eso ocurrió en 1969 y fue el inicio de un largo viaje hacia la apreciación de la diversidad que me tomaría casi treinta años. A lo largo del camino tuve muchas experiencias que cambiaron mi manera de pensar estrecha e ingenua, y aprendí muchas lecciones. Estos son los titulares de algunas de ellas:

- UN GRANJERO DE TODA LA VIDA ME ENSEÑÓ LA LECCIÓN MÁS GRANDE DE LIDERAZGO: Claude, un granjero de mediana edad, modesto, sencillo y de la Indiana rural me ayudó a aprender que el liderazgo no consiste en una posición, sino en la influencia.
- UNA MUJER POBRE ME ENSEÑÓ SOBRE LA GENEROSIDAD: Helen, miembro de mi iglesia, tenía un espíritu generoso extraordinario y me enseñó que la generosidad nada tiene que ver con la riqueza.

- **UN INDIVIDUO QUE NO ERA UN LÍDER ME ENSEÑÓ A NO ENCASILLAR A LA GENTE:** Brent, que era un modelo de servicio, me ayudó a comprender que un individuo no tenía que amoldarse al tipo clásico de líder para hacer un aporte valioso a una organización.

- **EL LÍDER DE UNA IGLESIA GRANDE ME ENSEÑÓ A IR DE PASTOR A RANCHERO:** Jerry, el pastor de una iglesia grande, me ayudó a comprender cómo equipar a otros para que se convirtieran en líderes, cómo hacer crecer a mi iglesia pequeña, y cómo pensar como un ranchero que incursiona como pionero y edifica, en lugar de pensar como un pastor que solo mantiene a un rebaño.

- **UNA CONFERENCISTA ME AYUDÓ A COMPRENDER QUE MI MANERA DE HACER LAS COSAS NO ERA LA ÚNICA MANERA:** Florence, que escribió un libro sobre los cuatro tipos diferentes de temperamentos, me ayudó a apreciar las diferencias y fortalezas de las personas diferentes a mí.

- **UN LAICO ME DIO UNA IDEA PARA RECAUDAR FONDOS:** Había creído que las mejores ideas relacionadas con el liderazgo de la iglesia provenían de ministros de vocación, pero Bill, que era un hombre de negocios, fue el que tuvo la idea de recaudar fondos para un programa de construcción en la iglesia, en lugar de obtener un préstamo de un banco.

Hubo cientos de personas más que eran diferentes a mí y provocaron un cambio positivo en mi vida. Ellos me ayudaron de las siguientes maneras:

- Desafiaron mis suposiciones.
- Cambiaron mi forma de pensar.
- Me mostraron mejores maneras de hacer las cosas.

- Me ayudaron a eliminar mis prejuicios.
- Me enseñaron a valorar a todos.
- Me convirtieron en una persona mejor.

Lentamente me trasladé de valorar la uniformidad a cuestionar su valor. La diversidad lentamente me impresionó con este pensamiento: las personas diferentes a mí pueden causar un impacto positivo en mi vida.

LAS PERSONAS DIFERENTES A MÍ PUEDEN CAUSAR UN IMPACTO POSITIVO EN MI VIDA.

Este cambio, el cual se inició de manera tenue y creció con el paso del tiempo, culminó cuando me reubiqué junto con mis empresas en Atlanta, Georgia, en 1997. Atlanta es una ciudad con una abundante influencia e historia afroamericana. Eso era nuevo para mí. Había vivido en una ciudad pequeña de Ohio, en la Indiana rural y la soleada San Diego. Sabía que había una brecha entre mi persona y la comunidad afroamericana y sus experiencias, y quería cerrar esa brecha.

Para ayudarme, solicité la ayuda de mi amigo Sam Chand, presidente emérito de la Universidad de Beulah Heights, una institución mayormente afroamericana en Atlanta. Sam nació en India, pero estaba bien conectado con nuestra comunidad. Él programó almuerzos cada dos meses por dos años en los cuales pude conocer a más de trescientos líderes locales. En general, sus jornadas habían sido muy diferentes a la mía. Hice muchas preguntas y les pedí que me contaran sus historias. Me complace decir que pude conectarme con la mayoría de las personas que conocí. Ellos reformaron mi actitud, le presentaron un reto a mi manera de pensar y tocaron mi alma. Me convertí en una mejor persona gracias a sus experiencias, e hice muchas amistades nuevas.

LAS VENTAJAS DE UN EQUIPO CON DIVERSIDAD

Vi una definición de *equipo* en la *Harvard Business Review* que realmente me gusta: «Un equipo es un número pequeño de personas con habilidades complementarias que están comprometidas con un propósito común, un conjunto de metas de desempeño, y un enfoque para el cual se rinden cuentas mutuamente».[1] Esta definición da por supuesto que hay una variedad de habilidades. Eso implica diversidad.

Nuestras diferencias verdaderamente pueden producir un impacto positivo en nuestros equipos, nuestras organizaciones y nuestras vidas individuales. Una vez que hallamos un terreno en común y nos comprometemos a sacar a relucir lo mejor de nuestra gente que es diversa, cosas buenas empezarán a suceder. Esto es lo que estoy descubriendo ahora.

1. LOS EQUIPOS DIVERSOS LLENAN LA BRECHA DEL CONOCIMIENTO

Como líder, es importante conocer lo que uno no sabe. ¿Cómo? Al interactuar con gente diversa en su equipo. Si incluye a una variedad de personas, entonces *alguien* en su equipo podrá ayudarlo. Por este motivo, con frecuencia les pregunto a los miembros de mi equipo: «¿Qué es lo que no estoy viendo?». Doy por supuesto que siempre hay algo que no veo, y creo que alguien puede ayudarme. Cuando lo hacen, entonces quedo libre para enfocarme en lo que sé y lo que hago bien.

Cuando no se llena la brecha del conocimiento, uno puede terminar como aquel profesor de una antigua historia que leí. Él estaba viajando en tren junto a un granjero. Después de pasar varios días juntos, se cansaron de hablar y leer, así que el profesor sugirió que jugaran un juego de acertijos.

—Cada vez que usted no pueda adivinar un acertijo, me da un dólar, y cada vez que yo no logre adivinarlo, le daré un dólar —dijo el profesor.

—Usted es más educado que yo —señaló el granjero—. Le daré cincuenta centavos.

El profesor estuvo de acuerdo y el granjero propuso el primer acertijo.

—¿Qué tiene tres patas cuando camina y dos cuando vuela? —preguntó.

El profesor no sabía, así que le dio un dólar al granjero. El granjero tampoco sabía, así que le dio cincuenta centavos al profesor.[2]

2. LOS EQUIPOS DIVERSOS LLENAN LA BRECHA DE LA PERSPECTIVA

Malcolm Forbes dijo que la diversidad es el arte de pensar independientemente juntos. Me gusta eso, porque hacer que buenos pensadores independientes trabajen juntos es el desafío de liderazgo que me gusta asumir. Cuando todos piensan y dicen las mismas cosas, eso representa el fin de la creatividad y la muerte del entorno empresarial.

Como líder, es mi responsabilidad estimular y participar en las conversaciones que sacan a la luz perspectivas diferentes. No necesito ni quiero que los miembros de mi equipo me repitan lo que pienso como loros, ni que intenten adivinar lo que deseo. Lo que pretendo es saber lo que *ellos* piensan. Quiero que mi equipo «me enfrente» cuando ven las cosas de manera diferente. Quiero que me desafíen tal como yo los desafío. Solo así podemos sacarnos el máximo provecho unos a otros. Esa es una situación en la que todos ganamos.

3. LOS EQUIPOS DIVERSOS LLENAN LA BRECHA DE LA EXPERIENCIA

En lo que a mí respecta, un poquito de experiencia tiene más peso que un montón de teoría. Mientras mayores sean las diferencias en las experiencias personales de un equipo, tanto mayor será su capacidad de logros y mayor será el número de «herramientas» que tendrá a su disposición. Como dice el dicho, si lo único que tienes es un martillo, todo empieza a parecer un clavo. La diversidad nos ayuda a evitar martillar cosas que requieren el uso de un destornillador.

LOS BUENOS LÍDERES RECIBEN GUSTOSOS LA DIVERSIDAD EN SUS EQUIPOS

El tema de la diversidad no es sencillo, y las personas exhiben una amplia variedad de reacciones al mismo. Para algunos, este conlleva imágenes de estudios demográficos, interacciones incómodas, relaciones personales explosivas y sesiones de capacitación sobre la diversidad en el lugar de trabajo. Para otros, representa amiguismo, barreras al ascenso y privilegios parcializados. Sin embargo, los buenos líderes ven la diversidad como una de las mejores maneras en las cuales formar un equipo de categoría mundial. Cuando un grupo de profesionales es debidamente dirigido, motivado y puesto en acción, puede darle a su equipo de liderazgo una ventaja poco común sobre sus competidores.

Uno de los libros sobre liderazgo más impactantes que he leído es *Equipo de rivales* de Doris Kearns Goodwin. Este narra la historia de la presidencia de Abraham Lincoln y cómo él nombró para formar parte de su gabinete a un grupo sumamente diverso de acuerdo con la época. Los miembros de su gabinete eran rivales feroces, no aliados. ¿Por qué escogió a personas tan diferentes a sí mismo? Las demandas de la Guerra Civil exigían que Lincoln aprovechara las habilidades de los mejores líderes y pensadores si se esperaba que la Unión prevaleciera. Y el presidente Lincoln empleó sus mejores habilidades de liderazgo y perspectivas políticas para sacarles el máximo provecho a los miembros de su gabinete que proponían perspectivas diferentes.

El libro me impactó de manera particular. Cuando terminé de leer *Equipo de rivales*, escribí estas palabras en la portada interior delantera:

Si alguna vez tienes que:
Enfrentar tareas de suma dificultad y diversidad
Dirigir durante una crisis
Colocarte bajo la carga de una causa mayor
Llevar el manto del liderazgo con dignidad...
Entonces, lee este libro.
—JCM 09-11-2008

BARRERAS QUE OBSTRUYEN LA DIVERSIDAD

Los mejores líderes parecen hacer esto de manera instintiva. Winston Churchill, que magistralmente guió al Reino Unido durante los años difíciles de la Segunda Guerra Mundial, incluyó a adversarios políticos tales como Clement Attlee en sus reuniones de estrategia en el búnker subterráneo de Londres. Churchill sabía que la crisis exigía el uso de talentos extraordinarios, y no tan solo de las habilidades de individuos que lo hicieran sentirse cómodo. Entonces, si invitar a la diversidad es una práctica tan valiosa, ¿por qué no la adopta un número mayor de líderes? Porque la diversidad es incómoda. Muchos líderes fracasan en lo que respecta a lidiar con esa incomodidad y tienen dificultades para vencer estos obstáculos comunes que impiden la diversidad:

1. Temor al conflicto

Un equipo diverso naturalmente poseerá diferencias en cuanto a opiniones, perspectivas y cosmovisión. Eso casi inevitablemente conduce al conflicto. Muchos le temen a tal cosa, sin embargo, es una parte necesaria de la vida. El conflicto en realidad hasta puede ayudarnos. El autor y consultor Patrick Lencioni escribió acerca de este tema en su libro *Las cinco disfunciones de un equipo*:

> Todas las grandes relaciones, las que perduran con el paso del tiempo, requieren de conflictos productivos para poder crecer. Esto es verdadero en el matrimonio, la crianza de los hijos, las amistades, y ciertamente en los negocios.
>
> Por desdicha, el conflicto se considera como un tabú en muchas situaciones, especialmente en el trabajo. Mientras más asciende uno en la cadena jerárquica, más encuentra a personas que dedican cantidades enormes de tiempo a evitar el tipo de debates apasionados que son esenciales para todo equipo excelente.[3]

Lencioni enseña que el conflicto productivo cumple un propósito: «Producir la mejor solución posible en el tiempo más corto posible».[4]

Cuando personas diferentes con experiencias diferentes que sostienen opiniones diferentes se sientan a la mesa con un mismo objetivo, los resultados que se obtienen pueden ser extraordinarios. Sin embargo, para ello es necesario que los individuos pongan a un lado sus títulos y posiciones, agendas personales y preferencias. Todos deben desear que las mejores ideas triunfen, no que solo lo hagan aquellas que provienen de su propio grupo.

Un consejero matrimonial una vez me comentó algo acerca de cómo resolver conflictos en el matrimonio. Las personas usualmente llegan al matrimonio con personalidades diferentes, experiencias diferentes, perspectivas diferentes y expectativas diferentes. Las diferencias que existían antes de la boda se intensifican cuando la pareja vive bajo un mismo techo por primera vez. Sin embargo, los matrimonios felices se basan menos en la compatibilidad y más en la forma en la que tratan con la incompatibilidad. En lugar de permitir que la relación quede hecha nudos, es necesario que la pareja aprenda a aflojar el nudo un poco, a fin de enfrentar los conflictos y resolverlos.

Lo que más teme la gente son las rupturas y que ocurran daños irreparables en las relaciones. No obstante, cuando uno valora la diversidad y está genuinamente abierto a las ideas y perspectivas de otras personas, surge la posibilidad de descubrir ideas frescas, edificar un mejor equipo y conquistar terreno nuevo.

CONFLICTO DAÑINO	CONFLICTO SALUDABLE
Asume las diferencias de un modo personal	Ve las diferencias de un modo imparcial
Descarga el bagaje personal	Desea conocer a la persona
Busca represalias	Busca soluciones
Resulta en heridas	Resulta en ayuda
Busca conclusiones rápidas	Busca comprensión
Se retrae de la conversación	Toma parte en la conversación
Valora el yo por encima de las soluciones	Valora las soluciones por encima del yo
Defiende su territorio	Incluye territorios nuevos
Empeora al equipo	Mejora al equipo

2. UNA RED PERSONAL INSUFICIENTE

La mayoría de las personas pasa tiempo con otros que son iguales a ellos. Esto con frecuencia no obedece a prejuicios, sino que sencillamente así actúa la gente. Cuando estaba creciendo, mi mamá solía decirme: «Dime con quién andas y te diré quién eres». Lo decía porque ella quería que pasara tiempo con otros muchachos de buen carácter, y no con chicos que tomaban malas decisiones y se metían en problemas. No obstante, ese antiguo adagio que ella citaba también indica que las personas naturalmente gravitan hacia otras de trasfondo, edad y raza similares.

Recientemente leí un artículo acerca de Cheryle Moses, fundadora y presidenta de la junta directiva de Urban MediaMakers en Lawrenceville, Georgia, lo cual no queda muy lejos de las oficinas de la Compañía John Maxwell. Mientras se encontraba planeando un evento para celebrar el decimosexto aniversario de su organización, Moses leyó un estudio que decía que un 75 % de estadounidenses blancos no tenía amigos que no fueran blancos, y que un 65 % de afroamericanos no tenía amigos blancos.[5] Esas estadísticas la impactaron tan fuertemente que decidió convertir la celebración del aniversario en un evento llamado «Ven a conocer a una persona negra». Moses dijo: «¿Cómo puedes informarte acerca una persona si nunca ha formado parte de tu vida?».[6] El evento tuvo una asistencia nutrida, y Moses consideró que había sido un buen paso inicial hacia una conversación entre dos grupos que con demasiada frecuencia se mantenían apartados uno del otro.

▶

Dele una mirada honesta a sus compañeros, amigos y colegas. Si la mayoría de las personas que conoce son como usted, votan por el mismo partido que usted y escuchan la misma música que usted, probablemente deberá dedicar algo de esfuerzo a ampliar su red, como lo hice yo cuando me trasladé a Atlanta. También he tomado otras medidas para ampliar mi red. Mientras era pastor, pasé una gran parte de mi tiempo fuera de la iglesia estableciendo conexiones con otros pastores y hablando con ellos. Una vez que dejé el ministerio a tiempo completo, empecé a pasar tiempo con personas de negocios que se desempeñaban en una variedad de industrias. Me conecté con Kevin Turner cuando él laboraba en Walmart; con Dan Cathy, el presidente de la junta de Chick-fil-A; con Ed Bastian, el director ejecutivo de Delta; y muchos otros. Además, he viajado internacionalmente mucho más para aprender sobre regiones y culturas diferentes, de Venezuela a Nigeria, a Arabia Saudí y a las Filipinas. Todo esto me ha extendido y me ha convertido en una mejor persona y un mejor líder.

Si usted necesita ampliar su red personal, como fue mi caso, tenga estas cosas en mente:

Para ampliar su red se requiere de humildad

Cuando inicié mi carrera de liderazgo, creía que siempre tenía la razón. El descubrimiento más grande que hice al conocer a personas diferentes a mí fue que tenían mucho que ofrecerme. Antes de hacer el cambio para el mejoramiento, me había engañado a mí mismo. Reconocer eso fue humillante. Cuando acepté que otros sabían algo que yo no sabía, y que tenían tanto para contribuir como yo, pude salir de mi mundo e incursionar en otros nuevos. En lugar de temer una pérdida, anticipaba lo que podría ganar de nuestra interacción.

Para ampliar su red se requiere de intención

Si espera que las conexiones con las personas diferentes se produzcan por sí solas, nunca ocurrirán. Es necesario salirse de su «grupo» natural y emigrar a otro lugar en donde otras personas viven y trabajan. Será incómodo, y todo lo que es incómodo o inusual hay que hacerlo de manera muy intencionada.

Para ampliar su red se requiere de energía

Siempre que se intenta algo nuevo, se necesitará energía adicional. Eso probablemente pareciera ser algo que dicta el sentido común. Sin embargo, las personas no planifican para ello. Si quiere hacer que su equipo sea más

SIEMPRE QUE SE INTENTA ALGO NUEVO, SE NECESITARÁ ENERGÍA ADICIONAL.

diverso, prepárese para la tarea. Planifique tener que perseverar cuando esté demasiado cansado o cuando no tenga deseos de seguir adelante.

Para ampliar su red se requiere de tiempo

Lo mismo puede decirse del tiempo. Tomará tiempo edificar un equipo diverso. Encima de eso, tomará tiempo (y energía) ver los beneficios de la diversidad. Tendrá que demostrar paciencia cuando inicie el «baile de la diversidad», en el que damos dos pasos al frente y uno hacia atrás. Se requerirá tiempo para que los individuos se conozcan los unos a los otros. Todos no jugarán bien al principio. Se topará con baches y desvíos. Eso ocurre con todo buen equipo. No obstante, ¿puede llegar a ese punto? Sí, si invierte el tiempo y la energía que se requiere para ello.

Para expandir su red se requiere de amor

Este punto tal vez sea una sorpresa, especialmente en el contexto de los negocios, pero voy a decir las cosas como son. El amor es lo que hace que todo funcione, y el fundamento del amor es estar dispuesto a valorar a la gente, incluso a personas diferentes a usted y a individuos que no le caen bien. He descubierto que mientras más valoro a las personas, más valor les añado. Y mientras más valor les añado a otros, más valor aportan ellos al equipo. Lo que se aprecia, aprecia.

3. FALTA DE VOLUNTAD PARA ENFRENTAR LOS PREJUICIOS

No crecí intentando aislarme de personas diferentes a mí, sino que sencillamente no conocía a muchas de ellas. Cuando con el paso del tiempo busqué entablar relaciones con personas diferentes y empecé a conectarme con la comunidad de negocios afroamericana en Atlanta, descubrí que poseía un prejuicio pasivo en contra de las personas que eran diferentes a mí. Debido a mi ignorancia, tenía un punto ciego.

> EL MUNDO ES COMO UNA MANO Y TODAS LAS PERSONAS SON SUS DEDOS. SI USTED ODIA Y DESTRUYE A UN GRUPO DE PERSONAS, PIERDE UN DEDO, Y LA CAPACIDAD DE AGARRE DEL MUNDO QUEDA MERMADA.
>
> —DESCONOCIDO

Asumía que las personas como yo tenían buenas ideas que funcionaban mejor que las ideas de los demás. Al exponerme a personas diferentes con trasfondos diferentes, mi prejuicio quedó revelado.

Hay un refrán que encontré que verdaderamente me abrió los ojos a lo que sucede cuando uno tiene prejuicios. No sé quién lo dijo, pero es cierto: «El mundo es como una mano y todas las personas son sus dedos. Si usted odia y destruye a un grupo de personas, pierde un dedo, y la capacidad de agarre del mundo queda mermada».

Adoptar la diversidad me ha permitido comprender mejor al mundo a mi alrededor. Una de las mejores formas en que hago esto es a través del Equipo John Maxwell. Los miles de entrenadores del equipo son un crisol de individuos diversos con fes diferentes provenientes de una gama amplia de países —más de cien— cada uno con su propia cultura. Estos entrenadores aportan sus propias perspectivas, dones y experiencias, las cuales nos brindan con un cuadro más amplio y mejores oportunidades. Permítame contarle acerca de tan solo cinco de ellos:

1. Gaby es de Paraguay; ella ha sido una agente catalizadora para la transformación de su país.
2. Sorin es de Rumanía y dirige a más de mil entrenadores en ese país que a diario añaden valor a muchos ciudadanos.
3. Mfon, de Nigeria, entrena a personas en el liderazgo para las Naciones Unidas.

4. Rudolfo, que vive en Houston, ha traducido todos los materiales de capacitación del Equipo John Maxwell al español para el beneficio de millones de personas en América Latina.

5. El doctor Saroja, en Arabia Saudita, enseña los valores del liderazgo a veintisiete mil estudiantes de secundaria.

Estos son apenas cinco «dedos», pero conozco a muchos más. Podría llenar este capítulo con los nombres de los individuos de varios países que producen un impacto positivo, pero ese no es el punto. Mi perspectiva ha cambiado. ¿Acaso su perspectiva también necesita un cambio? ¿Qué prejuicios, conscientes o desconocidos, tiene que le impiden establecer conexiones con personas diferentes a usted para diversificar su equipo? Identifique lo que le esté estorbando y esfuércese por resolver el asunto.

4. Arrogancia

Una vez leí que los caballeros en la Edad Media solían tener una variedad de caballos para usos diferentes. Montaban caballos pequeños, llamados palafrenes o jacas, para situaciones cotidianas tales como trasladarse. Sin embargo, cuando portaban su armadura completa, listos para ir a la batalla o a una justa, los caballeros necesitaban montar caballos enormes, llamados corceles o caballos de guerra, capaces de soportar el peso del jinete, su armadura y sus armas, la montura y la armadura propia del caballo. Esos corceles podían medir hasta veinte manos de altura en la cruz. ¡Para aquellos de nosotros que no sabemos mucho de caballos, eso significa que medían hasta dos metros en el espinazo!

¿Por qué menciono esto? Porque de allí proviene la expresión inglesa «bájate de tu caballo». Un caballero montado con toda su armadura miraba hacia abajo a todos los demás, no solo a los campesinos en el suelo, sino también a los demás jinetes. Y precisamente eso es lo que muchos hacen, especialmente los líderes que han logrado un cierto rango. Miran hacia abajo con arrogancia a los demás desde su elevado corcel. Esto les impide apreciar a los otros, en particular a los que son diferentes a ellos.

Algunos líderes confían tanto en sus propias genialidades que ni imaginan que otras personas pudieran añadirle valor a su trabajo. Creen que mientras menos similares sean otros, menos podrán contribuir. Y tristemente, cuanto más abajo se encuentren en la organización, más son ignorados. Sin embargo, la realidad es que no existe el líder tan bueno que pueda darse el lujo de ignorar las contribuciones de otros. Nadie es indispensable.

Hace años encontré un poema de Saxon White Kessinger titulado «El hombre indispensable». Pensé que expresaba el aprieto del arrogante:

> Si alguna vez usted se siente importante;
>> Si alguna vez su ego florece;
> Si alguna vez da por sentado,
>> Que es el mejor en la habitación.
> Si alguna vez piensa que su partida
>> Dejaría un vacío irremediable;
> Solo haga esta pequeña prueba,
>> Y verá cómo se humilla su alma.
> Tome una cubeta y llénela de agua,
>> Sumerja en ella su mano hasta la muñeca;
> Sáquela y observe el agujero que queda,
>> Es una medida de la falta que hará.
> Podrá salpicar todo lo que quiera,
>> Y agitar el agua hasta más no poder;
> Pero deténgase y en cuestión de minutos,
>> Volverá a ser igual que antes.
> La moraleja de este singular ejemplo
>> Es que haga su mayor esfuerzo;

Siéntase orgulloso de usted mismo, pero recuerde
¡No existe el hombre indispensable![7]

Si deja a un lado las ideas y las contribuciones potenciales de otros, especialmente las que ofrecen las personas diferentes a usted, nunca alcanzará su potencial, ni su equipo tampoco lo hará. ¡Y, tristemente, ni se dará cuenta de ello!

5. INSEGURIDADES PERSONALES

Existe una antigua broma que cuenta que el presidente de una organización un día se reunió con el jefe de recursos humanos y le dijo: «Busca en la organización a un líder joven, alerta y agresivo que pudiera ocupar mi lugar, y cuando lo encuentres, despídelo». Así como el presidente de esa broma se sintió amenazado por los líderes jóvenes y fuertes, hay personas que se sienten amenazadas o incómodas alrededor de las personas que son diferentes. Esa inseguridad personal es fácilmente detectada por otros y los desalienta.

El tema de la inseguridad es complejo, y si usted es un líder inseguro, podría necesitar ayuda para enfrentar el asunto, pero le digo esto: el mejor antídoto que he hallado para la inseguridad personal es pensar en ayudar a otros primero y ponerlos en primer lugar. Cuando se hace eso, uno deja de preocuparse por verse bien y fija su atención en hacer que otros se vean bien.

Aprendí esta lección un par de años después de haberme graduado de la universidad. Durante dos años jugué en un buen equipo de baloncesto aficionado en el que todos los jugadores titulares eran mejores que yo. Tengo que reconocer que esto me intimidaba y me causaba un poco de inseguridad, porque era un jugador bastante bueno en aquellos días. Al principio, mi naturaleza de competidor surgía durante las prácticas, pero eso solo empeoraba las cosas.

> **EL MEJOR ANTÍDOTO QUE HE HALLADO PARA LA INSEGURIDAD PERSONAL ES PENSAR EN AYUDAR A OTROS PRIMERO Y PONERLOS EN PRIMER LUGAR.**

Antes de nuestro primer partido, tomé una decisión que lo cambió todo para mí. En lugar de intentar ser mejor que ellos, decidí enfocarme en hacer que los otros jugadores fueran mejores. Y así se los dije. En el momento en que mi desempeño tuvo que ver con ellos y no conmigo, mi inseguridad se disipó, y mi contribución al equipo mejoró.

Si usted tiene inseguridades, especialmente las que se ven impulsadas por las fortalezas o las diferencias de otros, empiece a lidiar con ellas. Si no lo hace, su liderazgo dañará al equipo en lugar de ayudarlo.

6. NO SER INCLUSIVO

El último obstáculo común que impide promover la diversidad en el equipo es que el líder y los miembros del equipo no sean inclusivos. Cuando su equipo tiene miembros que no sienten que pertenecen o contribuyen al mismo, se desconectan del equipo. Y no aportan sus mejores dones ni talentos.

Durante muchos años les he enseñado a las personas a buscar un terreno en común con los demás como el medio para iniciar el proceso de conexión, y a adelantar ese proceso al valorar a los individuos y añadirles valor. Todavía creo que esta es la forma de iniciar. Sin embargo, todo el concepto de *inclusión* y cómo se relaciona con la diversidad está cambiando debido a los mileniales. Recientemente leí un estudio acerca del enfoque que los mileniales tienen con respecto al lugar de trabajo, y pensé: *Con razón la pregunta que más me hacen en el mundo de los negocios es cómo interactuar con los mileniales.*

El estudio se titulaba «La transformación radical de la diversidad y la inclusión: La influencia de los mileniales», publicado por la Universidad de Deloitte. El mismo señala que tanto mi generación de los *baby boomers* (aquellos nacidos durante la explosión de la natalidad luego de la Segunda Guerra Mundial) como la Generación X vemos la *inclusión* como una función de la moral: es lo correcto. La definimos en términos de representación, o sea, asegurando una inclusión justa de «género, raza, religión, origen étnico y orientación sexual».[8] Los *baby boomers* podrían no estimar que la diversidad y la inclusión tienen valor práctico; su enfoque se centra en cumplir con lo justo, la ética y la igualdad.

En contraste, los mileniales ven la diversidad y la inclusión como algo con valor inherente. Ellos permiten que se escuchen voces que tienen un impacto tangible y beneficioso sobre los negocios. La meta no es solo reunir a personas de razas, religiones y géneros diferentes; en cambio, ellos quieren reunir a personas con diferencias en su trasfondo, experiencia personal, estilo y perspectiva.[9]

La manera en la cual se reúnen esas personas también es importante para los mileniales. Así lo explican las autoras del estudio, Christie Smith y Stephanie Turner:

> Cuando se trata de definir la inclusión, los mileniales se enfocan principal y completamente en el trabajo en equipo, valorando una cultura de conectividad y empleando herramientas de colaboración para impulsar el impacto de los negocios. Las generaciones anteriores, en cambio, definían la inclusión en términos de igualdad, equidad, y la integración, la aceptación y la tolerancia de diversidades de género, raza y origen étnico en la organización.[10]

Los mileniales se sienten felices con solo tener a las personas a la mesa. Quieren que todos sean considerados como contribuyentes y la inclusión no ha sucedido hasta que esto ocurra.

Estas diferencias en la manera de pensar y el enfoque tienen un impacto enorme en el sitio de trabajo, y este impacto solo aumentará. Para el año 2025, un 75 % de la fuerza laboral estará compuesto por mileniales.[11] En la actualidad, los mileniales, en su mayoría, se sienten menos incluidos y conectados que los miembros de la fuerza laboral de otras generaciones.

- Los mileniales tienen una probabilidad 13 % mayor de estar en desacuerdo con la afirmación de que se sienten entusiasmados por ir al trabajo.
- En general, los mileniales tienen un 13 % mayor de probabilidades de estar en desacuerdo con la afirmación de que se sienten conectados con la organización.
- Los mileniales tienen una probabilidad 33 % mayor de estar en desacuerdo con la declaración de que el trabajo que desempeñan tiene un impacto sobre la organización.[12]

Smith y Turner sugieren que un buen liderazgo que apoye la inclusión y la diversidad ayudará a los mileniales a conectarse plenamente con la organización. Los líderes pueden lograr esto proporcionando «un entorno de colaboración en el cual los empleados puedan ver el impacto de sus labores, comprender el valor que aportan a la organización, y sentir que sus esfuerzos se reconocen. Los líderes creen en la sinceridad y la transparencia y demuestran que un equipo cognitivamente diverso es mejor para los negocios».[13]

CÓMO EFECTUAR EL CAMBIO EN LIDERAZGO HACIA LA DIVERSIDAD Y LA INCLUSIÓN

Si usted es un milenial, probablemente está diciendo: «Amén». Si es un *baby boomer* o GenX, probablemente está de acuerdo con la creación de un entorno diverso e inclusivo, pero no está seguro de qué hacer con las diferentes maneras de pensar y las perspectivas alternas. Le tengo tres sugerencias:

1. Establezca una cultura de intercambio

No importa lo diverso que sea el sitio de trabajo, los equipos no adoptan la creatividad a menos que exista una cultura que propicie la interacción y el intercambio de conocimientos. Para esto, es necesario restarles énfasis a los títulos, posiciones y funciones. Tal cosa significa invitar a todos a que den su opinión. Significa darles oportunidades a las personas de dirigir antes de que tengan un cargo oficial, y algunas veces incluso antes de que usted piense que están completamente listas para ello. Y significa estar más dispuesto a aceptar a las diferencias. Smith y Turner señalaron lo siguiente:

> Los mileniales añoran la autoexpresión y la aceptación de sus pensamientos y opiniones, pero en comparación con las generaciones anteriores, sienten que es innecesario desestimar sus diferencias para salir adelante. Los mileniales se niegan a dejar sus identidades fuera de las puertas de las organizaciones de hoy, y creen enfáticamente que estas características añaden valor a los resultados de los negocios y al impacto.[14]

Cuando usted comparte el espacio, comparte las responsabilidades, comparte el compromiso con las tareas y comparte las recompensas, todos querrán contribuir.

2. Amplíe su perspectiva en cuanto a la diversidad

En un artículo publicado en la *Harvard Business Review*, el profesor de psicología comercial Tomás Chamorro-Premuzic escribió: «La mayor parte de las discusiones acerca de la diversidad se enfocan en variables demográficas (por ejemplo: género, edad y raza). Sin embargo, los aspectos más interesantes e influyentes de la diversidad son psicológicos (por ejemplo: personalidad, valores y habilidades)».[15] Así también lo ven los mileniales.

La igualdad no se trata meramente de darles a todos las mismas cosas; también tiene que ver con darles a personas únicas lo que necesitan. Bernard Tyson, presidente de la junta directiva de Kaiser Permanente, dijo: «Hemos evolucionado de la igualdad a la equidad. La igualdad dice que a todos les toca lo mismo. La equidad dice no, todos reciben lo que necesitan. Parte de edificar un entorno inclusivo no tiene que ver con cambiar a la persona, sino con cómo cambiará uno mismo y el entorno en el cual la persona alcanzará el éxito».[16] Eso nos exige que pensemos de manera diferente y que tratemos la diversidad de manera diferente.

3. Proporcione un liderazgo sólido para que la diversidad sea eficaz

Si bien la mucha diversidad puede ayudar a un equipo, también puede presentarle un reto. Reunir a un grupo diverso de personas no es cosa fácil. Y como indicó Chamorro-Premuzic, un exceso de diversidad en un equipo puede resultar problemático. Yo concibo esto como el Síndrome de Sansón: la conjunción de una gran fuerza con una gran debilidad. La fuerza de la diversidad se manifiesta en la solución de problemas y la creación de ideas. La debilidad aparece en la toma de decisiones y la implementación. Tomás Chamorro-Premuzic afirmó:

> Existe una diferencia entre generar ideas e implementarlas. Si bien la composición de un equipo diverso parece otorgarle ventajas cuando se trata de la generación de una gama más amplia de ideas originales y

útiles, estudios experimentales sugieren que estos beneficios desaparecen una vez que a ese equipo se le encarga decidir cuáles ideas seleccionar e implementar, presuntamente porque la diversidad estorba el consenso.

El autor continuó diciendo que «las ganancias en la creatividad producidas por la diversidad superior del equipo se ven afectadas por el conflicto social inherente y las deficiencias en la toma de decisiones que se crea en los equipos menos homogéneos».[17] El buen liderazgo puede ayudar a fortalecer tanto la generación de ideas como su implementación.

▶

Todavía me encuentro en el viaje cuando se trata del cambio de la uniformidad a la diversidad. ¿Por qué? Porque la manera de pensar de las personas continúa evolucionando y yo también necesito hacerlo para convertirme en un mejor líder. El cambio más grande fue pasar de pensar que yo siempre tenía la razón a reconocer que otras personas son diferentes de mí, pero no por ello están equivocadas. Una vez que pude ver las cosas desde la perspectiva de los otros, pude apreciar mejor su valor y aceptarlo.

Todo esto tiene algo de paradoja. Para abrazar la diversidad es necesario celebrar nuestras diferencias. Sin embargo, sigo creyendo que la forma de llegar a ese punto es buscando un terreno en común. Al final, creo que todos deseamos lo mismo: que se nos escuche, se nos valore, colaborar, alcanzar el éxito y producir un impacto positivo. Si podemos conectar los puntos en los cuales somos similares y hacer aportes aprovechando nuestras diferencias, podemos lograr grandes cosas.

CAPÍTULO 10

DE LA AUTORIDAD POSICIONAL A LA AUTORIDAD MORAL

El cambio de la influencia

> *La verdadera medida del liderazgo es la influencia, nada más y nada menos.*
>
> —LA LEY DE LA INFLUENCIA, *LAS 21 LEYES IRREFUTABLES DEL LIDERAZGO*

Se me ha conocido por mi definición del liderazgo durante más de cuarenta y cinco años: el liderazgo es influencia. Si usted ha dirigido a otros por algún tiempo, probablemente sabe de manera instintiva que esto es cierto. Sin embargo, ¿se ha preguntado alguna vez de dónde proviene esta influencia?

SIN AUTORIDAD

Tuve que hacerme esa misma pregunta en mi primer trabajo de liderazgo. Apenas unas cuantas semanas después de haber salido de la universidad, me convertí en el pastor de una pequeña iglesia rural en la comunidad agrícola de Hillham, Indiana. La palabra *comunidad* casi la hace sonar más grande de lo que en realidad era: once casas, dos gasolineras y una pequeña tienda de pueblo.

Se trataba de un trabajo que pensaba que podía manejar, en un entorno al cual podía adaptarme. La iglesia no era grande, no estaba en una ciudad, no había titanes de la industria con los que tuviera que lidiar. Yo sería un pez mediano en un estanque pequeño. Los reglamentos de la organización decían que era el líder de la congregación y el presidente de su junta directiva. Pensé que eso me convertía en líder.

La primera vez que me reuní con la junta directiva, me preparé para ello. Pensé acerca de la visión y cómo la expresaría. Pensé sobre cómo quería que se desarrollara la reunión y programé por escrito todo detalladamente.

Sabía que, por ser el presidente, se suponía que yo iniciara la sesión y la manejara. Así que luego de las presentaciones y los saludos, cuando estábamos sentados alrededor de la mesa, me preparé para empezar. Sin embargo, antes de que pudiera decir o hacer alguna cosa, Claude, uno de los miembros de la junta, dijo: «Pastor, ¿por qué no nos dirige en oración para empezar?».

Esa es una buena idea, pensé, así que oré.

Abrí la carpeta que contenía las copias de mi orden del día y estaba a punto de entregarlas cuando Claude dijo: «Hay un par de asuntos que creo que debemos tratar esta noche».

Ah, pensé, *muy bien. Podemos resolver esos asuntos primero y después pasamos a lo que he planeado.*

Claude dirigió la discusión e hizo preguntas mientras los otros hombres respondían. Escuché y traté de mantenerme al tanto. La mayoría de las cosas que estaban tratando eran el tipo de asuntos cotidianos y rutinarios que hay que atender en toda organización, de modo que no hubo nada de transcendencia.

Luego de más o menos una hora, Claude dijo: «Bueno, eso como que lo concluye todo. Pastor, ¿por qué no nos despide en oración?».

Así que dije una oración, todo el mundo se levantó, nos estrechamos las manos, nos dijimos adiós y nos fuimos a nuestras casas. Y pensé: ¿Qué es lo que acaba de suceder?

¿DE DÓNDE VIENE LA AUTORIDAD?

Ese fue el día que aprendí que una posición de liderazgo no le confiere a un individuo autoridad de liderazgo. Y tener un título no es lo mismo que tener influencia. Yo tenía el título, pero todos seguían a Claude. Su opinión era la que importaba en la mesa. Todos estaban de acuerdo con lo que él decía, y se sentían felices de hacer lo que dijera.

En aquel entonces, no había descubierto mi definición de liderazgo, pero después de aquella reunión con la junta directiva, comencé a pensar sobre el tema. Y empecé a tratar de discernir por qué los miembros de la junta directiva seguían a Claude. Era un granjero de mediana edad que también trabajaba en la planta eléctrica de la localidad. No era un hombre particularmente impresionante. No tenía estudios superiores. Sin embargo, tenía influencia.

Ahora miro hacia atrás y me doy cuenta de que en el pequeño mundo de Hillham, Claude gozaba de cierto grado de autoridad moral. Para los miembros de esa iglesia y esa junta directiva, sus palabras tenían mucho peso. ¿Por qué? Por la forma en la que vivía su vida. Él era un buen

UNA POSICIÓN DE LIDERAZGO NO LE CONFIERE A UN INDIVIDUO AUTORIDAD DE LIDERAZGO.

hombre. Era honrado, justo y trabajaba duro. Sus palabras se correspondían con sus acciones, y así había sido por décadas. Se preocupaba por la congregación y siempre estaba listo para ayudar. Claude no hubiera reconocido que era líder ni se hubiera descrito a sí mismo como líder, pero se había ganado el derecho a que lo siguieran.

Cuando se trata de liderazgo, creo que hay muchas formas diferentes de autoridad. He aquí algunos ejemplos:

- **AUTORIDAD NATURAL:** Algunos individuos naturalmente guían mejor que otros y por lo tanto entran en posiciones de liderazgo.
- **AUTORIDAD POSICIONAL:** Este tipo de autoridad viene con un título o una posición formal en una organización, y es el nivel más bajo de liderazgo.
- **AUTORIDAD POR CONOCIMIENTO:** Saber más que los demás o poseer información específica puede darle a un individuo una ventaja de influencia.
- **AUTORIDAD SITUACIONAL:** Pueden surgir circunstancias particulares que exijan que la persona mejor calificada dirija en esa situación.
- **AUTORIDAD RELACIONAL:** Cuando los individuos han edificado relaciones con los demás, eso les da influencia para dirigir.
- **AUTORIDAD POR PROXIMIDAD:** Cuando los individuos están próximos a un líder o figura de autoridad genuina, pueden tomar prestada cierta influencia de ese líder para dirigir a otros.
- **AUTORIDAD POR ÉXITO:** El éxito les da credibilidad a las personas, y otros querrán formar parte de su equipo para ser parte de su éxito.
- **AUTORIDAD POR MENTOR:** Aquellos que desarrollan a otros aumentan su influencia con las personas para quienes

han servido como mentores y obtienen una reputación de credibilidad.

- **AUTORIDAD POR ANTIGÜEDAD:** En algunas culturas, ser el individuo más anciano o tener antigüedad en una organización da autoridad.

Mi experiencia con Claude me inició en un viaje destinado a comprender los diferentes tipos de autoridad de liderazgo. Esto me ayudó a establecer mi definición del liderazgo. Me impulsó a desarrollar los 5 Niveles del Liderazgo, los cuales mencioné en el capítulo 5 con respecto al cambio de agradar a otros a desafiar a otros. Y en última instancia me guió al concepto de autoridad moral, que implica el nivel más alto de influencia. Por cincuenta años he estado en el proceso del cambio de la influencia, de la autoridad posicional a la autoridad moral. Es un viaje en el cual aún me encuentro y un cambio que todavía me esfuerzo por lograr.

¿Qué es la autoridad moral? Puede ser difícil definirla. En su blog, Theodore Brown reconoce que el término se usa con frecuencia, pero también afirma lo difícil que resulta definir la *autoridad moral*. Un ejemplo que él da es lo que denomina el efecto John McCain, el cual afirma que es «la capacidad de convencer a los demás de cómo *debiera* ser el mundo».[1]

Esta es otra perspectiva del profesor Kevin Sharer de la Harvard Business School. Él escribió:

La autoridad moral no es fácil de definir de manera precisa, pero al igual que muchas cosas, uno la reconoce cuando la ve, o especialmente cuando no la ve. La falta de autoridad moral en los líderes genera desconfianza, crea cinismo y asfixia la iniciativa en la organización. Con el paso del tiempo, la falta de una autoridad moral fuerte en el liderazgo tiene un efecto mortal sobre la empresa o el país.[2]

Estas perspectivas hacen que la autoridad moral suene grandiosa. Puede serlo, pero no tiene que serlo. Claude tenía autoridad moral y ni siquiera lo sabía. Sin embargo, Nelson Mandela y la Madre Teresa también la tenían. Entonces, ¿qué es la autoridad moral? Esta es mi definición:

> La autoridad moral es el reconocimiento de la influencia que tiene el liderazgo de un individuo como resultado más de la persona que es que del cargo que ocupa. Se obtiene por una vida auténtica que ha edificado la confianza y se sustenta por medio de esfuerzos exitosos de liderazgo. Se gana mediante una vida coherente. Los líderes pueden esforzarse por ganar la autoridad moral a través de su manera de vivir, pero tal autoridad moral solo se la otorgan los demás.

La autoridad moral es verdaderamente el nivel más elevado de influencia del liderazgo, y muchos así lo reconocen. Proviene de poseer buenos valores. Les añade valor a otros. Inspira a las personas. Ayuda al líder a tomar decisiones correctas por las razones correctas. Demarca una vida de palabras congruentes con las acciones. ¡Cuando estamos en la presencia de un individuo que tiene autoridad moral, lo sabemos, y queremos seguirle!

En «4 Maneras de edificar la autoridad moral», Chuck Olson afirma:

> La gente sigue a la gente, no a las posiciones. Su tarjeta de presentación podrá decir que usted es el líder y está a cargo, pero si su cuenta bancaria de autoridad moral se ha sobregirado, será necesario que dependa de factores extrínsecos para obtener el apoyo de sus seguidores. No hay habilidad, riqueza, personalidad, educación o logro que pueda compensar la carencia de autoridad moral. Las prestaciones y los salarios son la moneda que se necesita para reclutar a las personas en un proyecto, pero la autoridad moral es la moneda que se necesita para reclutar a las personas en un movimiento. Andy Stanley, en su libro *El líder de la próxima generación*, observa: «Su posición impulsará a los

miembros de su organización a que le brinden sus manos [...] Pero su autoridad moral los inspirará a que le brinden sus corazones».[3]

La autoridad moral tiene el poder implícito de transformar lo que es en lo que puede llegar a ser. Lleva a las personas a niveles más elevados de vida y liderazgo. Es inspiradora, pero al mismo tiempo está fundamentada y resulta veraz. Mejora a los líderes, porque los hace desear ser mejores. La autoridad moral saca a relucir lo mejor de los equipos debido al respeto que sus miembros sienten por los líderes y el deseo que tienen de vivir conforme a su ejemplo y seguirlo.

EL CAMINO A LA AUTORIDAD MORAL

Cuando alguien empieza a hablar de la autoridad moral, uno de los peligros es que esta puede sonar como algo místico y fuera de alcance. Sin embargo, se basa en cuatro aspectos: competencia, valentía, coherencia y carácter. Creo que cualquiera puede buscar la autoridad moral y desarrollar una mayor influencia al progresar en esos cuatro aspectos. Examinemos cada uno de ellos.

1. COMPETENCIA: LA CAPACIDAD DE DIRIGIR BIEN

Todo empieza aquí. La competencia es el corazón de la autoridad moral. Si no puede hacer el trabajo, si no puede producir resultados, si no puede dirigir al equipo bien, ¿por qué querría seguirlo alguien? No es posible cultivar la autoridad moral a menos que los demás lo respeten. El autor George L. Davis observó: «La autoridad no es algo que compramos, con lo que nacemos, o que siquiera nos haya sido delegado por nuestros superiores. Es algo que nos ganamos, y lo ganamos de nuestros subalternos. Ningún director tiene autoridad real sobre su gente hasta que haya demostrado que es digno de ella ante los ojos de las personas que dirige, no ante sus propios ojos ni los de sus superiores».[4]

¿Cómo se edifica un fundamento de competencia? Dando lo mejor de uno, empezando por las cosas pequeñas. Dale Carnegie dijo: «No tenga temor de dar lo mejor de sí en lo que parezcan ser tareas pequeñas. Cada vez que conquiste una de ellas, eso le fortalecerá mucho. Si hace las tareas pequeñas bien, las tareas grandes se irán resolviendo por sí solas».

Hacer un trabajo con excelencia hasta finalizarlo por completo ayuda al individuo a desarrollar una reputación de competencia. Oscar Hammerstein II fue uno de los grandes letristas del teatro estadounidense. Él escribió canciones para espectáculos tales como *La novicia rebelde, El rey y yo, Oklahoma y Pacífico sur*. El consejo que les da a escritores y artistas es igual de valioso para las personas de negocios y los líderes:

Esto es algo sumamente importante para que los escritores lo recuerden. Usted nunca sabe cuándo se descubrirá si ha hecho un trabajo descuidado. Hace un año más o menos, en la portada de la revista Sunday del *Herald Tribune* de New York, vi una fotografía de la Estatua de la Libertad. Era una fotografía que había sido tomada desde un helicóptero y mostraba la coronilla de la cabeza de la estatua. Me sentí sorprendido por los detalles que mostraba. El escultor había hecho un trabajo meticuloso con el peinado de la dama, y sin embargo, debía estar bastante seguro de que los únicos ojos que jamás verían este detalle serían los ojos poco críticos de las gaviotas. Seguramente ni soñó que algún hombre volaría sobre esta cabeza y le tomaría una foto. Sin embargo, era un artista con la calidad suficiente para terminar esta parte de la estatua con tanto cuidado como el que había dedicado a su rostro, sus brazos, a antorcha y todo lo que está a la vista de las personas cuando navegan por la bahía. Tenía razón. Cuando usted está creando una obra de arte, o haciendo cualquier tipo de tarea, termine el trabajo a la perfección.[5]

LA COMPETENCIA ES EL CORAZÓN
DE LA AUTORIDAD MORAL.

Cumplir sus obligaciones demostrando una dedicación a la excelencia y la voluntad de llevar las cosas a término le dará una reputación positiva de competencia. Eso es cierto en todas las profesiones. No obstante, los líderes también necesitan cultivar su influencia sobre otros y demostrar competencia en su capacidad de interactuar con las personas, motivarlas o inspirarlas para que trabajen en conjunto. Hace cuarenta años empecé a enseñar los 5 Niveles del Liderazgo para ayudar a los individuos a comprender cómo funciona la influencia y enseñarles un proceso de crecimiento que pudieran seguir a fin de ser mejores líderes. Escribo con más detalles sobre esto en mi libro *Desarrolle el líder que está en usted 2.0*, pero quiero resumirlo aquí para ayudarlo a captar la idea de cómo desarrollar su competencia de liderazgo.

Nivel 1: Posición — *Las personas lo siguen porque tienen que hacerlo*

La autoridad que alguien recibe en este nivel es muy limitada y se restringe a la descripción de trabajo del líder. Un líder no necesita ser competente a fin de ser nombrado para ocupar un cargo de liderazgo. En algunas organizaciones, ese individuo ni siquiera tiene que ser competente para *retener* esa posición de liderazgo.

Nivel 2: Permiso — *Las personas lo siguen porque quieren hacerlo*

Un líder empieza a desarrollar autoridad en este segundo nivel. Cuando el líder edifica relaciones, otros estarán dispuestos a trabajar con él o ella porque les cae bien y disfrutan al pasar tiempo juntos. Están empezando a darle permiso a esa persona para que los dirija.

Nivel 3: Producción — *Las personas lo siguen porque ha demostrado ser competente*

En este tercer nivel, el líder empieza a demostrar una competencia genuina. Ser productivo es un paso grande para ganarse la autoridad moral ante otros. Las personas siguen a este líder porque ha producido resultados y tiene éxito, y desean formar parte de un equipo ganador.

Nivel 4: Desarrollo de las personas — *Las personas lo siguen porque usted las ayuda a volverse competentes*

Cuando usted empieza a invertir en las personas y ayudarlas a alcanzar el éxito personal, su nivel de autoridad aumenta dramáticamente. Las vidas de las personas que ayuda mejoran, y esto le da un nivel de credibilidad que no es posible ganar de ninguna otra forma.

Nivel 5: Pináculo: *Las personas lo siguen porque usted tiene una reputación de excelencia*

Cuando vive una vida de competencia, influye sobre las personas en los cuatro primeros niveles, y desarrolla líderes por un período de tiempo prolongado, puede acercarse al pináculo del liderazgo. Es aquí donde se establece la autoridad moral.

La autoridad moral no se basa en el cargo que uno ocupa, pero es necesario aprender las habilidades de cada nivel de liderazgo hasta dominarlas para ser visto como un líder sumamente competente. Sin embargo, la competencia por sí sola no basta para ganarse la autoridad moral.

2. Valentía: Avanzar encarando el temor

La autoridad del liderazgo se reduce o se expande según la valentía del individuo. El autor y profesor C. S. Lewis dijo: «La valentía no es sencillamente una de las virtudes, sino que es la forma de todas las virtudes en el momento de la prueba». Sin valentía, no es posible vivir ninguna otra virtud de manera coherente. Con la valentía, especialmente al enfrentar obstáculos grandes, se empieza a ganar autoridad moral.

Pienso que todos admiramos la valentía e intuitivamente comprendemos que tiene peso. Podemos seguir a un líder que es valiente. Específicamente, esta es la manera en la cual la valentía se relaciona con la autoridad moral:

La valentía alienta a las personas en los tiempos difíciles e inciertos

Probablemente no hay mayor necesidad de valentía en un líder que en los tiempos difíciles. El poeta Ralph Waldo Emerson dijo:

> Haga lo que haga, usted necesita valentía. No importa el rumbo que decida tomar, siempre habrá alguien que le diga que se ha equivocado. En todo momento surgen dificultades que lo tentarán a pensar que los que lo critican tienen la razón. Para trazarse un plan de acción y seguirlo hasta el fin se requiere tanta valentía como la de un soldado. La paz tiene sus victorias, pero se necesitan hombres [y mujeres] valientes para ganarlas.

La valentía que las personas necesitan ver y sentir en los momentos difíciles no tiene que ser escandalosa ni dramática, aunque muchas veces lo es. Las dificultades de nuestras vidas cotidianas con frecuencia exigen que hallemos y demostremos valentía. La autora y artista Mary Anne Radmacher dijo: «La valentía no siempre ruge. A veces la valentía es aquella voz suave que al final del día nos dice: "Mañana volveré a intentarlo"».

LA VALENTÍA NO SIEMPRE RUGE. A
VECES LA VALENTÍA ES AQUELLA VOZ
SUAVE QUE AL FINAL DEL DÍA NOS DICE:
«MAÑANA VOLVERÉ A INTENTARLO».

—MARY ANNE RADMACHER

La valentía les permite a las personas elevar su potencial al máximo

En *Making the Courage Connection* [Estableciendo la conexión de la valentía], Doug Hall escribió: «La valentía posee una cualidad tangible. No es posible tocarla, pero es posible sentirla. Se siente como una aceleración positiva. La valentía envía una ola de energía a través de su cuerpo. Lo hace despertarse por la mañana con la sensación de querer sujetar el día con las manos».[6] Ser valiente no solo lo estimula a usted, sino que también estimula a los demás y los hace más valientes. Eso es importante, porque nadie jamás alcanzó su potencial por medio de encogerse de miedo. La fortuna favorece a los osados.

Una de mis historias favoritas que ilustra la valentía se relaciona con David, el de Israel, antes de que fuera rey. La mayoría de las personas sabe que David peleó contra Goliat con una honda y lo derrotó. Sin embargo, hay muchos que aparte de eso, desconocen la historia. Cuando David salió al frente para batallar contra Goliat, el resto del ejército de Israel, incluso el rey Saúl y los hermanos mayores de David, estaban acobardados. Ninguno de ellos tuvo la valentía de enfrentarse a Goliat, que había desafiado a su ejército y se había mofado de ellos diariamente, esperando a que un campeón saliera a enfrentarse con él. David, un muchacho sin experiencia militar, tuvo la valentía de luchar contra el gigante filisteo, lo derribó con una piedra, y luego le cortó la cabeza con la propia espada de aquel guerrero. En ese momento, todo el ejército de Israel halló su valentía gracias al acto heroico de David. Atacaron al ejército de los filisteos y lo derrotaron.

Una y otra vez, antes de ser rey y durante su reinado, la valentía de David inspiró a su pueblo a dar lo mejor de sí. Sus aliados más cercanos eran hombres que se convirtieron en grandes guerreros porque fueron inspirados por su valentía. Bajo el liderazgo de David, la nación expandió sus fronteras, conquistó a sus enemigos y logró la paz.

La valentía ayuda a los líderes a descubrir su voz

Cuando los líderes demuestran valentía ante una crisis, frecuentemente descubren sus voces. Durante la Segunda Guerra Mundial, en el momento en que Inglaterra sola enfrentaba a la Alemania Nazi, Winston Churchill descubrió su voz. En 1940, al dirigirse al Parlamento, les dijo a sus coterráneos: «Nunca nos rendiremos». Martin Luther King Jr. descubrió su voz durante la lucha por los derechos civiles de la década de 1960. Sus palabras resuenan hasta hoy: «Nuestras vidas empiezan a terminar el día en el que guardamos silencio acerca de las cosas que importan».

Una historia notable de un líder que descubrió su voz se narra en *Perfiles de coraje* de John F. Kennedy. Cuando Andrew Johnson llegó a la presidencia luego de que Abraham Lincoln fuera asesinado, se propuso cumplir las políticas de Lincoln con respecto al sur. Lincoln había tenido el deseo de traer sanidad rápidamente a la nación luego de la Guerra Civil, y Johnson, que era de Tennessee, reconoció que esa política representaba el mejor plan de acción.

Los copartidarios republicanos de Johnson en el Congreso deseaban seguir un camino diferente. Querían castigar a los estados sureños por la secesión, y cuando Johnson se resistió a sus políticas y vetó una gran parte de las leyes que ellos habían aprobado, la facción más radical del partido republicano se propuso impugnar a Johnson y destituirlo de su cargo.

Todos los demócratas del senado se oponían a la impugnación, al igual que seis republicanos. Si todos los republicanos que quedaban votaban a favor de la propuesta, Johnson sería destituido del cargo. No obstante, un senador de Kansas, Edmund G. Ross, quien se creía que simpatizaba con los radicales, no votó a favor de impugnar al presidente, ya que pensaba que esto hubiera significado el fin de la separación de poderes del gobierno y le hubiera causado un daño irreparable al país, convirtiendo a los estados unidos en «una autocracia congresual partidista».[7]

Ross luego comentaría: «Casi literalmente vi mi sepultura abierta. Las amistades, las posiciones, la fortuna, todo lo que hace que la vida sea deseable para un hombre ambicioso estaban a punto de ser barridas con un aliento de mi boca, quizás para siempre».[8] Cuando le preguntaron cómo había votado, respondió: «No culpable», y Johnson no fue impugnado. Poco después del juicio, él le dijo a su esposa: «Hay millones de hombres que hoy me maldicen, pero que mañana me bendecirán por haber salvado al país del peligro más grande que haya atravesado, aunque nadie salvo Dios sabrá jamás la lucha que me ha costado».[9] Y le costó. En la elección siguiente, perdió su puesto político. Cuando regresó a su casa, luego de finalizado su período de servicio, fue marginado de la sociedad, atacado y vivió prácticamente en la pobreza.[10]

Todo líder que posea autoridad moral ha tenido que enfrentar un reto solo en algún momento. Tales momentos son los que hacen a los líderes. Tales posturas con frecuencia son sumamente difíciles, pero cuando el líder mira después hacia atrás, a menudo identifica esos acontecimientos como sus momentos de mayor orgullo.

No escogemos las épocas ni las circunstancias que nos tocarán enfrentar en la vida, pero sí escogemos nuestra manera de responder a ellas. Me encanta la oración de las Olimpíadas Especiales, porque pienso que representa la mentalidad que debemos adoptar como líderes: «Que gane, pero si no logro ganar, que sea valiente en el intento».

TODO LÍDER QUE POSEA AUTORIDAD MORAL
HA TENIDO QUE ENFRENTAR UN RETO SOLO
EN ALGÚN MOMENTO. TALES MOMENTOS
SON LOS QUE HACEN A LOS LÍDERES.

3. COHERENCIA: HACER LAS COSAS BIEN
TODO EL TIEMPO, NO SOLO A VECES

En su magnífico libro *Visioingeniería*, Andy Stanley describe el valor de la coherencia con relación a la autoridad moral. Él escribe:

Es la congruencia entre las convicciones y el comportamiento de un individuo lo que hace que su vida sea persuasiva. Ahí se encuentra la clave de la influencia continua.

La frase que mejor capta esta dinámica es autoridad moral. Para ganar y mantener su influencia, usted debe tener autoridad moral. La autoridad moral es el ingrediente crítico, no negociable e indispensable de la influencia continua. Sin autoridad moral, su influencia quedará limitada y tendrá poca duración.

La autoridad moral es la credibilidad que se gana al andar según lo que se habla [...] Es la relación que otras personas ven entre lo que usted dice y lo que hace, entre lo que usted dice ser y lo que es. Una persona con autoridad moral está más allá de toda censura. Es decir, cuando uno busca una discrepancia entre lo que dice que cree y lo que hace, no encuentra nada. Hay congruencia entre las convicciones y las acciones, entre la creencia y el comportamiento.

Nada puede compensar la carencia de autoridad moral. No hay habilidades de comunicación, riqueza, logros, educación, talento o posición que puedan compensar la falta de autoridad moral. Todos conocemos a una cantidad abundante de personas que poseen esas cualidades, pero que no ejercen influencia alguna sobre nosotros. ¿Por qué? Porque existe una contradicción entre lo que afirman ser y lo que percibimos que son.[11]

Lo que Stanley describe es una coherencia interna entre los valores y las acciones, la cual resulta esencial para el éxito de un líder que busca ganar autoridad moral. De igual importancia es la capacidad de ser coherente a través del tiempo.

Ahora que he llegado a mi séptima década, las personas han empezado a formularme preguntas que me llevan a reflexionar sobre mi vida. La pregunta que con más frecuencia me hacen probablemente es: «John, ahora que has pasado los setenta años, ¿cuál ha sido la sorpresa más grande de tu vida?». Las preguntas como esta las considero como «preguntas para viejos», porque nadie jamás se las hace a los líderes jóvenes. Me hacen reír, porque significan que me veo mucho más viejo de lo que me siento, pero igual procuro responderlas de manera honesta.

Hay dos cosas que me sorprenden. La primera es lo rápido que se ha ido el tiempo. Sigo sin creer que tengo más de setenta años. La segunda es el valor de la coherencia. La coherencia tiene un efecto compuesto que nunca visualicé. Si uno hace las cosas bien cuando es joven, usualmente esto pasa desapercibido y sin reconocimiento. No obstante, si hace las cosas correctas y dirige bien durante el transcurso de décadas, obtiene su reconocimiento y recibe más crédito del que uno piensa que merece. Ese es el poder de lo que yo denomino vidas en niveles. Si usted adopta el aprendizaje por niveles (según lo que describí en el capítulo 3 sobre el cambio de las metas al crecimiento) y pone en práctica el liderazgo por niveles (al vivir según sus valores de manera coherente y desempeñarse con excelencia), entonces su recompensa puede ser una vida por niveles, en la cual cosecha los beneficios de la autoridad moral.

La coherencia es tan valiosa para un líder que resulta difícil enumerar todos sus beneficios. Aquí hay unos cuantos ejemplos:

- **LA COHERENCIA ESTABLECE SU REPUTACIÓN.** Casi todo el mundo puede hacer algo bien una vez. Ser bueno continuamente es difícil. No obstante, una repetición continua conduce a una reputación positiva.

- **LA COHERENCIA HACE QUE LOS MIEMBROS DEL EQUIPO SE SIENTAN MÁS SEGUROS.** Quizás el mejor cumplido que una persona pudiera recibir es: «Puedo contar contigo». Un líder coherente inspira a los miembros del equipo a sentirse más confiados.

- **LA COHERENCIA PERMITE MEDIR SU CRECIMIENTO CON PRECISIÓN.** Resulta difícil medir el avance de las personas inconstantes. La trayectoria que establezcamos muestra lo que hemos hecho y cuánto hemos avanzado.

- **LA COHERENCIA LO HACE RELEVANTE.** Las personas que saltan entre la conexión y la desconexión siempre tienen que andar poniéndose al día. Al permanecer conectado de manera constante, uno no se retrasa.

- **LA COHERENCIA MODELA LAS EXPECTATIVAS QUE TIENE DE LOS DEMÁS.** Cuando constantemente personifica sus valores y su ética de trabajo, los miembros del equipo saben qué esperar de usted, porque lo ven todos los días. La coherencia siempre refuerza las expectativas.

- **LA COHERENCIA MANTIENE SU MENSAJE.** Cuando el líder comunica una visión, pero actúa de manera incoherente con esa visión, el resultado es la confusión. Esto distrae del mensaje y hace que las cosas sean más difíciles para todos los miembros del equipo.

La coherencia, junto con la competencia y la valentía, es un elemento vital para la habilidad que requiere el líder a fin de desarrollar la autoridad moral, pero existe un componente más sin el cual es imposible ganarse la autoridad moral.

4. CARÁCTER: SER MÁS GRANDE EN EL INTERIOR QUE EN EL EXTERIOR

La autoridad moral es resultado de las intenciones correctas, los valores correctos, las creencias correctas, las relaciones correctas y las respuestas correctas. Hay que hacer muchas cosas correctamente para desarrollar autoridad moral. Eso no significa perfección. Todos somos humanos y cometemos errores. Sin embargo, para tener autoridad moral, nuestras intenciones deben ser las adecuadas; los motivos del corazón deben ser buenos.

Si bien una gran parte del liderazgo es externa y pública, los motivos correctos y los rasgos del buen carácter que necesitamos para convertirnos en buenos líderes con autoridad moral se ganan en privado. Estos dos aspectos del liderazgo, el público y el privado, son como dos partes de un árbol. Una parte es visible: nuestro liderazgo público es como el tronco y las raíces de un árbol. Esa es la parte que da fruto. Sin embargo, quién es cada líder en privado es algo que no puede verse, como las raíces de un árbol. Si las raíces son poco profundas, el árbol no sobrevivirá. Una sequía lo secará. Una tormenta lo derribará. No obstante, si las raíces son profundas, el árbol puede florecer en casi cualquier circunstancia.

¿Qué significa desarrollar raíces profundas para un líder? Esto significa tener un carácter fuerte. ¿Qué tipo de carácter necesita tener un líder? Creo que un buen carácter muestra las cuatro características siguientes:

Integridad

Defino la integridad de dos maneras. En primer lugar, es la alineación entre los valores y las acciones de la persona. Uno sabe lo que es correcto y lo hace. La integridad implica coherencia, como lo mencioné previamente en este capítulo, pero la coherencia es específica a lo que es correcto y lo que no lo es, no tan solo a lo que es bueno y lo mejor. Los líderes con autoridad moral se atienen a una norma elevada de conducta.

La segunda definición tiene que ver con la toma de decisiones. Los líderes íntegros hacen lo correcto, aun cuando es difícil, aun cuando no es lo mejor para ellos personalmente. Ponen al equipo, a la organización y a la visión por encima de sí mismos.

> ## LOS LÍDERES ÍNTEGROS HACEN LO CORRECTO, AUN CUANDO ES DIFÍCIL, AUN CUANDO NO ES LO MEJOR PARA ELLOS PERSONALMENTE.

Autenticidad

El autor y líder espiritual Mark Batterson señaló: «La autenticidad es la nueva autoridad en el liderazgo». Estoy de acuerdo, porque creo que forma parte esencial de la autoridad moral. Nadie quiere seguir a un líder que pretende ser algo que no es. La gente no espera perfección, sino solo honestidad.

Esto puede ser una verdadera lucha para muchos líderes. Quieren cumplir las expectativas de otros y pueden sentirse tentados a transigir en sus creencias o normas. Sentí esta tentación temprano en mi carrera cuando era un joven pastor. La organización a la cual pertenecía sostenía algunas posturas teológicas que personalmente me incomodaban. Durante un par de años me vi obligado a enseñar sobre estos temas, pero siempre sentí que estaba promoviendo algo en lo que no creía, y eso me hacía sentir terrible.

Entonces, un día, mientras preparaba un mensaje con el que estaba teniendo dificultades, resolví hacer un cambio. Marqué mi decisión escribiendo estas tres afirmaciones:

1. Solo enseñaré lo que creo: pasión.
2. Solo enseñaré lo que he experimentado: confianza.
3. Solo enseñaré lo que vivo: autenticidad.

Desde ese momento, he seguido esas pautas. Esas decisiones me convirtieron no solo en un mejor comunicador, sino también en un mejor líder. Para ser el mejor líder que usted puede ser, necesita reconocer quién es en verdad y estar dispuesto a que otros sean testigos de su autenticidad.

Humildad

Creo que la humidad es una cualidad esencial de un líder que posee autoridad moral. En su libro, *De buena a grandiosa*, Jim Collins le llamó a esta cualidad «una modestia convincente». Él escribió:

> Nos impresionó cómo los líderes que van de bueno a grandioso nunca hablan de sí mismos [...] Cuando se les presionó para que hablaran de sí mismos, dijeron cosas tales como: «Espero no sonar como un presumido...».
>
> No se trataba de una modestia falsa. Aquellos que trabajaron con líderes que van de bueno a grandioso, o escribieron sobre ellos, continuamente usaron palabras como *callado, humilde, modesto, reservado, tímido, gentil, apacible, discreto, sutil, no creía los reportes escritos sobre él*; y otras cosas por el estilo.[12]

Como una persona de fe, veo la humildad como una decisión diaria de darle el crédito a Dios por mis bendiciones y darles el crédito a otros por mis éxitos. ¿Cómo lo describiría? Mi amigo Rick Warren dijo: «La humildad no es negar nuestras fortalezas. La humildad es ser honesto acerca de nuestras debilidades». No importa cómo usted defina la *humildad*, sepa que significa tres cosas. Primero, usted es consciente de sí mismo y puede criticarse. En segundo lugar, se siente lo suficiente confiado y cómodo para no necesitar llamar la atención sobre sí mismo. Y en tercer lugar, se deleita con los éxitos de los demás y siente entusiasmo por ayudarlos a sobresalir.

> **LA HUMILDAD ES UNA DECISIÓN DIARIA DE DARLE EL CRÉDITO A DIOS POR MIS BENDICIONES Y DARLES EL CRÉDITO A OTROS POR MIS ÉXITOS.**

Amor

La característica final del carácter que hay que abrazar como líder para tener autoridad moral es el amor. Las personas tienen que importarle. Usted debe respetarlas. Debe valorarlas. Las personas siempre se dan cuenta cuando no es así, y eso crea una desconexión instantánea que arruina la autoridad moral.

He hablado un poco acerca del Equipo John Maxwell. Nuestro lema es: «Personas de valor que valoran a la personas». Quiero que nuestros entrenadores tengan recursos y experiencia que ofrecer, y quiero valorar a los demás de modo que su carácter y su actitud sean los correctos cuando trabajen con las personas. Necesitan amar a las personas y preocuparse por ellas lo suficiente como para ayudarlas.

¿Qué quiere hacer usted con su liderazgo? Pienso que todo líder quiere producir un impacto, marcar una diferencia. Esa es la razón por la cual nos levantamos por la mañana. Es la razón por la cual trabajamos con las personas. Es la razón por la cual creamos equipos o edificamos organizaciones. ¿Posee lo que se necesita para hacer algo grande? ¿Desea cambiar su organización, su comunidad, su cultura o su país? ¿Qué tan grandes son sus sueños? Mientras más grandes sean sus sueños, tanto más necesitará autoridad moral para cumplirlos.

Cuando era un treintañero, empecé a sentir que mi liderazgo podría ser impactante y mi vida podría marcar una diferencia. Eso me impulsó a tomar algunas decisiones personales. En el momento, sencillamente pensé que eran las cosas que necesitaba hacer para ser un mejor líder. Hoy, puedo ver que me ayudaron en las cuatro áreas sobre las que he escrito en este capítulo: competencia, valentía, coherencia y carácter. Decidí lo siguiente:

1. Siempre poner a la gente en primer lugar.
2. Vivir para producir un impacto positivo, no para ganar dinero.
3. Ser yo mismo, pero ser la mejor versión de mí mismo.
4. Expresar gratitud; rechazar los privilegios.
5. Estar dispuesto a que se me malentienda y a estar solo por las causas correctas.

Me he esforzado mucho por seguir esas pautas durante los últimos cuarenta años.

Al final, no podemos concedernos autoridad moral a nosotros mismos. Usted puede elegir luchar por ella, pero solo otros pueden dársela, y deben hacerlo voluntariamente. Sin embargo, eso no debe detenerlo de hacer todo correctamente a fin de ganársela. Porque si gana autoridad moral, eso lo hace digno de respeto, inspira confianza y le permite dirigir conforme a las normas más altas de rendimiento. Este cambio en el liderazgo aumentará su influencia, dándole la lealtad no solo de las personas que forman parte de su equipo, sino de otros que no se encuentran bajo su liderazgo formal. Y con esa influencia, no hay límite para lo que usted puede ayudar a otros a lograr.

CAPÍTULO 11

DE LÍDERES CAPACITADOS A LÍDERES TRANSFORMADORES

El cambio del impacto

Si sus acciones inspiran a las personas a soñar más, aprender más, hacer más y convertirse en más, entonces usted es un líder transformador.

De todos los capítulos de este libro, este es el más importante de todos. ¿Por qué lo digo? Porque si usted solo hace un cambio en el liderazgo en su vida, este sería el que yo desearía que escogiera. El cambio del impacto, de líderes capacitados a líderes transformadores, causará el progreso más grande en su vida y en la vida de los que lo rodean.

Si sus acciones inspiran a las personas a soñar más, a aprender más, a hacer más y a convertirse en más, entonces usted es un líder transformador. Usted influencia a los demás para que piensen, hablen y actúen de maneras que producen un impacto positivo en sus vidas y las vidas de los demás. ¡Este tipo de liderazgo puede cambiar al mundo!

MI PERSPECTIVA DEL CAMBIO EN EL LIDERAZGO

El cambio en el liderazgo de líder capacitado a líder transformador ocurrió en mi vida muy temprano. Esta historia es sumamente personal para mí, y ha tenido un efecto dramático en mi vida. En el corazón de este cambio se hallaba mi fe, la cual es el fundamento de quien soy. Sin embargo, yo lo valoro a usted sin importar si es una persona de fe o no. No importa cuál sea su perspectiva acerca de la fe, no quiero que se pierda esto, así que resumiré mi historia a sus puntos esenciales.

Al inicio de mi carrera, me importaba más que nada mi persona y edificar mi organización. Tristemente, la gente no era mi prioridad. Y lamento reconocer que mi egoísmo algunas veces me impidió hacer lo correcto. Hubo un incidente en particular que me llevó a darme cuenta de que mis prioridades estaban equivocadas. No ayudé a un hombre porque estaba enfocado en mí mismo. Y luego ese hombre falleció. Mi decisión egoísta implicó que jamás llegó a recibir la ayuda que debí haberle dado, y no había nada que pudiera hacer para remediarlo.

No me es posible expresar el impacto devastador que ese acontecimiento tuvo en mí. Me sentí terrible, y esto me hizo pasar varios meses reevaluando mi trayectoria como líder. Por primera vez en mi vida empecé a hacerme preguntas difíciles acerca de mis motivos y mis métodos, preguntas que todo líder debe hacerse. Y no me sentí satisfecho con mis respuestas.

Durante los meses siguientes, pasé mucho tiempo en oración y reflexión, y resolví convertirme en un tipo de líder diferente, alguien distinto al que había sido hasta ese punto. Afortunadamente, mi corazón fue transformado y mis acciones empezaron a seguir a mi corazón. Me convertí en una persona que valoraba a los otros y lo demostraba a través de mis decisiones de liderazgo, las cuales ahora se ocupaban de los demás como mi primera prioridad. El cambio en mi interior fue profundo, y marcó una diferencia que tiene influencia sobre mí hasta hoy. Si no hubiera hecho este cambio, mi liderazgo habría sido vacío y egocéntrico. Este cambio posibilitó el impacto positivo que he podido hacer con mi liderazgo.

ELEMENTOS ESENCIALES PARA UN LIDERAZGO TRANSFORMADOR

Creo firmemente en la capacitación de líderes. Yo mismo he llevado esto a cabo por cincuenta años y he ayudado a otros por más de cuarenta años. Sin embargo, también reconozco que existe una diferencia enorme entre los líderes capacitados y los líderes transformadores. Examine cómo se comparan entre sí:

LÍDERES CAPACITADOS	LÍDERES TRANSFORMADORES
Saben cómo dirigir	Saben por qué dirigen
Son agradables	Son contagiosos
Influyen hoy	Influyen hoy y mañana
Piden que los sigan	Piden que produzcan un impacto positivo
Aman dirigir	Aman a las personas que dirigen
Han sido capacitados	Han sido capacitados y transformados
Ayudan a las personas	Ayudan a que las personas cambien
Tienen una carrera	Tienen un llamado
Impactan a unos cuantos	Impactan a muchos

Por muchos años he estudiado a los movimientos transformadores y las personas que los lideran. He identificado cinco acciones comunes en todos. Si usted desea efectuar el cambio del impacto, de ser un líder capacitado a ser un líder transformador, empiece a llevar a cabo estas acciones también.

1. POSEA UNA IMAGEN CLARA DE LO QUE HACEN LOS LÍDERES TRANSFORMADORES

En la superficie, todos los líderes transformadores se ven diferentes los unos de los otros. Vienen en todas las tallas y formas, de muchas razas y nacionalidades, y con una variedad de competencias y talentos. Sus diferencias son numerosas. No obstante, existen unas cuantas características que todos comparten, y si usted desea llegar a ser un transformador, deberá poseerlas también, para que sepa qué es lo que está buscando:

Los líderes transformadores ven cosas que otros no ven

Muchos ven problemas y menean sus cabezas. Experimentan la adversidad y levantan los brazos como señal de impotencia. Ven los desafíos y se preguntan: «¿Por qué?», no buscando una solución, sino para descargar su frustración. Cuando encaran un problema, no ven posibilidades de resolverlo. Se convierten en víctimas de las circunstancias negativas y no pueden ayudarse a sí mismos ni ayudar a otros.

Los líderes transformadores ven las cosas de manera diferente. Preguntan: «¿Por qué no?», ya que siempre están pensando en cómo crear un futuro mejor. Ven mucho más que los demás. Por supuesto que perciben los problemas. Hasta podrían estar rodeados de ellos. No obstante, también ven el potencial de esos problemas. Consideran que siempre hay una respuesta, una solución, un mejor camino, un futuro más resplandeciente. Esa creencia crea anticipación y no desesperación durante las horas más tenebrosas.

Nuestra forma de ver las cosas determina cómo hacemos las cosas. Cuando me ponía a mí mismo en primer lugar como líder, todo lo veía a través del filtro de mi propio egoísmo. Después de haber hecho el cambio en el liderazgo, empecé a ver todo a través de la lente del servicio. Comencé a preguntarme: ¿Cómo puedo ayudar a más personas, y cómo puedo ayudar a las personas más? Mi amigo Dave Ramsey dijo: «Las organizaciones no se ven limitadas por la oportunidad que tengan, sino por su líder». Si no vemos las cosas que otros no ven, ¿cómo podremos guiarlos a un futuro mejor?

LAS ORGANIZACIONES NO SE VEN LIMITADAS POR LA OPORTUNIDAD QUE TENGAN, SINO POR SU LÍDER.

—DAVE RAMSEY

Los líderes transformadores dicen cosas que otros no dicen

Los líderes transformadores elevan su voz. Aprovechan su influencia hablando palabras valientes acerca de un futuro mejor. Su voz se convierte en una herramienta de transformación. Piense en las palabras valientes que dijeron algunos líderes transformadores dispuestos a describir un futuro mejor. Martin Luther King Jr. declaró: «Tengo un sueño». Él tuvo que actuar con valentía para ser la voz del cambio cuando otros se le oponían.

Según me he ido convirtiendo en un mejor comunicador, he procurado utilizar mi voz para facilitar un cambio positivo. Algunas veces se me ha malentendido. Sin embargo, he tomado decisiones que creí eran las correctas, como cuando:

- Hice uso de la palabra en una reunión de nivel nacional para promover una política de inclusión que sabía que no tenía posibilidad alguna de ser aprobada.
- Rechacé la oferta de convertirme en el nuevo anfitrión de un prestigioso programa de radio a nivel nacional porque me negué a firmar una declaración doctrinal con la cual no estaba de acuerdo.
- Devolví una donación de un millón de dólares que había sido entregada a mi organización sin fines de lucro porque me proponía ir en una dirección que no era del agrado del donante.
- Cambié la organización sin fines de lucro EQUIP de ser una organización de capacitación a ser una de transformación.

Ninguna de estas decisiones fue popular cuando la anuncié, y no todos las comprendieron. No obstante, algunas veces eso es lo que debe hacer un líder: decir lo que otros no dirán.

Los líderes transformadores creen cosas que otros no creen

Los líderes transformadores creen que pueden producir un impacto positivo. Eso se convierte en su pasión. El presidente John F. Kennedy afirmó que creía que todos tenían en su haber un discurso capaz de cambiar al mundo. Yo tenía trece años cuando lo dijo, y aún recuerdo cómo me sentí en el momento en que escuché esas palabras. Aunque apenas iniciaba mi adolescencia, sentí que estaba hablando directamente conmigo. Lo creí, porque él lo creía. Cuando llegué a la mitad de mi segunda década, concluí que todo se eleva o cae con el liderazgo. Con el paso del tiempo, esa creencia se ha convertido en una convicción que vivo y enseño. Hoy es una causa a la cual he entregado mi vida. Es el tema de mi discurso capaz de cambiar al mundo.

Creer que uno puede producir un impacto positivo lo cambia todo. Cuando un líder transformador cree que su causa puede marcar una diferencia, le infunde convicción a su liderazgo. Sin esta convicción, uno podría lograr que otros lo sigan y hasta ser un buen líder. No obstante, solo cuando se comprende que el llamado superior del liderazgo es lograr que las personas sigan su causa es que usted puede llegar a ser un gran líder.

Los líderes transformadores creen en otros. Son imanes para sus creencias. La gente se siente atraída a ellos, ya que creen en su mensaje y creen que ayudará a otras personas. Reconocen que un solo individuo es un número demasiado pequeño para lograr la grandeza, así que reúnen

> ## TODOS TIENEN EN SU HABER UN DISCURSO CAPAZ DE CAMBIAR AL MUNDO.
>
> —JOHN F. KENNEDY

a las personas a fin de marcar una diferencia; extienden sus manos y les piden a otros que se unan a su misión. Abraham Lincoln dijo: «Soy un éxito hoy porque tuve a un amigo que creyó en mí y no tuve el valor de desilusionarlo». Los líderes transformadores son forjadores de creencias que ayudan a otros a creer en sí mismos.

Los líderes transformadores sienten cosas que otros no sienten

Peter Marshall declaró: «Un mundo diferente jamás será construido por gente indiferente». La pasión crea energía y tenacidad en las personas. Aviva el fuego de los líderes y de los que se unen a ellos por su causa. Ese fuego los ayuda a perseverar, como lo hizo Gandhi en su lucha por la independencia de India. Este fue un proceso que duró cincuenta y cuatro años. Durante ese tiempo Gandhi fue atacado, rechazado, aprisionado, tergiversado y enfermó de malaria. Y luego finalmente logró la victoria. La pasión lo impulsó.

Un mundo diferente jamás será construido por gente indiferente.

—PETER MARSHALL

He visto la pasión surgir en las vidas de las personas a las cuales he guiado, y esta cambió sus vidas y su forma de guiar. Esto ocurre todas las veces que invito a un grupo de entrenadores del Equipo John Maxwell a que me acompañe a otro país para capacitar a facilitadores de mesas redondas. Cientos de entrenadores se han ofrecido como voluntarios para viajar al extranjero, pagando sus propios gastos, entrenando por doce horas al día y luego viajando en condiciones menos que ideales a fin de ayudar a otros. Ofrecen su tiempo, su dinero y su energía para hacerlo. ¡Y les encanta! Dan de sí mismos incansablemente, y al final de todo oigo decir una y otra vez que sienten que recibieron más de lo que dieron. Y quieren volver a hacerlo. Paul Martinelli, presidente del Equipo John Maxwell, dijo: «Cuando se enciende la luz en tu vida, quieres encender la luz de todos los demás». Me encanta eso, y es cierto. Los líderes transformadores tienen sus luces encendidas y quieren ayudar a los demás a que enciendan las suyas.

Los líderes transformadores hacen cosas que otros no hacen

¿Sabe qué es lo que ocurre cuando alguien que pospone todo tiene que hacer alguna cosa? Nada. ¿Sabe lo que ocurre cuando un líder transformador tiene que hacer alguna cosa? Se pone en marcha. En realidad, con frecuencia ellos tienen tanta avidez que sus acciones siguen este patrón: «Preparen... Fuego... Apunten».

Si bien el temor hace que muchas personas se aparten de lo desconocido y eviten los desafíos que tienen por delante, en los líderes transformadores hace que se preparen y trabajen más duro. ¿Cómo es que vencen sus temores? Apoyándose en su sentido del propósito y creyendo en una causa que es mucho mayor que sus personas. Quieren producir un impacto, y las únicas preguntas que necesitan responder son: «¿Qué tipo de impacto puedo hacer?» y «¿Qué tan grande podría ser este impacto?». Su fuerte sentido del propósito les impulsa a hacer lo que otros no están dispuestos a hacer.

Ya he mencionado que mi deseo mayor es ver a un país tan transformado que sus líderes y ciudadanos reconozcan el cambio positivo. Esa es una MGFA (Meta Grande, Formidable y Audaz). Y tal vez no viva para ver que se cumpla. Entonces, ¿por qué estoy haciendo todo lo posible para ser parte de esto? Porque prefiero intentar algo grande que es casi imposible que algo pequeño que no marcará una diferencia. Si busca hacer el cambio de un liderazgo capacitado a uno transformador, lo animo a que desarrolle una actitud similarmente audaz.

2. Enfóquese en su propia transformación antes de guiar a otros a ella

En el capítulo 3 expliqué cómo desarrollé las siglas R-E-A-L, en las cuales la E representa *equipamiento*. Apenas comprendí la importancia del equipamiento, estudié el proceso y descubrí la mejor forma de capacitar a otros. Desarrollé un proceso de cinco pasos que funciona sin importar para qué tarea está equipando a otra persona a fin de que la cumpla.

1. Lo hago.
2. Lo hago y usted está conmigo.
3. Lo hace y yo estoy con usted.
4. Lo hace.
5. Lo hace, y hay alguien con usted.

¿Por qué menciono esto? Porque quiero que observe que el proceso se inicia con *Lo hago*. Si quiero ayudar a otros a ser transformadores, es necesario que yo sea transformado primero. No puedo dar lo que no tengo. Usted tampoco puede.

La primera persona a la que deberá dirigir siempre es usted mismo. Si desea ver cambios positivos en el mundo, la primera persona que deberá cambiar es usted. Como líderes, usted y yo tenemos que cambiar para poder lograr cambios. Enseñamos lo que sabemos, pero reproducimos lo que somos.

> COMO LÍDERES, USTED Y YO TENEMOS QUE CAMBIAR PARA PODER LOGRAR CAMBIOS. ENSEÑAMOS LO QUE SABEMOS, PERO REPRODUCIMOS LO QUE SOMOS.

Antes de que personalmente experimentara la transformación que resultó del proceso de cambiar el deseo de hacer que mi vida fuera exitosa por el deseo de contribuir a que las vidas de otras personas mejoraran, nunca se me ocurrió que yo podría ser un agente catalizador de cambios positivos. Eso tampoco era el sentir de mi corazón. No había pasión en mí para ayudar a que otros experimentaran un cambio positivo. Sin embargo, cuando empecé a experimentar cambios positivos en mi vida y me volví menos egoísta, me entusiasmé por compartir lo que me estaba sucediendo con otros. Saber que yo estaba cambiando me animó a ayudar a que otros cambiaran.

Por casi veinte años, entrenadores voluntarios de mi organización sin fines de lucro EQUIP han viajado a países alrededor de todo el mundo para enseñarle a otros cómo ser mejores líderes. En años recientes, hemos cambiado de un modelo de aula de clases para la enseñanza a un método de mesas redondas. Y hemos colocado un mayor énfasis en pedirles a los entrenadores que vivan la transformación antes de viajar al exterior a entrenar a otros sobre ella. Específicamente, antes de que puedan ir a entrenar a otros a guiar las mesas redondas, les pedimos que reúnan a un grupo en sus propias comunidades para facilitar una mesa redonda allí. Queremos que experimenten por sí mismos lo que se proponen enseñar a los demás. ¿Por qué? Porque sabemos que la transformación debe ocurrir en nosotros antes de que podamos transmitírsela a otros.

Si desea dirigir un cambio positivo, necesita reconocer esto: la transformación empieza con usted. Si no está dispuesto a cambiar, no podrá ayudar a nadie.

El filósofo y autor James Allen escribió: «Los hombres se sienten ansiosos por mejorar sus circunstancias, pero no están dispuestos a mejorarse a sí mismos; por lo tanto, permanecen atados». Si desea dirigir un cambio positivo, no permanezca atado. Esté dispuesto a cambiar en su interior. Empiece con usted. Ese siempre es el primer paso para producir un impacto.

3. LLEVE A CABO UNA ACCIÓN POSITIVA BASADA EN SUS CAMBIOS POSITIVOS

Un paso esencial para el cambio de capacitado a transformado es un compromiso a actuar. Para que ocurra un cambio real, es necesario pasar del conocimiento a la acción. Es en este punto que se hace difícil la transformación; sin embargo, los resultados son muy hermosos. Es difícil porque siempre es más fácil decir que hacer. Es hermoso porque la acción es lo que trae la transformación.

Todo lo que vale la pena en la vida es un viaje cuesta arriba todo el camino. La transformación nos obliga a caminar cuesta arriba. Todos los días. Toda la distancia. La mayoría de las personas no está dispuesta a comprometerse a eso. En lugar de ascender, prefieren:

- Hablar: «Discutamos esto de ir cuesta arriba».
- Pensar: «Consideremos esto de ir cuesta arriba».
- Planificar: «Desarrollemos una estrategia para ir cuesta arriba».
- Encuestar: «Preguntémosles a otros lo que piensan de ir cuesta arriba».
- Estudiar: «Examinemos lo que se requiere para ir cuesta arriba».
- Descansar: «Conservemos energía antes de empezar a ir cuesta arriba».

La transformación es el resultado de la aplicación, no de la educación. Es por eso que Gandhi dijo: «Una onza de práctica vale más que toneladas de predicación». Para guiar de forma transformadora, primero es necesario vivir como alguien transformado. Para ello se requiere valor, el valor de abandonar lo familiar e incursionar en un camino mejor.

4. Cree un entorno que promueva cambios positivos

Durante años he alentado a las personas a que abracen el cambio positivo. Recientemente mis organizaciones sin fines de lucro se han dedicado a promover la transformación. Nuestra experiencia luego de colaborar con decenas de miles de personas nos ha ayudado a comprender los elementos que conforman un entorno ideal. Estos son los elementos esenciales:

Líderes apasionados por la transformación

Jim Collins señaló: «Los movimientos transformadores requieren de líderes transformadores». Lo que he dicho por años es cierto: todo se eleva o cae con el liderazgo.

Este poema de Lawrence Tribble en verdad lo dice todo:

Un hombre se despierta y este despierta a otro.

El segundo despierta a su hermano de al lado.

Los tres despiertos pueden despertar a una ciudad

Y dejar el lugar entero trastornado.

Los muchos despiertos pueden causar tal alboroto

Que finalmente despertamos todos.

Un hombre despierta con el amanecer en su mirada

Sin duda esto se multiplica.[1]

Un hombre o una mujer tienen que iniciar el proceso. La persona que haga tal cosa será un líder transformador.

Recursos que enseñen buenos valores

Muchos desconocen que hay una mejor manera de vivir. Se encuentran atascados en la vida que llevan, porque no están seguros de hacia dónde ir, ni tampoco saben cómo avanzar más allá de su situación actual. Estoy convencido, debido a mis experiencias personales y lo que he observado, de que los buenos valores son el camino a una vida mejor. Y colocar recursos que enseñen buenos valores en manos de las personas enciende las luces para que puedan ver un mejor camino.

Los buenos valores pueden enseñarse y alcanzarse. Tan solo un valor bueno en la vida de una persona puede traerle beneficios inmensos. Estos son algunos de los valores que mis organizaciones sin fines de lucro han ayudado a las personas a comprender y abrazar a través de los años.

- ACTITUD: Su actitud influye sobre todo en su vida
- COMPROMISO: Separa a los hacedores de los soñadores
- COMPETENCIA: El camino más corto a la credibilidad es la competencia
- PERDÓN: El perdón lo empodera para vivir con un corazón ligero

- **INICIATIVA:** No es posible experimentar el éxito sin dar el primer paso
- **INTEGRIDAD:** Vivir con integridad conduce a una vida de plenitud
- **CRECIMIENTO PERSONAL:** Las personas que continúan aprendiendo siempre tienen un futuro
- **PRIORIDADES:** Las prioridades claras muestran qué hacer y a dónde ir
- **RELACIONES:** La calidad de sus relaciones determina la calidad de su vida
- **ÉTICA DE TRABAJO:** El trabajo duro trae satisfacción interior todos los días

Hemos creado recursos para ayudar a las personas a explorar ideas, a examinarse a sí mismas y a decidir qué acciones llevarán a cabo para acoger los valores buenos y cambiar sus vidas. Si usted decide cambiar de ser un líder capacitado a ser un líder transformador, será necesario que les ofrezca recursos a las personas para ayudarlas. La mayoría de las personas no son capaces de hallar el camino a una vida mejor sin ayuda.

Grupos pequeños en los cuales las personas aprenden y participan

Con demasiada frecuencia la capacitación que se inicia en nuestras cabezas se queda allí. Aprendemos algo nuevo, pero no lo aplicamos a nuestra vida ni lo ponemos en práctica. Es por eso que la transformación exige que haya un laboratorio viviente para ser eficaz. Esto ocurre mejor en un grupo pequeño de personas en el cual todos sus miembros comparten ideas, hablan de sí mismos con franqueza y honestidad, declaran sus intenciones y se rinden cuentas mutuamente.

EQUIP y la Fundación de Liderazgo John Maxwell, las dos organizaciones sin fines de lucro que fundé, emplean mesas redondas de grupos pequeños para facilitar los cambios. Hemos descubierto que los grupos de cuatro a diez miembros pueden crear el entorno perfecto para que las personas desarrollen relaciones, se conozcan entre sí y experimenten crecimiento. La mayoría de los individuos no tiene un nivel elevado de autoconciencia. Dedican tanto tiempo y energía a proyectar una imagen positiva que no se examinan a sí mismos ni a sus motivos como debieran. El ambiente seguro de un grupo pequeño donde sus miembros se ven unos a otros como compañeros, se solicita la participación de todos, y el líder es abierto y auténtico acerca de sus deficiencias, alienta a todos a participar, hacer preguntas, escuchar, compartir, reflexionar y comprometerse a actuar. Y si los miembros del grupo cada vez que se reúnen se comprometen a compartir con honestidad en cuanto a sus éxitos y fracasos, todos reciben aliento para crecer y cambiar.

He experimentado el poder positivo de participar en grupos pequeños en mi propia vida. Algunos de los cambios más grandes que han determinado mis decisiones más importantes tuvieron lugar en un grupo pequeño:

- Acepté el desafío de practicar el crecimiento personal diario.
- Recibí estímulo para empezar a escribir libros.
- Me sentí inspirado a empezar a desarrollar recursos para los líderes.
- Me sentí impulsado a empezar a desarrollar a los líderes.
- Me sentí motivado a intentar dirigir un movimiento transformador.

Todas esas cosas sucedieron, y mucho más. Yo no *esperaba* que ninguna de esas cosas ocurriera antes de unirme a esos grupos, pero una vez que me comprometí con un grupo y me involucré plenamente en el proceso, cosas buenas empezaron a suceder. Los grupos pequeños pueden traer un crecimiento grande.

Compromiso de reproducir a los líderes

Por definición, para que una persona sea líder, deberá tener seguidores. Si usted piensa que es un líder, pero nadie lo está siguiendo, entonces solo está dando una caminata. Sin embargo, no basta con obtener seguidores. Para que un líder sea transformador, deberá desarrollar y reproducirse en otros líderes.

Empecé a aprender esta lección hace más de treinta años cuando dirigía la Iglesia Skyline. Reconocimos el poder transformador de los grupos pequeños, así que iniciamos un programa de grupos pequeños. En nuestra ingenuidad, pensamos que podíamos sencillamente agrupar a las personas y ellas florecerían. Sin embargo, descubrimos con rapidez que si no capacitábamos a los líderes, los grupos no tenían éxito. Así que desmantelamos el programa, empezamos a capacitar a los líderes y luego lo reiniciamos. En esa segunda oportunidad tuvimos éxito, pero aprendimos otra lección: los líderes capacitados podían sustentar a un grupo, pero los líderes transformados podían reunir a un grupo, hacerlo crecer y reproducirlo. Podían entrenar a otros líderes que alcanzaban a otras personas y entrenaban a otros líderes.

Mis organizaciones sin fines de lucro han abrazado este modelo de crecimiento para ser transformadoras. En cada grupo de mesa redonda invitamos a los participantes a que inicien y faciliten otros grupos de mesas redondas una vez que hayan experimentado cambios positivos ellos mismos. Así transmiten lo que han aprendido, ayudan a facilitar la transformación en otros, e invitan a los líderes nuevos a levantarse y dirigir sus propios grupos. De esta manera, estamos equipando a los líderes para que se reproduzcan a sí mismos continuamente. Cuando esto sucede en repetidas ocasiones, la transformación del individuo conduce a la transformación del grupo, lo que lleva a la transformación de la comunidad. Todo empieza con líderes transformados que quieren guiar a otros a experimentar una transformación.

5. COMPROMÉTASE CON OTROS A PRODUCIR UN IMPACTO POSITIVO EN SU COMUNIDAD

Para hacer cambios positivos se requiere un compromiso de los líderes que quieren marcar una diferencia. El líder de derechos civiles Walter E. Fauntroy expresó esto de manera elocuente en un discurso inspirador que dictó en Howard University. Él dijo:

El pasado es suyo. Aprendan de él. El futuro es suyo. Cúmplanlo. El conocimiento es suyo. Úsenlo. El cáncer es suyo. Cúrenlo. El racismo es suyo. Acaben con él. La injusticia es suya. Corríjanla. La enfermedad es suya. Sánenla. La ignorancia es suya. Destiérrenla. La guerra es suya. Deténganla. La esperanza es suya. Confírmenla. Los Estados Unidos son suyos. Sálvenlos. El mundo es suyo. Sírvanle. El sueño es suyo. Reclámenlo.

No se dejen cegar por los prejuicios, ni descorazonar por las épocas, ni desalentar por el sistema. Encaren el sistema. Desafíenlo. Cámbienlo. Confróntenlo. Corríjanlo. No permitan que nada paralice sus mentes, ate sus manos o derrote su espíritu. Tomen al mundo, no para dominarlo, sino para salvarlo. No para explotarlo, sino para enriquecerlo. Tomen sus sueños y hereden la tierra.[2]

El cambio no ocurre a menos que los líderes transformadores se comprometan a producir un impacto positivo en su comunidad e inviten a otros a que se unan a ellos en el proceso. Todos los movimientos transformadores siguen un patrón. Ocurren de esta manera:

DE ARRIBA HACIA ABAJO: La influencia del liderazgo se filtra hacia abajo, no hacia arriba.

DE CHICO A GRANDE: Los movimientos en masa empiezan con poca gente.

DE ADENTRO HACIA FUERA: Los valores internos
determinan la conducta externa.

Si está dispuesto a comprometerse a cambiar personalmente, a invitar a un grupo pequeño de personas que lo acompañe en el proceso, y a preparar a otros líderes para que se conviertan en agentes de transformación, podrá cambiar al mundo.

TRANSFORMACIÓN ASOMBROSA

Quiero concluir este capítulo con una historia que me contó mi buen amigo Jerry Anderson. Jerry era un empresario en serie que fracasó múltiples veces hasta que conoció a John Schrock, un exitoso hombre de negocios que vivía su vida conforme a los valores positivos que había aprendido leyendo el libro de Proverbios. John sirvió como mentor de Jerry, y esto transformó su vida. Jerry procedió a volverse sumamente exitoso, y motivado por la gratitud y el deseo de marcar una diferencia, empezó a enseñarles los valores que había aprendido de John a otras personas. Cuando sus esfuerzos empezaron a ganar ímpetu, Jerry fundó la organización sin fines de lucro La Red para multiplicar sus esfuerzos.

Al principio de la década del 2000, la organización de Jerry recibió una invitación para ir a Colombia. ¿La razón? Las prisiones en Colombia se encontraban notoriamente corruptas en aquella época. Eran manejadas por el crimen organizado y los reos más poderosos. Los prisioneros se hallaban organizados y frecuentemente estaban armados. El dinero fluía hacia las prisiones. Algunos de los reos más poderosos se habían hecho suites. Algunas de ellas hasta tenían puertas exteriores a fin de que personas asociadas y mujeres pudieran ir y venir a voluntad, trayendo dinero y drogas, entre otras cosas.

El entorno delictivo había engendrado corrupción entre los guardias. Puesto que no podían vencer a los reos, sencillamente se les unieron. Servían a los criminales más ricos y trataban a los demás reos como esclavos. El sistema de prisiones era brutal. En promedio, había un asesinato al día en el sistema de ciento cuarenta y tres prisiones. Jerry contó que en un caso un hombre había sido decapitado y su cabeza había sido utilizada como balón de fútbol en el patio de la prisión.

El gobierno colombiano deseaba un cambio, pero no estaba seguro de qué hacer ni por dónde empezar. Decidieron llamar al general Ricardo Cifuentes para que se reincorporara a la actividad laboral. Cifuentes sabía que no podría cambiar las prisiones con más armas o edificios nuevos. Lo que tenía que hacer era cambiar los corazones y las mentes de los líderes. Para hacer eso, invitó a La Red, la organización de Jerry, al sistema de prisiones a fin de que trabajara con los guardas. Jerry refirió que poco después de que se tomara la decisión de traer a La Red, el general Cifuentes convocó a una rueda de prensa para anunciar que el cambio se había iniciado en el país.

La Red introdujo el desarrollo del carácter y los valores en las ciento cuarenta y tres prisiones, creyendo que podrían transformar la cultura de la cárcel enseñándoles a los guardias y demás empleados de la prisión valores basados en el carácter. Ellos se reunían periódicamente en grupos pequeños para las mesas redondas. Todo empleado que se negara a participar en la reunión semanal era despedido.

Lentamente, la cultura de la prisión empezó a cambiar. Los once mil guardias de las prisiones estaban cambiando. Ya no aceptaban la corrupción. Empezaron a tratar mejor a las personas. Pidieron perdón por su comportamiento anterior. Empezaron a recuperar su dignidad. El cambio fue tan dramático que los prisioneros empezaron a escribirle cartas al director, pidiéndole que les proporcionaran la misma capacitación que los guardias estaban recibiendo.

Lo que sucedió a continuación fue extraordinario. Los guardias empezaron a permitir que un prisionero formara parte de una mesa redonda con un grupo de guardias. Para participar, ese reo tenía que acceder a dirigir su propio grupo con otros prisioneros de su grupo de celdas. El proceso se inició con cincuenta y seis prisioneros. A medida que estos individuos recibieron capacitación en cuanto a los valores, su manera de pensar cambió. Sus valores cambiaron. Sus acciones cambiaron. Para el momento en que iniciaron sus propios grupos en sus bloques de celdas, habían sido transformados. Mientras dirigían sus grupos, muchos de los reos que recibían capacitación en las mesas redondas con grupos pequeños empezaron a cambiar también. Luego de varios años todo el sistema de prisiones y sus ochenta mil reos habían sido transformados. Muchos de los reos declararon que si hubieran aprendido estos valores en un punto anterior de sus vidas, probablemente no habrían ido a parar a la prisión.

El valor más impactante que los reos abrazaron fue el perdón. La capacidad de perdonar a otros les permitió romper el ciclo de venganza y los liberó de las cadenas del odio y la amargura. Jerry comentó que uno de los reos dijo que perdonar a la persona que lo había mandado a la prisión injustamente había sido la experiencia más liberadora de su vida. Este hombre explicó que antes se había sentido esposado a esa persona. Perdonarla lo había hecho sentirse libre. ¡Quizás lo más extraordinario de todo fue que el índice de asesinatos en la prisión pasó de un promedio de uno al día a uno por año!

El éxito que Jerry tuvo en las prisiones fue tan dramático que las fuerzas armadas colombianas invitaron a La Red a capacitar a sus tropas en el desarrollo del carácter. Los gobiernos de otros países lo contactaron también. La última vez que hablé con Jerry me dijo que La Red había ayudado a personas en cuarenta y cuatro países. Él estima que más de un millón de personas ha participado en los grupos transformadores que forman y recibido capacitación en principios basados en valores. Y continúan con fuerza hasta hoy. Ese es el poder del cambio del impacto. Si usted cambia su liderazgo de capacitado a transformador, no hay límite en cuanto al tipo de impacto que pudiera tener o cuán lejos pudiera llegar su influencia.

CAPÍTULO 12

DE LA CARRERA AL LLAMADO

El cambio de la pasión

Algunos se despiertan por una alarma.
Algunos se despiertan por un llamado.

—Desconocido

Este último cambio en el liderazgo debiera ser el más natural que una persona pudiera hacer, sin embargo muchos se lo pierden. Están tan ocupados con su existencia cotidiana y con ganarse la vida que no piensan en ello. O les han dicho que la vida no tiene ningún significado mayor, y lo han creído. Le aseguro que este cambio en el liderazgo se encuentra disponible para usted si está dispuesto a alcanzarlo.

¿QUÉ HACER?

Quiero comenzar formulándole una pregunta: ¿Qué piensa usted de lo que hace ahora para ganarse la vida? Amy Wrzesniewski, profesora de

Yale, ha desarrollado investigaciones con empleados en el sitio de trabajo y ha observado que los individuos tienden a dividirse en tres grupos. Lo que resulta extraordinario es que los individuos se dividen en estas tres categorías sin importar la industria para la que trabajan, el estatus social de su profesión, su salario o su título. Por ejemplo, en un estudio, aproximadamente cifras iguales de los asistentes administrativos encuestados se dividían en estas tres categorías. Y los empleados que limpiaban los pisos en un hospital tenían probabilidades iguales de dividirse uniformemente en estos tres grupos.[1] Piense acerca de cuál de ellos lo describe a usted mejor.

1. Usted desempeña un trabajo

Cuando usted tiene un trabajo, con frecuencia su meta principal es ganarse la vida y mantener a su familia. Tal vez no piense en este más allá del tiempo que pasa en sus horas laborales. Podría realizar su trabajo de forma excelente o sencillamente cumplir con su horario, pero de una u otra manera, cuando termina su jornada o su turno, usted se va y no piensa en ese trabajo. La sensación de satisfacción y realización para los individuos cuya mentalidad es la de solo desempeñar un trabajo proviene de las actividades fuera de su empleo. Y si bien las personas en este grupo abrigan esperanzas de avanzar, no piensan en términos de una estrategia para edificar su carrera.

Se ha dicho que si usted escoge un trabajo que ama, nunca tendrá que trabajar un día en su vida. Pienso que es un buen consejo, pero ese debiera ser un punto de partida, no una meta final. Un trabajo no es su llamado, no importa cuánto dinero pueda ganar o cómo le permita servir a otros. Su trabajo es meramente un vehículo con el potencial de llevarlo hacia su llamado. Así es como debe verlo.

2. USTED EDIFICA UNA CARRERA

La mayoría de las personas reconocería que es un paso de avance pensar en términos de desarrollar una carrera en lugar de solo desempeñar un trabajo. Cuando usted tiene una carrera, la implicación es que se dirige en una dirección dada. Está avanzando, obteniendo logros positivos. Una trayectoria ascendente en el dominio de sus aptitudes, mayores responsabilidades y mayores ganancias son los distintivos de una carrera de éxito.

3. USTED CUMPLE SU LLAMADO

El autor Frederick Buechner dijo que nuestro propósito se halla en «ese lugar donde su alegría más profunda se encuentra con la necesidad más profunda del mundo». Su llamado, cuando lo descubre y lo abraza, resultará en la combinación de sus aptitudes, talentos, rasgos de carácter y experiencias. Este aprovecha su experiencia, sus dones y las lecciones que ha aprendido. Será representado por un deseo profundo de crear, guiar, inspirar y producir un impacto positivo. Observe las diferencias entre una carrera y un llamado:

CARRERA	LLAMADO
Mayormente acerca de usted	Mayormente acerca de otros
Algo que usted escoge	Algo que ha sido escogido para usted
Existe aparte de su mejor vida	Existe integrado a toda su vida
Puede tomarla o dejarla	Nunca lo deja
Algo que puede hacer	Algo que *tiene* que hacer
Se mide por el éxito	Se mide por la transcendencia

¿No le gustaría hallar y cumplir un llamado que produzca un impacto positivo y que lo entusiasme cada día por el resto de su vida? Hallar su llamado es como hallar su *por qué*: la razón de su existencia, el propósito de su vida. Cuando lo hace, todo cambia:

Cuando halla su por qué, halla su camino
Cuando halla su por qué, halla su voluntad
Cuando halla su por qué, halla sus alas

Su vida nunca será igual una vez que sepa lo que ha sido llamado a hacer y se dedique a cumplirlo cada día.

TODOS ESTAMOS EN LA BÚSQUEDA

Creo que *todos* tenemos el potencial de encontrar y cumplir nuestro propósito. Todos tenemos la capacidad para ser llamados. En cada uno de nosotros existe el deseo de saber más y ser más. Hay algo en nosotros que nos llama a algo más grande. Richard Leider, autor, entrenador y fundador de Inventure, The Purpose Company, ha escrito extensamente sobre los temas del propósito y el llamado. Él señaló:

La búsqueda del llamado no es una tendencia. Es algo mucho más profundo. Si hubiera que designarle a esto de alguna forma, sería con el término buscador. James Kavanaugh capturó la esencia de este impulso cuando escribió: «Soy uno de los buscadores. Existen, creo yo, millones de nosotros. No somos infelices, pero tampoco estamos completamente contentos. Continuamos explorando la vida, esperando descubrir su secreto definitivo».

Los seres humanos somos buscadores de trascendencia [...] El trabajo tiene trascendencia si sirve a otros. El llamado une al yo con el servicio. Como dijo Aristóteles: «Donde nuestros talentos y las necesidades del mundo se cruzan, allí se encuentra nuestra vocación».[2]

> # DONDE NUESTROS TALENTOS Y LAS NECESIDADES DEL MUNDO SE CRUZAN, ALLÍ SE ENCUENTRA NUESTRA VOCACIÓN.
>
> —ARISTÓTELES

Cuando cumplí setenta años, me preguntaron qué era lo que me parecía más sorprendente de la vida. Respondí: «Su brevedad». No me siento como si tuviera setenta. No parezco tener... bueno, mejor ni hablemos de eso. Me cuesta creer que he vivido siete décadas y he estado casado por más de cincuenta años. Resulta extraordinario que algunos de los *nietos* de Margaret y míos estén casi crecidos. Siento como si apenas estuviera iniciando la travesía de la vida, pero ya pasé el punto medio de mi existencia hace un buen tiempo. La vida es corta, y su brevedad resalta la importancia del mensaje de este capítulo. El paso del tiempo convierte a la búsqueda de su llamado en una prioridad principal.

Al leer estas líneas, podrá ser un poco mayor de edad, como lo soy yo. O podrá estar en la escuela secundaria con toda su vida y carrera profesional por delante. No importa cuál sea su situación, puede hallar su propósito, su llamado. Nunca es demasiado temprano y nunca es demasiado tarde.

EL DÍA QUE FUI LLAMADO

Me considero afortunado. Recibí mi llamado cuando tenía veintinueve años. Contaba con edad suficiente para apreciarlo, pero estaba bastante joven como para tener tiempo de sacarle el máximo provecho. Quiero contarle acerca de la experiencia. Debido a que soy una persona de fe, mi experiencia involucra a Dios. Sin embargo, no hay que ser una persona de fe para recibir un llamado. Solo hay que estar dispuesto y atento.

Antes de contarle la historia, quiero mencionar algo dirigido a los seguidores de Cristo, por si acaso usted es uno de ellos. Para todos los cristianos existe un llamado general dirigido a todos. Jesús dijo: «Permítanme decirles por qué están aquí. Están aquí para ser la sal sazonadora que saca a relucir los sabores divinos en esta tierra [...] Dicho de otra manera: Ustedes están aquí para ser luz, mostrando los colores divinos de este mundo».[3] Los seguidores de Cristo estamos en este mundo para ser sal y luz. La sal mejora las cosas. La luz hace las cosas más brillantes. La imagen de fondo en mi iPhone tiene una foto de un salero y una bombilla con las palabras «Sean estos», a fin de recordarme cada día que debo hacer que el mundo sea mejor y más brillante.

También existe un llamado específico, una compulsión a hacer algo único. Aquí Dios llama a individuos a sí mismo y a una causa de manera tan decisiva que todo lo que son, todo lo que hacen y todo lo que tienen se invierte para él en esa causa. La Madre Teresa lo describe como «el llamado dentro del llamado». Cuando ella lo sintió el 10 de septiembre de 1946, mientras viajaba en tren de Calcuta a Darjeeling, supo que el propósito de su vida era servir a los más pobres de los pobres.[4] De inmediato se fijó un rumbo para cumplir su llamado sirviendo a los pobres de Calcuta, y luego de un tiempo pudo establecer las Misioneras de la Caridad.

Experimenté un llamado similar el 4 de julio de 1976. Me correspondía predicar como parte de la celebración del segundo centenario de los Estados Unidos y repentinamente tuve la sensación clara y convincente de que Dios quería que invirtiera mi vida en el desarrollo de líderes y la enseñanza del liderazgo. Quizás fue el momento de mayor claridad que he tenido en mi vida.

Cuando iba camino a casa, le conté a Margaret lo sucedido. Ella me escuchó como siempre lo hace cuando una idea me entusiasma.

—¿Qué vas a hacer? —me preguntó luego.

—Nada —respondí.

Eso la sorprendió, porque en aquel entonces usualmente yo saltaba de inmediato al modo de estrategia y empezaba a elaborar mis planes. (Esto sucedió antes de que hubiera hecho el cambio en el liderazgo de la planificación a examinar las alternativas). Sin embargo, esta experiencia había sido diferente a todas las demás que había tenido. Sí, estaba entusiasmado. No podía esperar para empezar a capacitar a líderes por el resto de mi vida. Al mismo tiempo, también fui paciente y me sentí muy centrado, en calma.

—Si este es un llamado —le dije—, entonces las puertas se abrirán.

Y así fue. Antes de que terminara la semana, dos grupos diferentes me llamaron para pedirme que conversara con sus líderes.

En aquel momento, era muy ambicioso en la mayoría de las áreas de mi vida. Previamente en este libro mencioné lo muy orientado a las metas que era y cuánta atención le prestaba a las estadísticas y el avance. Esta vez resultaba diferente. Esta era una invitación personal que Dios me había hecho para que trabajara en su agenda, usando los talentos que él me había dado, desempeñando un trabajo que percibía que sería eternamente significativo. Me sentí agradecido de haber sido llamado a algo importante, pero no estaba pensando en términos de metas ni de cronogramas. Solo quería ser la mejor versión de mí y hacer lo mejor que pudiera. Honestamente puedo decir que hoy, más de cuarenta años después, estoy tan entusiasmado como lo estuve en el primer día. Sigo emocionado de haber sido llamado a enseñar sobre el liderazgo y a desarrollar a los líderes. Quiero añadir valor a líderes que multipliquen el valor de otros. Ese es mi llamado y propósito en la vida.

LAS CARACTERÍSTICAS
DE UN LLAMADO

Usted también tiene un propósito en la vida y puede recibir un sentido del llamado. No quiero que se pierda esto solo porque le he contado acerca de mi llamado en el contexto de mi fe. Usted puede ser de una fe diferente o no profesar fe alguna, y aun así puede ser llamado. Su llamado puede darle una vida fructífera y satisfactoria, una vida que lo llena de pasión y lo motiva a marcar una diferencia. Cuando se trate de su llamado, no tendrá que perseguirlo. Se sentirá *cautivado* por él.

CUANDO SE TRATE DE SU LLAMADO, NO TENDRÁ QUE PERSEGUIRLO. SE SENTIRÁ *CAUTIVADO* POR ÉL.

Quiero ayudarlo a comprender el llamado a fin de que pueda hallar el suyo si no lo ha hecho aún. Deseo que esté listo cuando llegue.

1. SU LLAMADO SE CORRESPONDE CON LA PERSONA QUE USTED ES

Nadie ha sido llamado a hacer algo para lo cual no estaba apto. El llamado siempre se corresponde con la persona que usted es. Por ese motivo, resulta importante que mientras se mantiene alerta para hallar su llamado sea consciente de sí mismo. Aquí tiene algunas preguntas que pueden ayudarlo a pensar acerca de su llamado:

- Si pudiera hacer una cosa por el resto de su vida, aun si nunca le pagaran por ello, ¿qué haría?
- ¿Qué es aquello para lo cual los demás frecuentemente le piden ayuda?
- ¿Qué experiencias ha tenido que han despertado un deseo de ayudar a otros que pasen por lo mismo?
- ¿Qué lo entusiasma?
- ¿Sobre qué le encanta aprender más?
- ¿Qué tema es uno del cual usted podría hablar por horas y horas?
- ¿Qué actividades se siente siempre motivado a llevar a cabo?
- ¿Qué puede hacer usted que causaría un impacto positivo en las vidas de los demás?
- ¿Qué le gustaría hacer que perdurara más allá de su vida?

El llamado que usted recibe frecuentemente no se relaciona solo con uno o dos de estos aspectos, sino con *todos* ellos.

2. SU LLAMADO APROVECHA SU PASIÓN

Impactar al mundo es difícil. Si carece de pasión por su llamado, su energía se agotará. Para esto, es bueno usar la prueba de la noche desvelada. ¿Hay alguna causa que quisiera perseguir que lo consume tanto que no lo deja dormir? Esa es una señal de que podría ser llamado a ella. Me gusta el consejo del autor, filósofo y líder de los derechos civiles Howare Thurman, quien dijo: «No pregunte qué necesita el mundo. Pregunte qué es lo que lo hace cobrar vida y vaya a hacerlo. Porque lo que el mundo necesita es gente que haya cobrado vida».

La pasión es un gran impulsor hacia el llamado. Si usted no está seguro de dónde se encuentra su pasión, hágase algunas de estas preguntas:

- ¿Cómo mis fortalezas alimentan mi pasión?
- ¿Qué experiencias conforman mi pasión?
- ¿Qué oportunidades son congruentes con mi pasión?
- ¿Cómo lo que me encanta hacer apunta hacia mi pasión?
- ¿Cómo contribuye lo que hago bien a mi pasión?
- ¿Cómo lo que otros dicen apunta a mi pasión?
- ¿Cómo coinciden mis antecedentes de éxito con mi pasión?
- ¿En qué punto mi deseo de crecer aumenta mi pasión?

El talento, las aptitudes, la experiencia y las oportunidades se alinean todos con el llamado, pero la pasión aporta el combustible para perseguir su llamado.

3. SU LLAMADO ES IMPORTANTE *PARA* USTED, PERO NO SE TRATA *DE* USTED

Un llamado genuino nunca se trata de la persona llamada. Tiene que ver con ayudar a otros. Un llamado nos mueve de ser el centro de todo en nuestro mundo a ser el canal a través del cual las cosas buenas llegan a los demás. Como lo dijo Nelson Mandela: «Lo que cuenta en la vida no es el mero hecho de haber vivido. Es la diferencia que hayamos marcado en las vidas de otros lo que determinará la trascendencia de la vida que llevamos». Cuando uno es llamado, tiene un papel importante que desempeñar, pero nunca se trata de nosotros.

Escribí mucho acerca del tema de la trascendencia en mi libro *Vivir intencionalmente*. El libro trata sobre cómo la trascendencia proviene de los esfuerzos para marcar una diferencia con otros en dondequiera que uno esté, con lo que uno tenga, día tras día. En otras palabras, la transcendencia significa:

- Dar más allá de usted mismo.
- Servir más allá de usted mismo.
- Pensar más allá de usted mismo.
- Amar más allá de usted mismo.
- Ver más allá de usted mismo.

¿Qué tienen en común estas cosas? Que requieren que viva más allá *de usted mismo.*

4. SU LLAMADO ES MÁS GRANDE QUE USTED

Un llamado siempre involucra algo que se siente grande, algo que es más grande que uno. Podría intimidarle. Hasta podría parecer imposible. Sin embargo, usted se siente movido a salir de su zona de comodidad para cumplirlo. Está dispuesto a extenderse para llevarlo a término. Sigue avanzando a pesar de las probabilidades.

Hay una antigua historia acerca de la visión que me encontré hace muchos años. Un caminante estaba observando un sitio en construcción durante la Edad Media y vio a un mampostero trabajando.

—¿Qué hace? —preguntó el caminante.

—Estoy colocando piedras —respondió el mampostero.

El caminante siguió su camino y vio a un segundo mampostero haciendo el mismo tipo de trabajo.

—¿Qué hace? —preguntó.

—Estoy construyendo una pared —respondió el segundo mampostero.

El caminante ya casi había dejado atrás el sitio en construcción cuando vio a un tercer trabajador. Al igual que los otros dos, era un mampostero.

—¿Qué hace? —pregunto el caminante.

—Estoy construyendo una catedral magnífica —respondió el tercer mampostero.

Había visto el tamaño de su tarea y sabía cuál era su contribución. Creo que eso podría llamarse un *llamado de catedral*. Es cuando reconocemos que estamos haciendo algo que es más grande que nosotros, y que quizás no llegue a terminarse durante nuestra vida. Sin embargo, sabemos que somos parte de algo grande y hermoso. Todos debieran tener su llamado de catedral, porque hemos sido hechos para más que sencillamente ocuparnos en un trabajo o edificar una carrera. Hemos sido hechos para trascender, para producir un impacto positivo.

5. SU LLAMADO CAMBIA SU PERSPECTIVA

Tener un llamado significa que ve su mundo de manera diferente. Donde antes solo veía obligaciones y responsabilidades, empezará a ver alternativas y oportunidades. Ya no permanecerá enfocado en las tareas que está precisado a cumplir. Se le abrirá un mundo completo de cosas que usted *desea* hacer.

El llamado eleva nuestros corazones y expande nuestras alternativas. Puede hacer que lo ordinario cobre significado. Produce un cambio drástico en nuestra perspectiva, mejorándola. Observe la diferencia entre estas dos perspectivas:

PERSPECTIVA DE RESPONSABILIDADES	PERSPECTIVA DE OPORTUNIDADES
Se siente pesada	Se siente ligera y emocionante
Es una carga	Es un privilegio
Consume energía	Produce energía
Puede parecer rutinaria y sin significado	Se siente llena de propósito y significado
Impulsada por el sentido del deber	Impulsada por el sentido del optimismo
Es algo que uno tiene que hacer	Es algo que uno quiere hacer
Conduce a la rutina y la repetición	Inspira creatividad
Desalienta la eficiencia	Inspira la eficiencia
Tiende a alargar las tareas	Desea mayores resultados por los esfuerzos
Repele a otros por la negatividad	Atrae a otros por la positividad
Da un sentido de finalización	Da un sentido de posibilidades
Está asociada con presionar	Está asociada con inspirar
Conduce al éxito en el 10 % de nuestra vida	Conduce al éxito que abre el 90 % oculto

6. SU LLAMADO LE DA PROPÓSITO

Sheri Riley es una entrenadora del Equipo John Maxwell que por muchos años ha trabajado con atletas profesionales y entretenedores célebres. Recientemente publicó su primer libro, titulado *Exponential Living* [Viviendo Exponencialmente]. En ese libro escribió acerca de cómo las personas se dejan llevar tanto por la rutina de la vida que pierden de vista por qué hacen las cosas. Ella señaló:

Muchos individuos de gran éxito se han enfocado tanto en trabajar que el trabajo se convierte en un fin en sí mismo. Se tornan adictos a las demandas, el estrés y el sentido de logro que obtienen cuando trabajan duro, aun si su trabajo duro no les está llevando ni cerca de donde quieren ir. Frecuentemente, estos individuos de éxito ni siquiera se percatan de que ya lograron la meta por la que estaban trabajando y que ha llegado el momento de pasar a otra cosa.

El trabajo es trabajo, amigos. Eso es lo que es. Tiene valor solo en la medida que logre algo que uno verdaderamente desee. Un gran número de nosotros los que logramos muchas cosas hemos adoptado la ética de trabajo de los puritanos. Es decir, creemos que el trabajo tiene valor en sí mismo. Por lo tanto, si hacemos mucho trabajo, *nosotros* seguramente somos valiosos. Así que aceptamos muchas tareas y nos mantenemos muy ocupados, pero no necesariamente somos tan productivos como pudiéramos serlo. Quedamos exhaustos, porque confundimos el trabajo con el valor. Al final de una semana de trabajo agotadora, miramos hacia atrás y decimos: «Bueno, al menos se logró *eso*». No nos hemos acercado para nada a nuestros sueños, pero de seguro sí trabajamos.[5]

En un extremo hallamos a personas como las que Sheri describió. Los de mucho éxito que trabajan por el hecho de trabajar. En el otro extremo hallamos a las personas que trabajan porque tienen que hacerlo, pero que no hallan satisfacción alguna en lo que hacen. El autor Seth Godin se dirigía a estos últimos cuando dijo: «En lugar de preguntarse dónde serán sus próximas vacaciones, tal vez usted debiera forjarse una vida de la cual no tiene que escaparse».

La respuesta para los dos tipos de personas es el sentido de propósito que viene con el llamado. Observe los beneficios del fuerte sentido de propósito que acompaña al llamado.

- El propósito lo motiva: Pasión
- El propósito mantiene sus prioridades en orden: Disciplina
- El propósito desarrolla su potencial: Expansión
- El propósito le da poder para vivir en el presente: Conciencia
- El propósito lo ayuda a aumentar su progreso: Crecimiento
- El propósito dirige sus hábitos: Coherencia
- El propósito perpetúa un estilo de vida intencionado: Trascendencia

Parker Palmer, fundador del Centro para la Valentía y la Renovación, señaló: «Antes de poder decirle a mi vida lo que quiero hacer con ella, debo escuchar a mi vida decirme quién soy». Él se está refiriendo al llamado y al propósito que derivamos del mismo.

7. SU LLAMADO LO AYUDA A VENCER OBSTÁCULOS

¿En qué se apoya cuando se topa con una pared en su vida o su liderazgo? ¿Se apoya en su determinación? ¿Saca fuerzas de su disciplina? ¿Trabaja más duro? Todas estas son cosas buenas, pero no se comparan con el poder de su llamado para mantenerlo en marcha.

Mi amigo Dave Ramsey dijo: «El llamado más alto importa. Cuando a uno le interesa profundamente el por qué, por qué hacemos lo que hacemos, entonces y solo entonces se trabaja de una manera que permite vencer los obstáculos».

8. SU LLAMADO TRAE REALIZACIÓN

Nada en la vida es tan gratificante como cumplir con su llamado, nada. Las riquezas, la fama, los logros, el reconocimiento, todos se quedan cortos. ¿Por qué cree usted que tantas personas célebres y atletas adoptan causas que defender? Están buscando una realización que proviene únicamente de seguir un llamado.

He observado y conocido a muchos que viven sin un llamado. Con el paso de los años, sus necesidades y deseos más profundos quedan sin explorarse. Están ocupados, pero desarrollan una vaga ansiedad al sentir que su vida no ha alcanzado su significado y trascendencia. Viven con una inquietud, porque no están estrechamente vinculados a los propósitos morales que le dan valor a la vida. Debido a que no siguen un llamado, carecen de una brújula interna que les permita hacer compromisos firmes. Nunca desarrollan la coherencia interna que anhelan. Todos los días se quedan cortos en lo que respecta a lograr la realización que ansían experimentar, y eso los frustra.

El llamado lo cambia todo. Es la pieza que falta en el rompecabezas, la trama de una buena historia, la nota musical que completa la partitura. Todos los días experimento la sensación eufórica de realización mientras escribo, dicto una conferencia y dirijo. Cuando estoy comprometido con mi llamado, la sensación que experimento es: ¡Nací para esto!

DESCUBRIENDO SU LLAMADO

Así que, ¿cuál es su llamado? ¿Ya lo ha descubierto? ¿O necesita ayudar para encontrar el camino? Fred Swaniker, fundador del Grupo de Liderazgo Africano, dijo: «Cada cierto tiempo llegamos a una encrucijada en el camino que nos obliga o a permanecer en nuestra senda actual de la vida, o a cambiar de rumbo y hacer algo radicalmente diferente». Si usted aún no ha encontrado su llamado, entonces se halla en esa encrucijada. Espero que tome el camino osado, el rumbo radicalmente diferente que representa su llamado. Podría atemorizarle. Podría ser incómodo. Podría sentirse inseguro. No obstante, puedo asegurarle que si halla su llamado, jamás se arrepentirá del camino difícil que tuvo que recorrer para buscarlo, porque no hay nada como su llamado.

Cuando estaba en la universidad, en uno de los cursos el profesor hizo tres preguntas para ayudarnos a comprendernos a nosotros mismos y hallar el camino para nuestras vidas. Desde que las escuché por primera vez, me las he hecho en repetidas ocasiones. Las tres preguntas son estas:

1. ¿Sobre qué cosas canto? ¿Qué es lo que llena mi corazón?
2. ¿Por qué cosas lloro? ¿Qué es lo que me rompe el corazón?
3. ¿Sobre qué cosas sueño? ¿Qué es lo que eleva mi corazón?

Estas cosas me encaminaron en el viaje que me permitió descubrir mi llamado. Con el paso del tiempo, experimenté momentos que me hablaron con un sentido profundo de propósito:

- MOMENTOS PARA CANTAR: Las veces que supe que mi liderazgo estaba produciendo un impacto positivo en la vida de las personas.
- MOMENTOS PARA LLORAR: Las veces que lloré porque vi cómo algunos líderes malos abusaban de las personas o las utilizaban de manera incorrecta.
- MOMENTOS PARA SOÑAR: Las veces que soñé con capacitar a líderes que tendrían un impacto significativo sobre otros.

Observará que todos esos momentos guardan relación con el tema del liderazgo, porque es allí donde se encuentra mi llamado. Así que le pregunto: ¿Dónde experimenta usted los momentos de cantar, llorar o soñar en su vida?

Al meditar en estas preguntas, tal vez tenga la inquietud: ¿Cómo puedo distinguir entre mi llamado y mi ego? Esa es una pregunta válida. Shelley Prevost, cofundadora y presidenta de Torch, escribió sobre esto en *Inc.* Estas son las diferencias que ella señala entre estas dos cosas:

EGO	LLAMADO
Teme no poseer algo	Teme no expresar algo
Se enfoca en hacer	Se enfoca en ser
Necesita ansiedad para sobrevivir	Necesita silencio para sobrevivir
Se manifiesta como fatiga	Se manifiesta como realización
Se enfoca en el resultado	Se enfoca en el proceso
Busca preservarse a sí mismo	Busca impactar a otros

Prevost luego añadió que el llamado se descubre a través de la observación y la reflexión, por medio del autodescubrimiento y el desarrollo de la vida.[6] Otra manera de decirlo es que el ego *nos impulsa*. El llamado *nos atrae*.

Usted podría hallar su llamado en un momento como lo hice yo, pero no creo que pueda forzarlo a que aparezca de inmediato si no lo ha descubierto aún. Usualmente se necesita tiempo para que se desarrolle. Puedo mirar atrás a años de momentos de liderazgo, experiencias buenas y malas, sentimiento de descontento y contentamiento que me formaron para mi llamado y me prepararon para él. Mi mejor consejo es que se mantenga alerta. Présteles atención a sus sentimientos. Dedique tiempo a la reflexión. Aprenda de sus experiencias. Nunca desestime sus sueños. Y cuando su momento llegue, recíbalo.

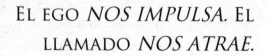

EL EGO *NOS IMPULSA*. EL LLAMADO *NOS ATRAE*.

CÓMO ELEVAR SU LLAMADO
AL MÁXIMO

No sé en qué fase de la vida se encuentra mientras lee este libro. Tal vez sencillamente esté cumpliendo con un trabajo, con la esperanza de llegar más lejos. Tal vez ha desarrollado una carrera, pero sigue anhelando algo más. Si cualquiera de estas afirmaciones es verdadera, siga avanzando hacia su llamado. Sin embargo, tal vez se encuentra en una temporada de vida en la cual ya conoce su llamado y está determinando qué hacer con él. Si esto lo describe, entonces permítame darle un consejo. Y si esto no lo describe aún, marque estas palabras para cuando ingrese a la temporada de su llamado.

1. INCORPORE UN ENFOQUE DIARIO CON
UNA PERSPECTIVA A LARGO PLAZO

En su libro *El ciclo vital completado,* Erik Erikson cuenta una broma acerca de un hombre que se encuentra en su lecho de muerte. Mientras yacía allí con los ojos cerrados, su esposa le susurró los nombres de todos los miembros de la familia que estaban presentes para desearle *shalom.* De repente el hombre se sentó en la cama abruptamente y preguntó: «¿Y quién está cuidando la tienda?».[7]

Las personas que tienen un sentido del llamado necesitan mantener un enfoque diario sin perder su perspectiva a largo plazo. Esto lo asemejo a utilizar tanto el reloj como la brújula. El reloj me ayuda a mantenerme al día con lo que estoy haciendo hoy. Me anima a invertir en mis actividades diarias y cumplir con mis citas. Me permite realizar la misión del momento.

La brújula me ayuda a mantener el rumbo hacia mi destino. Me ayuda a enfocarme en la visión. Me ayuda a saber hacia dónde voy. Así mantengo mis valores generales. Mantengo la visión delante de mí. Esto me permite cumplir la misión de mi llamado.

En términos de mi fe, el reloj me ayuda a recordar que tengo una contribución que hacer. El versículo de la Biblia que me habla sobre esto es 1 Corintios 12.7, que dice: «A cada uno se le da una manifestación especial del Espíritu para el bien de los demás». La brújula me recuerda que tengo un destino que cumplir. El versículo que me habla de esto es Salmos 139.16, que dice: «Tus ojos vieron mi cuerpo en gestación: todo estaba ya escrito en tu libro; todos mis días se estaban diseñando, aunque no existía uno solo de ellos». Y en términos de mi llamado, tengo un legado que dejar que está relacionado con el liderazgo. El versículo que me habla sobre esto es 2 Timoteo 2.2: «Lo que me has oído decir [...] encomiéndalo a creyentes dignos de confianza, que a su vez estén capacitados para enseñar a otros». Como ya he mencionado, no hay que ser una persona de fe para seguir un llamado. No obstante, si usted es una persona de fe, le animo a que consulte las Escrituras para recibir sabiduría, profundizar su entendimiento y aumentar su compromiso.

2. Establezca un camino claro en una dirección digna del esfuerzo

Cuando usted muera, si la gente fuera a describir su vida en una sola oración, ¿qué le gustaría que dijeran? La dirección de su vida y la jornada que cumpla redactarán esa oración. Usted no puede escoger hasta dónde llegará su vida, pero sí puede determinar la dirección que seguirá hoy.

Una de las paradojas de la vida es que usted debe seguir el llamado con claridad y propósito mientras vive con incertidumbre. Así que vaya hacia adelante en una dirección que sea digna de haberle dedicado su vida y avance confiado, pero espere que su historia se escribirá a lápiz... ¡y con uno provisto de goma de borrar! Le digo eso porque mientras usted persigue su llamado su vida será escrita y reescrita. Algunas experiencias terminarán con un punto, un punto final. Otras requerirán la pausa de una coma. Habrá momentos de victoria y contentamiento con signos de exclamación. Y, por supuesto, habrá muchos signos de interrogación.

ESPERE QUE SU HISTORIA SE ESCRIBIRÁ A LÁPIZ... ¡Y CON UNO PROVISTO DE GOMA DE BORRAR!

Me han preguntado qué deseo que diga mi lápida. «Al fin se quedó sin aliento», respondo bromeando. No obstante, sinceramente, mi deseo es que mi única oración diga: «Sigue viviendo en este mundo». Mi esperanza es que lo que les he enseñado a los líderes se entreteja en sus vidas y continúe ayudando a otros después de mi partida. La meta en la vida no es vivir para siempre, sino crear algo que sí lo haga.

¿Dónde terminará usted si sigue su llamado? El tiempo lo dirá. Sin embargo, el viaje valdrá la pena, y la historia será asombrosa.

3. PÍDALES A OTROS QUE SE UNAN A USTED Y SU LLAMADO

Debido a que el llamado de toda persona es mayor que el individuo que ha sido llamado, siempre se necesita la ayuda de otros para cumplirlo. Si ha descubierto su llamado y no les ha pedido a otros que se unan a usted en él, ha descuidado un paso crucial, y es hora de empezar a reclutar ayuda. Las personas que alcanzan el éxito frecuentemente dejan una herencia para los demás. Las personas que cumplen un llamado dejan un legado *en* otros.

En su libro *Strengths Based Leadership* [Liderazgo basado en fortalezas], los autores Tom Rath y Barry Conchie escribieron acerca del impacto que tienen los líderes cuando reclutan a otros para su llamado y los empoderan para su causa. Ellos señalaron:

Quizás esta es la razón por la cual los líderes más extraordinarios no estiman al éxito personal como una meta en sí misma. Reconocen que su impacto en este mundo reposa en manos de los que les siguen. Martin Luther King Jr. predicó la noche del 3 de abril de 1968: «Quizás no llegue allí con ustedes, pero quiero que sepan esta noche que nosotros, como pueblo, llegaremos a la Tierra Prometida». Al día siguiente, el doctor King fue asesinado. Sin embargo, la influencia que tendría sobre el mundo apenas había empezado.

El día después de su muerte, ya había millones parados sobre los hombros del doctor King. Para finales del siglo veinte esa cifra había aumentado a cientos de millones. Al final de este siglo, sean conscientes de ello o no, miles de millones de individuos tendrán vidas mejores gracias a los esfuerzos del doctor King durante sus demasiado breves treinta y nueve años de vida.[8]

Tal vez ni usted ni yo lograremos tener la clase de impacto que tuvo Martin Luther King Jr., pero eso no debiera impedir que nos dediquemos por completo a nuestro llamado y que les pidamos a otros que se nos unan. Nuestro llamado es el regalo que le damos al mundo mientras tenemos aliento de vida. Nuestro legado es el regalo que le damos al mundo después de nuestra muerte.

Espero que usted haga todo lo que pueda para descubrir su llamado, y luego que se esfuerce al máximo por cumplirlo. Y espero que abrace no solo este cambio de liderazgo, sino todos los que he mencionado en este libro. Recuerde que cada avance que logre como líder requerirá un cambio en el liderazgo que transforme su manera de pensar, actuar y dirigir. Solo podrá alcanzar su potencial si abraza estos cambios en el liderazgo:

- De solista a director de orquesta: El cambio del enfoque
- De las metas al crecimiento: El cambio para el desarrollo personal
- De los beneficios al precio: El cambio del costo
- De agradar a otros a desafiar a otros: El cambio relacional
- Del mantenimiento a la creación: El cambio de la abundancia
- De subir escaleras a construir escaleras: El cambio de la producción
- De la dirección a la conexión: El cambio de las comunicaciones
- De la uniformidad del equipo a la diversidad del equipo: El cambio para el mejoramiento
- De la autoridad posicional a la autoridad moral: El cambio de la influencia
- De líderes capacitados a líderes transformadores: El cambio del impacto

      De la carrera al llamado: El cambio de la pasión

¿Habrá otros cambios en el liderazgo que tendrá la oportunidad de efectuar? Probablemente. No los he descubierto aún, pero si existen, me propongo hacerlo. ¿Por qué? Porque hace mucho tiempo hice el cambio en el liderazgo del desarrollo personal, de las metas al crecimiento, y continúo creciendo como líder. Si usted está creciendo, también los descubrirá. Y cuando lo haga, comuníquemelo a mí y a otros. Si dirigimos mejor y ayudamos a que otros dirijan mejor, nuestro impacto será mucho mayor y más satisfactorio.

ACERCA DEL AUTOR

John C. Maxwell es uno de los autores más exitosos según el *New York Times*, entrenador y conferenciante que ha vendido más de treinta millones de libros en cincuenta idiomas. La American Management Association lo designó como el líder número uno en los negocios, y las revistas *Business Insider* e *Inc.* lo reconocieron como el experto en liderazgo más influyente en el mundo. Es fundador de la Compañía John Maxwell, el Equipo John Maxwell, EQUIP y la Fundación de Liderazgo John Maxwell, organizaciones que han entrenado a millones de líderes. Dr. Maxwell, galardonado con el Premio Madre Teresa por Liderazgo y Paz Global que le otorgara Luminary Leadership Network, habla cada año para las compañías *Fortune* 500, presidentes de naciones, y muchos de los principales líderes de negocios del mundo. Se le puede seguir en Twitter.com/JohnCMaxwell. Para más información sobre él visite JohnMaxwell.com.

NOTAS

CAPÍTULO 1: POR QUÉ TODO LÍDER NECESITA ABRAZAR EL CAMBIO

1. Eric J. McNulty, «Thinking Like a Leader: Three Big Shifts» [Pensando como un líder: tres grandes cambios], Strategy and Business, 28 de julio de 2015, https://www.strategy-business.com/blog/Thinking-Like-a-Leader-Three-Big-Shifts.

2. Katie Hiler, «Cheetahs' Secret Weapon: A Tight Turning Radius» [El arma secreta de los guepardos: un radio de giro cerrado], *New York Times*, 12 de junio de 2013, http://www.nytimes.com/2013/06/13/science/agility-not-speed-is-cheetahs-meal-ticket-study-says.html.

3. Bruna Martinuzzi, «The Agile Leader: Adaptability» [El líder ágil: adaptabilidad], Mindtools, accedido el 6 de octubre de 2017, https://www.mindtools.com/pages/article/newLDR_49.htm.

4. *The Flux Report: Building a Resilient Workforce in the Face of Flux* [El reporte del cambio: Edificando una fuerza laboral resistente ante el cambio] (London: Right Management, 2014), p. 6, https://www.rightmanagement.co.uk/wps/wcm/connect/350a18c6-6b19-470d-adba-88c9e0394d0b/Right+Management+Flux+Report+Spread.pdf?MOD=AJPERES.

5. Dave Martin, *The 12 Traits of the Greats: The Twelve Undeniable Qualities of Uncommon Achievers, and How You Can Master Them in Your Life... Right Now!* [Las 12 características de los grandes: Las doce cualidades innegables de los sobresalientes y cómo dominarlas en su vida... ¡ahora mismo!) (Tulsa, OK: Harrison House, 2011), ubicación Kindle 2707.

6. Paul Karofsky, citado en la obra de Eric Yaverbaum, *Leadership Secrets of the World's Most Successful CEOs: 100 Top Executives Reveal the Management Strategies That Made Their Companies Great* [Secretos del liderazgo de los presidentes más exitosos del mundo: Ejecutivos de entre los 100 mejores

271

revelan las estrategias administrativas que engrandecieron a sus empresas)] (Chicago: Dearborn Trade, 2004), p. 161.

7. María Popova, «Malcolm Gladwell on Criticism, Tolerance, and Changing Your Mind» [Malcolm Gladwell sobre la crítica, la tolerancia y el cambio de mentalidad], Brain Pickings, 24 de junio de 2014, https://www.brainpickings.org/2014/06/24/malcolm-gladwell-nypl-interview/ (énfasis en el original).

8. Phillips Brooks, *Addresses by the Right Reverend Phillips Brooks* [Discursos del reverendo Phillips Brooks], (1893, Los Angeles: Hard Press, 2006), p. 25.

9. C. Vijayakumar, «3 Key Steps to Making Sure Your Skills Stay Relevant» [3 pasos clave para asegurarse de que sus habilidades sigan siendo relevantes], Foro Económico Mundial, 24 de mayo de 2017, https://www.weforum.org/agenda/2017/05/3-key-steps-to-making-sure-your-skills-stay-relevant/.

10. Brad Lomenick, *The Catalyst Leader: 8 Essentials for Becoming a Change Maker* [El líder catalizador: 8 puntos esenciales para convertirse en un forjador de cambios] (Nashville: Thomas Nelson, 2013), pp. 111-12.

CAPÍTULO 2: DE SOLISTA A DIRECTOR DE ORQUESTA

1. Laurence Vittes, «4 Soloists Talk About Stepping Up to the Conductor's Podium» [4 solistas hablan acerca de subir al podio del director], *Strings*, 11 de marzo de 2016, http://stringsmagazine.com/4-soloists-talk-about-stepping-up-to-the-conductors-podium/.

2. Vittes, «4 Soloistas».

3. Mateo 25.40.

4. Matthew Kelly, The Four Signs of a Dynamic Catholic: How Engaging 1 % of Catholics Could Change the World [Los cuatro distintivos de un católico dinámico: Cómo incorporar a 1 % de los católicos podría cambiar el mundo] (Hebron, KY: Beacon Publishing, 2012), ubicación Kindle 2382 de 2488.

CAPÍTULO 3: DE LAS METAS AL CRECIMIENTO

1. Andy Stanley, «Better Before Bigger» [Mejor antes que más grande], Podcast de Liderazgo de Andy Stanley, 3 de mayo de 2013, audio en MP3, https://store.northpoint.org/better-before-bigger.html.

2. Adlai E. Stevenson, «El ciudadano educado», discurso pronunciado en la Universidad Princeton, el 22 de marzo de 1954, transcripción accedida el 10 de enero de 2018, http://infoshare1.princeton.edu/libraries/firestone/rbsc/mudd/online_ex/stevenson/adlai1954.html.

3. C. S. Lewis, *Of Others Worlds: Essays and Stories* [De otros mundos: Ensayos e historias] (1966, New York: Houghton Mifflin Harcourt, 2002), p. 26.

CAPÍTULO 4: DE LOS BENEFICIOS AL PRECIO

1. Jim Collins, *Good to Great: Why Some Companies Make the Leap... and Others Don't* [De buena a grandiosa: Por qué algunas empresas logran dar el salto... y otras no] (New York: Harper Business, 2001), p. 85.
2. Collins, *Good to Great*, p. 86.
3. Bob Burg, *Endless Referrals: Network Your Everyday Contacts into Sales* [Referencias sin fin: Convierta sus contactos cotidianos en ventas], 3ra edición (Nueva York: McGraw-Hill, 2005), p. 190.
4. Andris A. Zoltners, «Sales Management in Practice: Sales Humor» [Gestión de ventas en la práctica: Humor en las ventas], Kellogg School of Management, accedido el 7 de diciembre de 2017, http://www.kellogg. northwestern.edu/faculty/zoltners/htm/oneliners.html.
5. Se desconoce la fuente original.
6. Douglas L. Wilson y Rodney O. Davis, eds., *Herndon's Informants: Letters, Interviews, and Statements About Abraham Lincoln* [Informantes de Herndon: Cartas, entrevistas y declaraciones acerca de Abraham Lincoln] (Champaign, IL: University of Illinois Press, 1998), p. 164.
7. Bill Bradley, *Time Present, Time Past: A Memoir* [Tiempo presente, tiempo pasado: Una memoria] (Nueva York: Vintage, 1997), p. 362.
8. «Cal Ripken's 2,131st Consecutive Game Is Major League Baseball's Most Memorable Moment» [El 2.131vo juego consecutivo de Cal Ripken es el momento más memorable del béisbol de las grandes ligas], MLB.com, accedido el 11 de diciembre de 2017, http://www.mlb.com/mlb/events/ memorable_moments/mlb_memorable_moments.jsp.
9. Ralph Wiley, «Second to One the Pressure Was Building When Ripken Took His Place Behind Gehrig, as This 1990 SI Story Attests» [Segundo después de uno: La presión iba en aumento cuando Ripken ocupó el segundo lugar tras Gehrig, según lo describe esta nota de SI de 1990] *Sports Illustrated*, 15 de septiembre de 1995, archivada en la bóveda de *Sports Illustrated*, https://www. si.com/vault/1995/09/15/207898/second-to-one-the-pressure-was-building- when-ripken-took-his-place-behind-gehrig-as-this-1990-si-story-attests.
10. Bucky Fox, «Cal Ripken Wields an Iron Will While Winning in Baseball» [Cal Ripken ejerce una voluntad de acero mientras gana en el béisbol], *Investor's Business Daily*, 26 de agosto de 2017, https:// www.investors.com/news/management/leaders-and-success/ cal-ripken-wields-an-iron-will-while-winning-in-baseball/.

CAPÍTULO 5: DE AGRADAR A OTROS A DESAFIAR A OTROS

1. Seth Godin, *Poke the Box* [Dale un toque a la caja] (Nueva York: Penguin, 2015), p. 25.

2. Para más información, consulte *Los 5 niveles de liderazgo* de John C. Maxwell (New York: Center Street, 2011).

3. Capítulo 6: Del mantenimiento a la creación

4. Roger von Oech, *A Whack on the Side of the Head: How You Can Be More Creative* [Un golpe en la cabeza: Cómo llegar a ser más creativo], 3ra edición (Nueva York: Warner Books, 1998).

5. Jeff Nilsson, «Albert Einstein: "Imagination Is More Important Than Knowledge"» [Albert Einstein: La imaginación es más importante que el conocimiento], *Saturday Evening Post*, 20 de marzo del 2010, http://www.saturdayeveningpost.com/2010/03/20/history/post-perspective/imagination-important-knowledge.html.

6. M. A. Rosanoff, «Edison In His Laboratory» [Edison en su laboratorio] *Harper's Magazine* 135 (septiembre de 1932), 403 col. 2.

7. Hugh MacLeod, *Ignore Everybody: And 39 Other Keys to Creativity* [Ignore a todos: Y 39 otras claves para la creatividad] (Nueva York: Portfolio, 2009), p. 26.

8. Como se reseña en Martin Zwilling, «Follow Seven Rules for a Creative Startup Culture» [Siete reglas a seguirse para tener una cultura empresarial creativa], *Forbes*, 10 de abril de 2011, https://www.forbes.com/sites/martinzwilling/2011/04/10/follow-seven-rules-for-a-creative-startup-culture/.

9. Robert D. Kaplan, «Man Versus Afghanistan» [El hombre vs. Afganistán], *The Atlantic*, abril de 2010, https://www.theatlantic.com/magazine/archive/2010/04/man-versus-afghanistan/307983/.

10. Mary Ardito, «Creativity: It's the Thought that Counts» [Creatividad: Lo que cuenta es la idea] *Bell Telephone Magazine*, 61 (1), p. 33, https://quoteinvestigator.com/2014/03/03/creative-maya/.

11. Steve Pavlina, «Do It Now» [Hazlo ahora], StevePavlina.com (blog), 28 de noviembre de 2005, https://www.stevepavlina.com/blog/2005/11/do-it-now/.

12. Citado en el libro de Max Cates, *Seven Steps to Success for Sales Managers: A Strategic Guide to Creating a Winning Sales Team Through Collaboration* [Siete pasos hacia el éxito para los gerentes de ventas: Una guía estratégica para crear un equipo de ventas ganador por medio de la colaboración], 1ra edición (Indianápolis: Pearson FT Press, 2015), p. 26.

13. Jerry Hirshberg, *The Creative Priority: Driving Innovative Business in the Real World* [La prioridad creativa: Impulsando negocios innovadores en el mundo real] (Nueva York: HarperCollins, 1999), p. 16.

14. «The American Giant Way» [El camino de American Giant], American Giant, accedido el 18 de enero de 2018, https://www.american-giant.com/ag-ethos.html.

DE LA CARRERA AL LLAMADO

CAPÍTULO 7: DE SUBIR ESCALERAS A CONSTRUIR ESCALERAS

1. Lead Through Strengths, «Explore the Clifton Strengthfinder Talent Theme—Woo» [Explore el Strengthfinder de Clifton en cuanto al tema del talento: Atracción], Strengthsfinder, accedido el 16 de mayo de 2018, http://leadthroughstrengths.com/woo/. *Strengthfinder* es una evaluación personal en línea que describe las fortalezas del usuario. Los autores abogan por enfocarse en desarrollar las fortalezas en lugar de centrarse en las debilidades.

2. Nota del traductor: Las siglas LDDRMAN sugieren la palabra inglesa «Ladderman», que significa «hombre de la escalera».

3. Napoleon Hill, *The Law of Success* [La ley del éxito] (1937, Nueva York: Penguin, 2008), p. 420.

4. Tim Elmore, «Becoming a Life Giving Mentor» [Cómo ser un mentor que da vida], 19 de octubre de 2012, Growing Leaders: Ready for Real Life [Líderes en crecimiento: Listos para la vida real], https://growingleaders.com/blog/life-giving-mentor/.

CAPÍTULO 8: DE LA DIRECCIÓN A LA CONEXIÓN

1. Fuente original desconocida. Usado con permiso de los autores.

2. Bob Buford, *Halftime: Moving From Success to Significance* [Entretiempo: Avanzando del éxito a la trascendencia] (Grand Rapids: Zondervan, 2008), p. 118.

3. Stephen King, discurso de graduación, Poughkeepsie, NY, Vassar College, 20 de mayo de 2001. Transcrito del vídeo «Vassar College Commencement», C-SPAN, 20 de mayo de 2001, https://www.c-span.org/video/?164360-1/vassar-college-commencement.

4. Greg Asimakoupoulos, «Icons Every Pastor Needs» [Iconos que todo pastor necesita], *Christianity Today*, invierno de 1993, http://www.christianitytoday.com/pastors/1993/winter/93l4108.html.

5. Mark Moring, «Chronicling Caspian» [Crónicas de Caspian], Christianity.com, 1 de mayo de 2008, https://www.christianity.com/11622775/.

6. Charles M. Schwab, «Mr. Carnegie Understood This Great Thing» [El señor Carnegie comprendió esta gran cosa], *System* (junio de 1922), 679, accedido el 17 de mayo de 2018, https://books.google.com/books?id=rQRKAQAAMAAJ&dq=System %20Charles %20Schwab %20exalted&pg=PA679.

CAPÍTULO 9: DE LA UNIFORMIDAD DEL EQUIPO A LA DIVERSIDAD DEL EQUIPO

7. Jon R. Katzenbach y Douglas K. Smith, «The Discipline of Teams» [La disciplina de los equipos], *Harvard Business Review*, marzo-abril 1993, https://hbr.org/1993/03/the-discipline-of-teams-2.

8. Enviado por «Grapevine» de Duncan, Oklahoma, a la columna «Twice Told Tales» [Cuentos doblemente viejos], *The Rotarian*, abril de 1956, p. 64.

9. Patrick Lencioni, *The Five Dysfunctions of a Team: A Leadership Fable* [Las cinco disfunciones de un equipo: Una fábula de liderazgo] (San Francisco: Josey-Bass, 2002), p. 202.

10. Lencioni, *The Five Dysfunctions of a Team*, pp. 202-3.

11. Amber Ferguson, «"Come Meet a Black Person", Says the Invitation to a Georgia Networking Event» [«Ven y conoce a una persona negra», dice la invitación a un evento de conexión en Georgia), *Washington Post*, 15 de noviembre de 2017, https://www.washingtonpost.com/news/morning-mix/wp/2017/11/15/come-meet-a-black-person-says-the-invitation-to-a-georgia-networking-event/.

12. Amanda C. Coyne, «Guests Hope to Bridge Gaps at "Come Meet a Black Person" Mixer» [Los invitados esperan cerrar brechas en «Ven a conocer a una persona negra»), *Atlanta Journal-Constitution*, actualizado el 19 de noviembre de 2017, http://www.ajc.com/news/local/guests-hope-bridge-gaps-come-meet-black-person-mixer/MQoZHq3IJb4CXguWHdUGBP/.

13. Saxon White Kessinger, «Indispensable Man» [El hombre indispensable], AppleSeeds, accedido el 9 de mayo de 2018, http://www.appleseeds.org/indispen-man_saxon.htm.

14. Christie Smith y Stephanie Turner, *The Radical Transformation of Diversity and Inclusion: The Millennial Influence* [La transformación radical de la diversidad y la inclusión: La influencia de los mileniales] (Westlake, TX: Deloitte University, 2015), p. 7, https://www2.deloitte.com/content/dam/Deloitte/us/Documents/about-deloitte/us-inclus-millennial-influence-120215.pdf.

15. Smith y Turner, *Radical Transformation*, p. 5.

16. Smith y Turner, p. 11.

17. Smith y Turner, p. 3.

18. Smith y Turner, p. 13.

19. Smith y Turner, p. 13.

20. Smith y Turner, p. 15.

21. Tomás Chamorro-Premuzic, «Does Diversity Actually Increase Creativity?» [¿La diversidad en realidad aumenta la creatividad?], *Harvard Business Review*, 28 de junio de 2017, https://hbr.org/2017/06/does-diversity-actually-increase-creativity.

22. Stefanie K. Johnson, «What 11 CEOs Have Learned About Championing Diversity» [Lo que 11 presidentes aprendieron acerca de propugnar la diversidad], *Harvard Business Review*, actualizado el 29 de agosto de 2017,

https://hbr.org/2017/08what-11-ceos-have-learned-about-championing-diversity.

23. Chamorro-Premuzic, «Does Diversity Actually Increase Creativity?» [¿La diversidad en realidad aumenta la creatividad?].

CAPÍTULO 10: DE LA AUTORIDAD POSICIONAL A LA AUTORIDAD MORAL

1. Theodore Brown, «What is Moral Authority?» [¿Qué es la autoridad moral?], Big Think, accedido el 31 de enero de 2018, http://bigthink.com/articles/what-is-moral-authority.

2. Kevin Sharer, «How Moral Authority Manifests in Truly Impactful Leaders» [Cómo se manifiesta la autoridad moral en los líderes de impacto], *The Harbus*,17 de marzo de 2017, http://www.beatthegmat.com/mba/2017/03/17/moral-authority-in-truly-impactful-leader.

3. Chuck Olson, «4 Ways to Build Moral Authority» [4 maneras de edificar la autoridad moral), Lead with Your Life (página web), 5 de enero de 2016, https://leadwithyourlife.com/4-ways-to-build-moral-authority/.

4. George Lewis Davis, «Magic Shortcuts to Executive Success: 37 Ways and Timely Moves that Can Smooth the Path and Lead to More Rapid Promotion and More Important Jobs» [Atajos mágicos para el éxito ejecutivo: 37 maneras y movidas oportunas que pueden uniformar el paso y conducir a ascensos rápidos y cargos más importantes] (Upper Saddle River, NJ: Prentice Hall, 1962), p. 110.

5. Oscar Hammerstein II, *Lyrics* [Letra] (Milwaukee: Hal Leonard Books, 1985), pp. 45-46.

6. Doug Hall con David Wecker, *Making the Courage Connection: How People Get from Fear to Freedom—and How You Can Too* [Haciendo la conexión de la valentía: Cómo la gente pasa del temor a la libertad, y cómo usted también puede hacerlo] (Nueva York: Fireside, 1997), p. 47.

7. John F. Kennedy, *Profiles in Courage* [Perfiles de coraje] (New York: Harper Perennial, 2003), p. 129.

8. Kennedy, *Profiles in Courage*, p. 115.

9. Kennedy, p. 131.

10. Kennedy, p. 130.

11. Andy Stanley, *Visioneering: God's Blueprint for Developing and Maintaining Vision* [Visioingeniería: Los planos de Dios para desarrollar y mantener una vision] (Colorado Springs: Multnomah, 1999), p. 179.

12. Jim Collins, *Good to Great* [De buena a grandiosa] (New York: Harper Business, 2001), p. 27 (énfasis en el original).

CAPÍTULO 11: DE LÍDERES CAPACITADOS A LÍDERES TRANSFORMADORES

1. Lawrence Tribble, «Awaken» [Despertar] (c. 1780), Push Back Now (website), 31 de octubre de 2011, http://pushbacknow.net/2011/10/31/awaken-a-1700s-poem-by-lawrence-tribble/comment-page-1/.
2. Citado en Pat Williams con Jim Denney, *The Pursuit: Wisdom for the Adventure of Your Life* [La búsqueda: Sabiduría para la aventura de su vida] (Ventura, CA: Regal, 2008), p. 196.

CAPÍTULO 12: DE LA CARRERA AL LLAMADO

1. Amy Wrzesniewski et al., «Jobs, Careers, and Callings: People's Relations to Their Work» [Trabajos, carreras y llamados: La relación entre las personas y sus trabajos), *Journal of Research in Personality* 31 [Diario de investigaciones de personalidad 31] (1997), pp. 21-33, http://faculty.som.yale.edu/amywrzesniewski/documents/Jobscareersandcallings.pdf.
2. Richard Leider, «Is Leading Your Calling?» [¿Ser líder es su llamado?], *Leader to Leader*, invierno de 2004, http://www.geneva.edu/graduate/assets/msol_writing_sample_article.pdf, 2.
3. Mateo 5.13-14. Traducción de la versión The Message.
4. «Mother Teresa of Calcutta (1910-1997)», The Holy See [La Santa Sede] (página Web), accedido el 15 de febrero de 2018, http://www.vatican.va/news_services/liturgy/saints/ns_lit_doc_20031019_madre-teresa_en.html.
5. Sheri Riley, *Exponential Living: Stop Spending 100 % of Your Time on 10 % of Who You Are* [Viviendo exponencialmente: Deje de dedicar 100 % de su tiempo a 10 % de quién es] (Nueva York: New American Library, 2017), p. 191.
6. Shelley Prevost, «5 Ways to Distinguish Your Calling from Your Ego» [5 maneras de distinguir su llamado de su ego), *Inc.*, 12 de diciembre de 2013, https://www.inc.com/shelley-prevost/5-ways-to-distinguish-your-calling-from-your-ego.html.
7. Citado por Emily Esfahani Smith, «Psychology Shows It's a Big Mistake to Base Our Self-Worth on Our Professional Achievements» [La psicología muestra que es un grave error basar nuestro valor propio en nuestros logros profesionales], Quartz, 24 de mayo de 2017, https://qz.com/990163/psychology-shows-its-a-big-mistake-to-base-our-self-worth-on-our-professional-achievements/.
8. Tom Rath y Barry Conchie, *Strengths Based Leadership: Great Leaders, Teams, and Why People Follow* [Liderazgo basado en fortalezas: Grandes líderes, equipos y por qué la gente los sigue] (New York: Gallup Press, 2008), p. 94.